一百个故事里的
五千年中华文明

高蒙河 著

考古真好

上海科学技术出版社

图书在版编目（CIP）数据

考古真好：一百个故事里的五千年中华文明 / 高蒙河著. -- 上海：上海科学技术出版社，2023.5
ISBN 978-7-5478-6085-4 (2024.8重印)

Ⅰ.①考⋯ Ⅱ.①高⋯ Ⅲ.①考古工作－中国 Ⅳ.①K87

中国国家版本馆CIP数据核字(2023)第029024号

考古真好
—— 一百个故事里的五千年中华文明

高蒙河/著

上海世纪出版（集团）有限公司
上 海 科 学 技 术 出 版 社　出版、发行
（上海市闵行区号景路159弄A座9F-10F）
邮政编码 201101　www.sstp.cn
上海雅昌艺术印刷有限公司印刷
开本 890×1240　1/32　印张 12.5
字数：267千字
2023年5月第1版　2024年8月第2次印刷
ISBN 978-7-5478-6085-4/K·49
定价：88.00元

本书如有缺页、错装或坏损等严重质量问题，请向工厂联系调换

自序

中国百年考古观的变迁

我经常说：记得十个字，便知考古学。

这十个字便是：发现、研究、保护、利用、传承。我觉得，这十个字是一百年中国考古学与时俱进的真实写照，这五个词也是一百年中国考古观变迁的时代印记。

老话说，温故而知新，可以为师矣。我是1978年在吉林大学开始学习考古的，后来又在上海的高校教了40年考古，有着近半个世纪的从业经历，也算是中国考古百年发展历程的半个亲历者和见证人。那我就从个人的学习体会和实践经历，来谈谈对这十个字的感受。

在我大学毕业后不久的1986年，中国第一部大型综合性百科全书《中国大百科全书》出版了考古学卷，该卷开篇给考古学下的定义是：根据古代人类活动遗留下来的实物资料来研究人类古代社会历史的一门科学。那时候，考古学还是历史学下面的二级学科。考古学身为二级学科的主要作用是通过发现成果和研究成果来复原历史，考古学家们"上穷碧落下黄泉，动手动脚找东西"，都以做学问为终极使命。

到2010年前后，考古学升为一级学科，这意味着考古学不仅要继续做好务实求真的科学研究，还要走出象牙塔，告别冷板凳，承担社会使命，积极参与经济社会的发展建设。

2015年，高等教育出版社出了一本《考古学概论》。它是由教育部统一组织编写的，并建议作为全国高校考古文博专业的基本教材。为此，我曾专门去北京参加过教育部组织的学习培训班，可见这本教材具有全国性和权威性。记得教材中对何谓考古学做了阐释："考古学是通过实物资料来研究人类古代社会历史的科学……此外，考古学还越来越重视对古代文物和古代遗址等文化遗产的保护、展示和利用。"

上面这两句话与《中国大百科全书·考古学》的定义相比，前一句几无变化，后一句却反映出考古学几十年来出现的新理念，发生的新变化，获得的新发展。

我刚刚接触考古学专业时，学校主要是教我们如何去发现和怎么去研究古人留下的遗存；也就是学会用科学的方式、专业的方法去调查，去发掘，再把发现的成果转换成发掘简报、考古报告或论著式的研究成果，以记录、整理和复原、解释古代人类社会历史。我感觉四年专业学下来，所学所做所想所悟基本上可概括为四个字：发现、研究。换言之，那时候能弄明白这四个字，基本上就算学会了专业武功，就能毕业上岗，独立工作了。这用考古的行话说，就是"能下田野了"，或者说"能把一摊儿了"。

到了我毕业的1982年，国家颁布了《中华人民共和国文物保护法》，这个大法特别使用了"保护"二字。多年后修订该法，又增加了文物工作"十六字"指导方针："保护为主，抢救第一，合理利用，加强管理。"可见，"保护"是排在文物考古工作第一位的要务。尽管我国早在1961年就公布了第一批全国重点文物保护单位,但对于早年的考古工作者来说,保护这事儿与发现和研究没什么关系,都是行政管理部门的职责,自然也就不属于考古工作的范畴。

文物法突出强调"保护"二字,与20世纪八九十年代改革开放以后,我国大规模的经济建设不无关系。例如,长江三峡和南水北调等国家大型基础设施建设工程沿线都要做文物抢救,否则文物就会被淹没在水下;再比如,各地大规模的经济建设和城市改造,如不进行文物抢救,那些有历史文化价值的古建筑和老街区多会厄运难免。在这般情势下,原本在学术象牙塔里心无旁骛地只做发现和研究的考古学者肩上增加了新的工作职责,他们既要设计好考古科研课题,又要准备好各种保护方案。考古学外延出过去不太属于考古学也不太被考古学者关注的范畴:保护。于是考古学变成了六个字:发现、研究、保护。

保护离不开物理、化学、生物多门学科及各种技术手段,不是单纯考古这样的人文学科力所能及的,遇到重要发现或迹象,考古学者需要找到相应的专业人员实施保护方可。为此,不同专业背景的跨学科复合型人才不断充实到考古队伍中来,考古由多学科人员共同组队的情况成为一种趋势和常态,大家合作设计好各类发掘和保护方案的做法越来越普遍。很多考古学者除了继续秉持发现和研究之功,也开始越来越多地关注文物保护的重要性及发掘品的历史、科技、艺术、社会、文化价值。

文物保护多了,那保护或抢救下来的文物怎么办?都存放在库房里秘不示人,只供研究之用?这在以前可行,后来特别是现在就不太行了。保护下来的古遗址和古墓地怎么办？都用围墙圈起来，任其闲置，也是对文化遗产资源的浪费。因此，在文物保护的基础上，考古学成果的利用也被提上了日程，出现了越来越多的让文物"活起来"的合理利用的需求。一方面，在学科建设上，原有的以研究历史为目标的考古学增加了很多新的学科内容，比如公众考古学、文化遗产保护、考古遗址博物馆展示传播等，丰富了考古学作为一级学科的深度和广度。另一方面，随着人们对美好生活追求的层次越来越高，社会公众对文物和遗址参观的热情也不断提高，遗址博物馆、遗址公园纷纷建设起来。这又使得一些考古学者也要参与策展创意，编写陈列大纲，指导形式设计，对接布展施工等，乃至催生了一个职业——考古策展人。这样一来，考古学又外延出过去不太属于考古学也不太被考古学者关注的范畴：利用。于是考古学叠加成了八个字：发现、研究、保护、利用。

发现和研究侧重专业基础，保护和利用趋向文化应用，有人据此将考古学分为基础考古学与应用考古学。不管怎样，首先还是要以发现和研究做基盘，才能纲举目张。中国考古学会前理事长张忠培先生就说：文物只有被发现了，才知道它重要不重要，文物也只有被研究了，才晓得它究竟有多大价值；否则文物应该一般保护还是重点保护就无从着手，做好让文物"活起来"的合理利用也只能是缘木求鱼了。

考古的发现、研究、保护、利用，其实都是为了让古人留存下来的文化遗产，通过考古发现和研究复原出历史，阐释出价值，保护其信息，修复其形态，传递给我们的子孙后代。所以,传承好古人的文化遗产,把它们写进教科书,让更多的优秀历史文化滋养青少年,把传承落实到日常学习中,又成为考古学的新境界。于是考古学叠加成了十个字:发现、研究、保护、利用、传承。

凡此等等,不胜枚举。中国考古学经过一百年的发展,终于修成了十个字或五个词的正果:发现、研究、保护、利用、传承。我经常在各种学术场合或接受各种媒体采访以及做社会文化讲座时,径直将此叫作"十个字的考古学""考古十字经"。

考古学从过去的冷门学科发展到今天,有了越来越被关注的社会温度。很多考古研究所招聘新人,过去只招聘能发掘或会研究的考古专业科班出身的人,而今非考古专业的学生也开始被吸纳到考古队伍中来,譬如文物修复人才、考古成果策展人才、考古媒体传播人才等。说到传播,过去主要是通过传统的图书报刊科普考古成果,影视作品也多是小众化的考古纪录片。这都需要考古专家唱主角,普通民众别说话语权,就是参与权也不在自己手里,只有仰视和倾听的份儿。而到了这几年,在国家文旅部、国家文物局和国家广电总局等有关部门的指导下,很多传媒平台创新了更为公众喜闻乐见的文化综艺形式。他们和考古文博学者一起,加上各行各业的嘉宾和影视演员等多方联手,推出了《国家宝藏》《中国国宝大会》《中国考古大会》《万里走单骑——遗产里的中国》等文物、考古、遗产类节目。举这个例子是想说,考古学的门槛虽然不低,但越来越走出了象牙塔,走向了天地间。比如,跨学科、非考古专业的学生进入考古行业，不再只是可望不可及的愿景。他们可以通过学习保护、利用、传承的考古课业，从事考古文化产业工作。这和我们当初只学发现和研究，毕业后只能搞科研教学的情况相比，就业面已经大大拓宽了，实现个人社会价值的机遇大大增多了，给社会做贡献的途径也越来越多样了。

而今，考古又以守正创新的奋发姿态，不断融入了文旅融合发展的新时代。围绕考古进行的旅游活动、研学产品基本上"上线即秒杀"，考古文创的概念早已突破了"小物件"的瓶颈，考古成果的展示传播也从博物馆逐步走向了空间更大的各类考古遗址博物馆和考古遗址公园中，广阔大地上的遗产成为最大的文创对象。这两年国家又提出要建立国家文化公园和国家公园，为考古成果和文化遗产的保护利用提供了更大的舞台。很多考古题材的大型户外文创、沉浸式节目如大型演艺秀，开始陆续登场。还有考古文化地产开发，在考古遗址核心保护区周边做好考古文化地产，成为一种新的探索，乃至打造中国原创的考古主题乐园，也不再只是概念上和图纸上的美丽愿景。一个全面贯通考古发现、研究、保护、利用、传承的垂直性、链环性的考古产业正在萌芽，未来可期。

走过百年来时路，贯古通今最考古。在致敬百年中国考古的今天，我们不无欣喜地看到，中国考古已经走出了两条发展之道：一是持续践行科学发现和研究的初衷，务实求真，复原国史，构建中华文明标识体系，揭示人类社会历史发展规律；一是开拓进取，不断延展出保护、利用、传承的全新领域，把考古专业成果转变成考古文化资源，构建中华文明价值传播推广交流体系。中国考古不但向国人实证复原了古代中国，还向世人全面展示了现代中国。具有中国特色、中国风格、中国气派的中国考古学，已经并将继续为世界考古学提供中国成果、中国案例、中国价值。

从考古专业到考古行业，从考古事业到考古产业，踔厉奋进，相互融合，将考古成果和考古资源活化利用，丰富全社会的历史文化滋养，助力人们向往的美好生活和经济社会发展，考古学真正迈入了发现、研究、保护、利用、传承"五位一体"的"全考古时代"。

更加令人欣喜的是，2022年7月，全国文物工作会议在京召开。这次会议在我国长期坚持的"十六字"文物工作方针的基础上，又提出了"二十二字"的文物工作新方针："保护第一，加强管理，发掘价值，有效利用，让文物活起来。"不难看出，新方针把过去"保护为主，抢救第一"合并为"保护第一"，前置了"加强管理"，新增了"发掘价值"，"合理利用"变成了"有效利用"，"让文物活起来"成为新时代的新导向。

很幸运，我能赶上这个中国考古观变迁的时代大潮，也很感谢1933年就在上海创刊的我国现存历史最悠久的科普刊物《科学画报》，从2012年便约我开设每月一期的"公众考古"专栏。鉴于这大概是中国第一个科普考古学的专栏的缘故，我没太犹豫就答应了，而且这一写就写了十年，长年累月，未曾间断。徐梅编辑也默默无闻地为我校勘编辑了十年。到了2021年中国考古学诞生一百年之际，徐梅女士约我结集出版，出版社副总编贾永兴等领导还专门约我见面。于是，大家共同商议，从十年的专栏文章中拣选一百篇，以贺中国考古学诞生一百年。

在致敬中国考古百年之际，我首先要把这本小册子献给我的师爷、中国考古学会前理事长苏秉琦先生，他是我硕士毕业的答辩委员会主席、中国公众考古学的开山师祖。我更要致敬我的研究生导师、曾担任过中国考古学会理事长和故宫博物院院长的张忠培先生，没有他的支持，我不会最早在国内开出"公众考古学"研究生课程，也不会在公众考古传播的路上走到现在。我还要感谢吉林大学资深教授、带我走进考古学殿堂的林沄先生，他从少年时代到耄耋之年一直是《科学画报》的忠实读者，他说他每期都看，让我的写作不敢怠慢。

学术师承，科普传代。我忝列导师的博士生宋雨晗、王太一、周阿江、赵荦、马晓光等同道，也都在我的日常写作和编辑出版中不计辛劳，协力相助，让我乐见公众考古事业赓续有望，后继有人。

谨以此书，致敬刚刚过去的中国考古学一百年华诞，祝福中国考古学迈进第二个一百年征程！

2022年春节于上海虹桥
2022年岁末修改于澳门

目录

考古发现篇
挖出历史的碎片 1

考古考到何时了 3
考古航拍开天眼 7
发掘古代灾难遗址 11
岩画年代怎么测定 15
人类最早的四大发明 19
猿人何时才会用火 23
中国最早石雕龙 26
中国最早的花鸟画 29
考古发现"玉石文" 33
人类右利手始于何时 36
远古狩猎方法多 39
良渚考古走进"全考古时代" 43
三星堆的外来器物 47
如何认定致远舰 52
古人毁墓为哪般 55
古代砖匠的即兴画 59
帝陵墓门如何开 63
汤显祖墓找到了 66
挖到古钱怎么办 70
太空解手与古人如厕 73

考古研究篇
揭开尘封的真相　77

尖底陶瓶作何用　79
古玉刻符谜面多　82
司母戊鼎咋铸成　87
古纸最初干啥用　91
古砖上的怪手印　95
小小马镫改写历史　98
史前颜料不是墨　101
蒙恬不是毛笔发明者　106
古人如何改错字　112
古代文人取暖有方　116
坟是坟　墓是墓　120
到底有没有僵尸　124
黄帝墓葬有多大　128
考古复原秦始皇陵　131
秦陵里真埋了水银吗　136
随葬兵马俑更文明　139
兵马俑坑下面还有文物吗　143
马王堆老太太的假发　146
万历皇帝葬式之谜　151
去故宫能看到五个时代的建筑　154

考古保护篇
守护文明的宝藏   157

考古学不等于文物学   159
考古人担惊受怕   162
上交文物奖多少   166
实验室考古上新了   169
能移动的文物医院   174
中国有了考古船   177
修复器物分几步   180
抢救沉入水下的遗产   183
青铜本色是金色   186
金缕玉衣巧修复   189
皇后头冠修复难   192
不能出国的文物   196
巴黎天幕上的补丁   199
雨果为何写作《巴黎圣母院》   202
俄国"钟王"和"炮王"   206
故宫早年盗宝大案   210
造个假墓来防盗   215
古墓防盗 始于深埋   220
慈禧秘下葬三次   223
考古不挖帝王陵   227

考古利用篇
焕发遗产的活力 　　　　　　　　231

半坡遗址是公众考古殿堂　　　　233
复原"上海第一人"　　　　　　　236
首座考古博物馆　　　　　　　　240
中国第一条铁路已成遗址　　　　243
沉在水下的战舰纪念馆　　　　　247
做个考古策展人　　　　　　　　251
我在良渚做策展　　　　　　　　254
考古登场进博会　　　　　　　　257
考古公园三阶段　　　　　　　　261
第一部考古纪录片　　　　　　　264
考古跨界综艺片　　　　　　　　268
跟着考古去旅游　　　　　　　　271
让我们考古研学去　　　　　　　274
考古科普那些书　　　　　　　　277
日本有座世上最大陵墓　　　　　280
古人夏天巧用冰　　　　　　　　283
乾隆皇帝猜玉琮　　　　　　　　286
乘法口诀古传今　　　　　　　　291
什么东西算文物　　　　　　　　294
考古观器五要素　　　　　　　　299

考古传承篇
弘扬遗产的价值　　303

考古写史第一书　　305
历史课本讲考古　　309
少儿考古入门书　　313
中国炊器一万年　　316
灶坑灶台看创新　　320
玉器中国九千年　　323
国家公祭鼎原型　　326
奥运圣火看阳燧　　329
中国古代灯文化　　333
古都规划"三重城"　　336
世界遗产有良渚　　340
黄石炉火三千年　　343
景迈山里茶遗产　　346
上海古今两头高　　350
上海曾是良渚古国的"直辖市"　　356
海派文化出马桥　　360
上海世界级灯塔　　364
文物界的行规　　369
考古"大先生"张忠培　　373
公众考古：好玩的考古　　378

考古发现篇
挖出历史的碎片

天玄地黄，变了沧海桑田；斗转星移，换了几度人间。我们的祖先和曾经属于他们的时代，都被历史的尘埃掩埋，有的化为文献典籍上的恢弘篇章或者寥寥字句，有的则在泥土中沉睡或在水底下长眠。上穷碧落下黄泉，是考古人的常态；寻回过往贯古今，是考古人的使命。怎么知道哪里有文物？怎样把它们挖掘出来？百年过往，一路走来，他们发现了什么？

考古考到何时了

每年的新学期给大学生们上考古通识课,都少不了新生来问我下面这个问题:"老师,考古考到什么时代为止啊?"我回答说:"你问了我一个既简单又复杂的问题。"

之所以说简单,是因为1986年出版的《中国大百科全书·考古学》上明确地写着:"一般说来,中国考古学的年代下限可以定在明朝的灭亡(1644)。"我还记得30多年前读大学时,老师曾给我们讲过这样来框定时代下限的缘由:因为从历史研究角度来说,明代以后存世的历史文献汗牛充栋,不需要那么多的考古发现来复原历史。正是由于这样的以复原历史为目标的学科定位,所以有关文博部门评选中国20世纪的一百个考古大发现,按时代顺序排下来,位列最后第一百名的便是北京明代十三陵中万历皇帝定陵被发掘的考古成果,那时还没有清代考古什么事儿。

之所以又说这个问题很复杂,是因为这些年来,考古工作的时代下限有越来越后延的趋势,大家能够注意到不断有清代考古的发现和研究见诸报端。比如1999年,四川成都就发掘了可将明、清、民国乃至现当代都连接起来的水井街酒坊遗址,它被评为1999年度全国十大考古新发现之一。这意味着清代考古开始进入考古的工作范畴,并得到了考古学术圈的认可。距此不久,黑龙江发掘了讷河市学田乡明清墓葬,陕西发掘了渭南大荔县清后期李氏家族墓地,江西发掘了景德镇珠山明清御窑遗址,四川发掘了绵竹剑南春清代至民国酒坊遗址,凡此等等。在进入21世纪的前后几年里，清代考古的发现和研究已有渐成正果之象，这成为中国考古观变化的阶段性的也是标志性的事件，为历史时期考古的下限补齐了短板，也为清代考古正了名，乃至还为现代考古的登场开辟了先河。

所谓现代考古，可从最近几年新发生的一个考古案例说起。2015年前后，为纪念世界反法西斯战争胜利暨中国抗日战争胜利70周年，黑龙江省考古研究所对侵华日军第七三一部队旧址进行了考古发掘，不但清理了细菌实验室及特设监狱等楼址，出土战争遗物1000余件，还发现了1945年8月日军撤退前，匆忙销毁实验设备，炸毁细菌实验室、焚化用作试验的人体的锅炉房等大量遗迹。据发掘领队、我的大学同学李陈奇所长介绍，接下来这里还将按照《侵华日军第七三一部队旧址保护规划》，建立考古遗址博物馆，进一步为爱国主义教育基地提供更为真实的遗迹与遗物证据。从这个例子不难看出，现在的考古已经不仅是明代的古要考、清代的古要考，近代甚至现代的遗存也要发掘了。换言之，如果说上面提到的黑龙江省在明清考古方面已经有所作为的话，那么这些年来他们在考古下限渐次后延的趋势中，又走出了自己的新路，率先进入了中国现代考古的新时代。

说到近现代遗存也要考古，其实并不仅仅是上面这一个例子，也不仅仅是揭露日本军国主义的反人类罪行之需，而且是国家的法规建设、考古学的时代发展和考古学者的理念逐渐更新所决定的。稍有考古常识的人都知道，从考古发掘的地层学上说，晚期地层是叠压在早期地层之上的。也就是说，清代遗存最接近现代地表,往往在它下面才会有其他朝代的遗存。考古时,先要把清代遗存挖掉,才能发现比清代早的遗存。以往考古中遇到清代遗存,由于观念落后,加上清代的历史文献很多,一般认为研究历史的价值不高,所以基本不作为考古对象,就轻易给挖掉了。

其实,任何一个地方的历史发展都是先后有序、早晚传承的。如果考古中只挖早的,不要晚的,就很难完整再现这个地方由古至今的历史发展全过程。例如,前面提到的成都发掘了水井街的酒坊遗址,从地层叠压堆积上,将明、清、民国乃至当代都连接起来,这就向世人展示出了一个延续五六百年未间断的完整的历史发展脉络。

从过去考古下限的明代,延伸到清代,再延展到现代,无不具有改写中国考古学编年史的实践论价值和认识论意义。过去《中国大百科全书·考古学》曾将中国考古通史划分为史前考古、历史考古两个大的时域,亦即考古界常说的"前段"和"后段"。2014年出版的《中国考古学大辞典》已出现了"元明清编",就收录了清帝陵、颐和园、故宫、李氏家族墓地等清代典型遗存的词条,显示出考古年代下限的新变化。

而今,黑龙江省考古研究所对侵华日军第七三一部队旧址进行的考古发掘,又以实践先行方式将现代考古的理念和方法带入了考古学学科建设的进程中,考古下限由此将进入现代时期。一个真正通史意义上的史前时期考古、历史时期考古和现代时期考古的"新三期说"时代,已经和正在成为继清代考古之后的新的考古学时间范畴的生长点。

《中华人民共和国文物保护法》规定,"与重大历史事件、革命运动或者著名人物有关的以及具有重要纪念意义、教育意义或者史料价值的近代现代重要史迹、实物、代表性建筑"等,都属于"受国家保护"的各类文物之列。考古工作除了研究和复原古代历史以外,还加大了保存、利用和传承历史文化遗产的职能和使命。而这些文物经过考古发现和研究以及保护后,还能够供人参观,发展旅游经济,加强大家对国情和历史的认知,提高国民品位和素质,凝聚民族感情,增强民族自信心,为子孙后代传承历史文化遗产等。

这意味着考古学的传统定义发生了改变,原来重视发现和研究是为了复原历史,现在又延展出保护和利用以及传承等全新领域。如此,考古学成果不仅可以复原和重建国史,还可以传承给子孙后代。凡此,就促进了中国考古观的变化,就丰富了考古学的定义和范畴,就形成了打造中国风格、中国特色、中国气派的考古学要义。

话说回来,考古学的年代下限究竟在哪里?看似已经有了答案,至少目前在中国已经出现了考古考到20世纪40年代的现代发掘案例。但考古年代下限后延的趋势正在形成,甚至有一天出现当代考古学的实践,我们也完全不必大惊小怪。

考古航拍开天眼

听说我是干考古的，不免常有人问我："你怎么知道哪里有文物？"每当遇到这样的提问，我都会告诉对方说："因为有考古调查啊！"

这里说的考古调查，就是文物部门对一个地区的地下文物做摸底式的排查。这种调查不仅是考古的专业化流程之一，而且一般还是最优先的流程。先有调查，才有发掘，是通常考古的惯例和常态。有了调查，出了结果，然后行文绘图，建档立案，既摸清了一个地区的地下和地面的文物"家底"，也方便了后人检索查询。按图索骥，这就是考古人员通常都会知道哪里有文物的秘密。

无论是在大学里学考古，还是在地方上做考古工作，考古调查都是考古人员应该掌握的基本功。考古调查的方式一般是由几个人或一个团队有目标、有组织、有计划地在田间地头、河边湖畔乃至漫山遍野地去寻觅那些埋藏在广袤大地下的文物。具体来说，考古人员往往相距十米左右一个人，像撒网一样，做"地毯式"搜索，看有没有暴露在地表的文物碎片，或断坎上有没有露出古代墓葬、房址、窖穴、水井之类迹象。像2007年开始历时五年完成的全国第三次文物普查，国家投入了15亿元经费，组织了5万名普查人员，发现了将近80万处不可移动的文物。可以说，大量的文物都是通过这样的田野调查获得的。

除了这种传统而且有效的田野考古调查以外，这些年随着科技的进步，我国开始越来越多地运用航空考古或遥感考古等手段，取得了过去通过在地面行走做调查所难以收到的实效。举个例子来说：我2006年夏天从上海驱车去内蒙古锡林郭勒盟正蓝旗，考察著名的元上都遗址。这是成吉思汗之孙、元世祖忽必烈创建的元代都城。后来元朝在北京营建了元大都以后，上都就成为蒙古王公贵族夏季避暑、游猎、会见外国使臣的陪都，直至明朝建立以后才被废弃。这座被国外学者誉为"一座拥抱着伟大文明的废墟"的元上都遗址，在2012年被列入了世界遗产名录，成为举世闻名的文化遗产。

元上都城址的布局分为宫城、皇城、外城，总面积将近5平方千米。如此巨大的城市遗址，当年我站在平坦的草原上极目瞭望，只能看到元上都的城墙宛若一道貌似条带的土垣，远远地横亘在天际线尽处，任凭我怎么张望也没能看清这座被马可·波罗当年盛赞、后又被外国人称为"拥抱着伟大文明的废墟"的都城遗址的全貌。何况当时正值夏季，水草丰茂，辨识起来更有难度，除非有能变换角度观察的"天眼"。

陪同我考察的大学同窗、曾长期在元上都主持考古工作的魏坚告诉我，早在1997年，他所在的内蒙古文物考古研究所和中国历史博物馆遥感与航空摄影中心杨林等联合组队，乘飞机到空中俯瞰过元上都遗址。当时他们在大约800米高空观察，元上都的全貌尽收眼底。魏坚相当感慨地说："我在元上都工作了近10年，可对元上都的了解，还不如在飞机上这几分钟了解得多。对它的布局，我在地面上跑了10年，也只是零零星星有些印象，可在空中的那一刻，元上都一下子宏伟地展现在了我的眼前！"

魏坚他们后来将航空摄影和地面考古勘察相结合，终于彻底搞清了元上都呈正方形，由里向外依次有宫城、皇城和外城的三重城墙格局。从空中不但能看清城内的街道、城门，还能看到城内的粮仓、兵营、马厩等建筑遗址，甚至一些在地面上从没有发现的迹象如宫殿遗址也露出了端倪，并且还能分辨出现代人穿行城址留下的那些横七竖八的便道。

航空摄影的方法最早出现在20世纪20年代。当时，英国地理学家克劳福特在乘坐飞机时发现，如果在空中用摄影的方法对地面的古代遗迹进行勘察和记录，就可以清晰地看到在地面不容易辨认的各种遗迹。他认为航空摄影技术可以运用到考古学当中。在他的推广下，航空摄影考古学应运而生，他也成为航空摄影考古学的创始人。1993年，时任中国历史博物馆馆长的俞伟超先生在德国考察时，登上飞机对一些古迹进行了勘察和摄影。这次亲身经历使他认识到航空摄影考古的重要性。回国后，他为了在中国发展航空摄影考古，不遗余力地奔走呼吁。1997年，中国历史博物馆终于成立了遥感与航空摄影考古中心，上面提到的内蒙古地区的航空考古调查，就是在这样的大背景下诞生的成果。

考古人员乘坐飞机对地面的古代遗迹进行空中观察和摄影的方式，到了2010年前后，逐步被一种不用人升空的航模式的小飞行器替代。我当时还撰文介绍过吉林大学研发的这种新生事物。这种利用无线电遥控的小飞行器几分钟就可以飞到空中，用携带的照相机进行拍摄，能完成地面考古调查很难完成的任务，既轻便，又简捷，还高效，加上成本不高，不过二三万元，更适合在考古文博行业应用和普及。

　　古话说：未得天眼，不能远观。时至今日，过去考古学者曾经乘用的热气球、直升机乃至我当年介绍过的小飞行器早已更新迭代，无人机已经成了考古调查中测绘、拍照的标配设备，得到了更广泛的普及。今日甚至还有卫星助阵。航空观察和摄影技术就宛如天眼，不但能观察到大面积分布的遗址全貌，而且图像的分辨率能够精细到1米以内。长期以来考古"脸朝黄土背朝天"的田野调查工作方式，得到了无人机和卫星的帮助，如虎添翼，可谓天眼通达，全景无限。

发掘古代灾难遗址

灾害，是指给人类生存带来大规模破坏性影响的现象和过程；程度特别严重的，如对人类或人类赖以生存的环境造成巨大破坏甚至毁灭的事件，也称为灾难。

灾害学研究上通常把灾害分为自然灾害和人为灾害两大类。自然灾害包括地震、火山等地质灾害，滑坡、雪崩、地陷、沙尘、泥石流等地貌灾害，寒潮、冰雹、台风等气象灾害，海平面升降、洪水等水文灾害，鼠灾、蝗灾、兽害等生物灾害。人为灾害包括战争、反人类活动、恐怖活动、宗教冲突、环境污染、建设性破坏等。

很多灾难、战争等题材都被搬上银幕，成为影视表达的题材类型，在让我们感受视听震撼的同时，不断提醒着人类未来可能遇到的威胁。目前大部分的灾害研究针对的是当代和今后可能发生的灾难问题，还有一种灾害历史学和灾害地理学研究，主要研究历史上不同时间或区域发生过的灾害问题。

考古上也发现过一些古代的灾害遗址，复原性研究显示，有些遗址上发生的事件甚至可以称得上真实版的古代灾难大片。在国外，最著名的灾难遗址当属意大利的庞培古城遗址；而中国则有青海喇家史前遗址、内蒙古庙子沟和哈民忙哈史前遗址等。

庞培古城位于意大利南部，城外土地肥沃，盛产葡萄和橄榄，城内市场兴盛，商铺林立。不料，公元79年8月的一天，城北的维苏威火山突然喷发，城中2万多居民中有2000

多人来不及逃走而遇难。这些遇难者连同城里的房屋、街道、铺面以及生活用具，很快就被6米厚的火山灰、熔岩和泥石覆盖起来。

随着时间流逝，庞培城遭受的这场浩劫逐渐被人遗忘。直到1720年前后，有人在火山附近开渠、挖井，挖出了不少古罗马钱币和一些雕琢精美的大理石碎块，这才发现了庞培古城遗址。之后，考古学家开始了迄今为止世界上发掘时间最长的大规模考古工作，逐渐还原了古城灾害现场。现在，人们走进庞培古城，可以身临其境地看到罗马帝国时期中等城市的面貌和当时社会生活的情况。

和庞培古城遗址一样，1998年发现的青海喇家史前遗址也是一处因自然灾害造成的灾害遗址，但年代比庞培古城要早2000多年。考古学家在三座房屋遗迹内发现了因灾致死的20具人骨。他们年龄不同，性别各异，姿态多样，有的还相拥在一起。显然这是在经历了一场突如其来的灾难后，来不及逃脱所留下的悲惨场景。

这到底是一场怎样的灾难？是天灾还是人祸？考古学家首先排除了战争或屠戮的可能性，因为这些人躯体完整，没有被砍头或肢解的迹象。那会不会是某种自然灾害中的瘟疫造成的呢？但这也得不到充足的物证支持，因为瘟疫不可能使同一群人在同一地点、同一瞬间死亡。

后来再仔细研究发现，房址内到处堆积着波浪状的洪积层，而且还有流水旋涡的痕迹。再后来又找到了地震时沙土从地下喷涌出来的迹象和地裂缝。考古学家复原的情形是：在某个月黑风高的夜里或暴雨如注的清晨，突然，剧烈的地震暴发了，紧接着滔滔洪水袭来……人们因恐惧躲进了房屋，但没想到房屋坍塌了，他们被困在房中，无法逃脱，很快就被地震和洪水带来的泥石流夺去了生命。

自然灾害从地球自身演化的角度来说，可以说是正常的现象，但对人类来说，就是非正常的甚至是灾害性的问题了。20世纪80年代中后期发现的内蒙古乌兰察布庙子沟遗址和2010年发现的内蒙古通辽哈民忙哈遗址，与上面两个由于自然灾害造成的遗址不同，是既有自然灾害作用，也不乏人为动因的史前灾难遗址。

哈民忙哈遗址出土了大量集中埋葬的人类遗骸，其中在一座只有18平方米的房址里，竟然凌乱地堆弃了不同年龄段和不同性别的97具人骨。考古学者们通过对遗址内的生活用具等进行分析后发现：先民的农业用具非常少，倒是食物加工工具非常多。这说明先民们生活在科尔沁草原沙地地区，过着一种狩猎、采集兼营少许农业的生活，因此他们的食物来源多种多样。

可能是某年遇到灾年，农业收成不好，食物不足，人们便去捕食一些穴居的动物，由此感染上了瘟疫，导致大量人口死亡。侥幸活下来的人们仓促埋葬了遭难的死者后，逃离了灾难现场。他们曾经生存的村落也只能因这场瘟疫而不得不废弃了。

与哈民忙哈遗址一样，庙子沟遗址也发现了一些史前灾害遗存。该遗址居住址内的窖穴、灶坑和居住面都发现了死者的遗骸。在房子附近的长方形坑内发现了多人、双人和单人埋葬的情况，多人埋葬的有儿童和成人，在房子内的圆形窖穴内均为单人埋葬。许多未成年个体在室内灶坑里或居住面上。死者的头向不定，多侧身屈肢，儿童和女性死者有的佩带环饰和蚌螺类装饰品。从这些现象来看，多数死者是非正常死亡后被埋葬的。

哈民忙哈遗址和庙子沟遗址的瘟疫具体是哪一种呢？为此我曾咨询过庙子沟遗址的考古领队魏坚教授和体质人类学专家朱泓教授，二位都是我的大学同窗。他们认为，从庙子沟遗址和哈民忙哈遗址的迹象看，目前还缺少直接证据来定性是何种传染病导致的瘟疫，核酸检测基本上也都没有成功。内蒙古是中国六大鼠疫高发区之一，鼠疫杆菌的中间宿主主要是旱獭、土拨鼠、黄鼠等啮齿类动物，像庙子沟遗址发掘时，遗迹底部常见鼠窝、鼠洞及被老鼠扰乱的人骨。所以从间接证据上考量，提出这里可能发生过鼠疫，也不是完全没有依据的。

岩画年代怎么测定

在距今三四万年的旧石器时代晚期，我们的祖先已经能够把自己大脑中对周围世界的观察和理解转变成原始的视觉作品，譬如他们开始用抽象和写实相结合的手法，在洞壁上刻绘一些被我们称作岩画的人物、动植物以及器物等形象，这是人类智力从认识现实的自然界向认识抽象世界发展的一个飞跃阶段。2018年《自然》杂志发表了南非开普敦附近洞穴遗址新发现的岩画，把这种反映人类智力进步的原始艺术的出现时间，提早到了7.5万年前。

人类在岩石上绘制或刻画图像，通常分为早晚两大阶段。人类早期的岩画大都刻绘在洞穴中，到了距今1万年的新石器时代，在露天岩石上刻绘的方式流行起来，并延续到铜器时代乃至铁器时代。在中国，北方地区刻画的多，南方地区绘制的多。所谓绘制，就是把以氧化铁（Fe_2O_3）为主要成分的赤铁矿粉与植物性、动物性的胶结材料调成涂绘颜料，然后用来作画。绘制的作品色彩稳定，胶合牢固，经久不变，著名的花山岩画便是其中的典型代表之一。

花山，壮语称为"岜莱"，意即画得花花绿绿的山。花山岩画位于广西壮族自治区崇左市的左江流域，包含38个岩画点，共107处岩画，3 816个各种图像，它们与其依存的100多千米的山体、河段、台地共同构成壮丽的左江花山岩画文化景观，2016年被列入世界遗产名录。世界遗产委员会认为，左江花山岩画文化景观展示出独特的景观和岩石艺术，生动地表现出公元前5世纪至公元2世纪期间，当地古骆越人在左江沿岸一带的精神生活和社会生活。

众所周知，公元前5世纪至公元2世纪正是中国的春秋战国到两汉时代。那么，花山岩画的这个年代范围是怎么得来的呢？是岩画上有当时的文字记录？还是文献上有所记载？抑或是考古上就有发现呢？

2018年，我在广西南宁主持召开了"百越文化遗产学术研讨会暨百越民族史研究会第十八次年会"，其中就有"百越地区岩画的研究、保护、利用"的议题。会议期间，与会代表考察参观了岩画现场，与专业人员做了交流，了解到了更多的花山岩画的断代研究情况。

首先我们了解到的是，岩画上通常都没有文字。且不说在早期岩画所属的时代，人类还没有发明文字，即便到了文字出现的铜器时代乃至铁器时代，也鲜有岩画配文的做法。其次，花山岩画虽然在很多古代文献上不乏记载，但多是描绘性状和形态，比如清光绪版《宁明州志》曰："花山，距城五十里，峭壁中有生成赤色人形，皆裸体，或大或小，或持干戈，或骑马……沿江一路两岸，崖壁如此类者多有。"不难看出，清代文人学者是将岩画当作奇闻轶事记述的，并没有考究年代问题。

岩画测年属于世界性难题，由于缺乏合适的测年材料，岩画的可考测年成果尚不多见。目前，花山岩画的年代鉴定结果，主要是通过考古类型学方法和科技考古的测年手段得到的：

第一，考古类型学方法。即把岩画中涂绘的器物或纹饰，与考古发现的类似文物相类比。

花山岩画中的一些器物，与文物考古中的羊角钮钟、细钮钟、环首刀、剑、钺、铜鼓等器物的形制类同。这些器物的流行年代为春秋战国到两汉，比如：羊角钮钟约为战国至西汉中期；细钮钟约为春秋战国之时；环首刀约为战国至东汉时期；环首剑约为战国至西汉时期；短剑约为战国至汉初；青铜钺约为战国时期。另外，在花山岩画中，还画有大量的圆圈图形。有人提出它们像车轮，有人觉得像日、月，但更多学者认为，圆圈中的五角星或多条光芒的形象，与古代铜鼓鼓面的太阳纹更相似，而铜鼓的流行年代为春秋战国到两汉。

第二，科技考古的测年手段。即运用以碳十四测年为主的测年手段来检测岩画的年代。在花山岩画中，有一种类似于考古学和地质学上的地层叠压的现象，即有的岩画被钟乳石类沉积物所覆盖，而有些岩画又涂绘于钟乳石类沉积物之上。

当地文物研究管理部门曾经在2013年与澳大利亚、南非等国成立了联合实验室，对被岩画叠压和叠压岩画这两种钟乳石标本进行测定，得到了压在岩画下的钟乳石年代为距今2000多年，而压在岩画上的钟乳石年代约为距今1600年的结果。这个年代区间的上限和下限虽然不完全属于战国至两汉时代，但大多时段还是落在了这个年代区间。

除了碳十四测年，我国还有科研团队用高精度铀系测年法对云南金沙江中段万人洞岩画进行测定的实践。该研究通过测定覆盖于岩画上下的洞穴碳酸盐沉积物的年代，比较精确地重建出万人洞岩画的三个绘制阶段,这三个阶段分别最早开始于约 13 500 年前、10 800 年前、8 700 年前。该团队认为,这些岩画大体上由该地区旧石器时代的狩猎-采集人群创作,是目前中国境内有绝对年代数据支撑的时代最早的岩画。这一成果后来还发表在英国出版的国际著名考古学月刊《考古科学杂志》上。

人类最早的四大发明

近代工业革命是人类社会生产发展史上的又一次革命性事件，其相当重要的标志是18世纪中叶英国人瓦特改良了蒸汽机。这引发了人类从手工生产向机械生产的重大飞跃，促使欧美的技术发明层出不穷，沿至于今，如汽车、飞机、电灯、电话、电报、影视、电脑等，举不胜举。这些发明为整个世界文明的发展提供了超常的推动力，最终实现了人类社会从传统农业社会向现代工业社会的伟大变革。

当我们每每如数家珍地津津乐道这些伟大的发明时，是否曾想过在工业革命以前的古代，特别是远古时代，我们人类的祖先还有哪些对社会发展产生过巨大推动作用的发明呢？

我们先从毛泽东1964年填词的《贺新郎·读史》起首说起："人猿相揖别。几个石头磨过，小儿时节。"毛泽东从文学角度言简意赅、高度概括的这段人类早期历史，在考古学上叫作旧石器时代和新石器时代。

旧石器时代是距今二三百万年到距今一万年的远古时代。在这样漫长的时代里，凭借发明制作石质工具的技术，人类学会了利用工具获取生存资源，方才成为生物进化意义上的人。但是远古人类仍然处在茹毛饮血阶段，虽然他们后来还学会了用火来提高生活质量，可依旧备受自然环境制约，生存状态异常艰辛，主要靠采集和狩猎维持生计，甚至不少早期人类并没有一直繁衍生存下来，而是遭遇了灭绝之灾。

到了距今约一万年的新石器时代，人类的生存方式发生了里程碑式的变化。这是因为几项最突出的发明产生了，即种植植物、饲养动物、磨制石器和制作陶器，它们甚至可以被称为人类最早的四大发明。

这四大发明逐渐改变了人类以采集野果、捕猎野生动物为主的生活方式；人类祖先第一次发明了合成材料，通过陶器可以储藏更多食材，饮食更加卫生；他们变打制石器为磨制石器，掌握复杂技术后，劳动效率大幅提升，这到了后世，被人们通俗地总结为"磨刀不误砍柴工"。

自此，人类由过去被动地适应自然，进入能动地利用自然的较高级的社会发展阶段。考古上将这些集群式发明叫作"农业革命"或"新石器时代革命"。换句话说，没有以农业革命为代表的这场充满历史进步意义的里程碑性事件，就没有前面提到的人类生产发展史上的工业革命。显然，从源流上看，农业革命是源，工业革命是流。

农业革命，特别是其起源的原因和具体机制，一直是考古学研究的世界性的热点问题。具体来说，发生于约一万年前的人类最早的四大发明，有没有先后关系？究竟是哪一个最先出现？或哪一个出现才导致了另一个再出现？它们是各自发生的，还是连锁产生的呢？这显然是一个考古学上的"先有鸡还是先有蛋"的问题。

考古上有种主要观点认为，远古时代的四大发明是农业生产直接导致的连锁结果。这种观点解释道，农业耕种需要一年四季侍弄庄稼，远古时代也不例外。发明了农业种植的人类远古祖先，一般都不会像旧石器时代那样再逐水草而居，哪里有生存资源就去哪里谋生了,人类的居住地开始由游居时的临时营地变为定居的村落。而长时间地在一个地方居住,就免不了要砍树、架梁、和泥、割草、盖房子,在金属尚未发明的原始社会,各种磨制锋利的石质工具,便能起到"磨刀不误砍柴工"的作用,何况农业生产也需要各种适用的石质工具才能翻耕、除草、收割等。

尤为关键的还有,人类定居后,越来越多地食用农业生产所获得的粮食,这就需要储藏设施和饮食用具。过去游居时,因笨重、易碎以及不便携带而无法生产的陶器,也就被发明了出来。另外,人们开始有意识地把狩猎来的动物驯养起来作为季节性狩猎不足时的食物补充。这表明人类对动物资源有效控制能力的增强。比如在中国驯化动物的过程中,野猪这种杂食、发育快、繁殖力强,肉、皮、骨皆可食,粪便还可肥地的动物,逐步被圈养起来,成为普遍食用的家猪。

其实在学术界,有人并不赞成上述逻辑或假说,而是认为原始的农业生产不像现代那样发达,播种之后,未必就会有保障性的收获。因此,人是学会了定居后,才有了农业和制作陶器、磨制石器等手工业生产的。凡此种种,大家对四大发明的原因尤其是农业起源问题,一直论辩不休,观点各异,不一而足,非但迄今也没有形成共识,反而出现了诸如天才发明说、气候变化说、人口压力说等各种学术观点。有学者还提出"宴飨说"理论,认为一些动植物的驯化,可能是人类扩大饮食结构、增添美食种类的结果,例如谷物适于酿酒,植物适合做香料和调味品。总之,农业是为了满足人类的享受而产生的。

对于人类最早的四大发明，世界各地的多数学者持正面的认识和积极的评价。如美国学者罗伯特·布雷伍德就曾说过："大约公元前4000年，美索不达米亚南部居民的粮食产量猛增，城市文明在此基础上诞生了。""人类的能量一旦解放出来，并且投入新的工作中去，随之而来的就是专门的非农业的工艺的发展。"但也有学者持负面观点，如凭借《枪炮、病菌与钢铁》一书获美国普利策奖、英国科普图书奖的美国学者雷德·戴蒙德便指出，农业造成了人口膨胀、环境破坏、资源控制，导致人与人的不平等、战争与屠杀等。他甚至提出了一个惊人的观点：农业的产生是"人类历史上最大的失误"。

最后要说的是，如同近代的工业革命一样，原始农业的起源与发展，同自然资源、地理环境、气候变迁、发现发明等自然条件和文化传统密切相关，但到底哪个是关键因素呢？这个问题我们目前尚不得知，而且我们也不晓得另一个更有趣也更值得关注的问题：与农业革命相关的人类历史上最早的四大发明，为什么会几乎同时发生在约一万年前，而不是其他的时期或年代呢？这些未解的谜题，还有待我们的求解。

猿人何时才会用火

中学七年级中国历史教科书上说：学会用火是人类进化史上的里程碑事件。从约170万年前的云南元谋人，到约50万年前的北京人，都留下了用火的痕迹。

可鲜为人知的是，这样的课文表述其实在学术界经历了一个从肯定到否定，再从否定到肯定的复杂认识过程，有的说法已经被实证了，有的至今还存在一定的争议。

比如元谋人用火之说，就存在着不确定性。考古学者虽然在元谋人遗址发现了一些火烧迹象，但由于遗存材料分散、样本偏少、保存状况也不佳，用火与否尚未得到广泛的认同。换句话说，遗存上的火烧迹象既可能是人工用火的结果，也可能是被天然火烧过留下的痕迹，单凭零散的燃烧迹象和燃烧物，实难确定是人工的火还是自然的火。然而，在这两可之间，我们又不能轻易否定人工用火的可能性，因为在肯尼亚发现过年代能早到150万年前的人类用火证据。所以教科书上说约170万年前元谋人知道使用火，并非完全没有依据，但还没有铁证。

那么如何更有依据地确定人类能控制用火的行为事实呢？中国科学院古脊椎动物与古人类研究所的高星研究员提出了一个关键证据说，即在考古中发现人类管理与控制火的迹象，特别是那种存在集中燃烧物的火塘。

中国科学院团队在从2010年前后起持续数年的周口店遗址考古中，还真就发掘到了北京人集中用火的火塘，同时还发现了自然火无法达到的已经加热到700℃以上的用火区沉积物，另外还包括确实发生过燃烧事件的灰烬、木炭、烧骨、烧石等一系列相关遗存。

在发现和提取到这些物证后，考古人员还进行了大量的深入分析来坐实证据。例如，考古发现的黑褐色骨头，表面上看似烧骨，但通过观察骨头断碴可以发现：如果黑褐色仅限于骨头表层，里面却是骨头本色，那很可能就是被铁锰污染了而非被火烧过；如果骨头里面也呈黑褐色，就可以判断骨头确实经历了长时间的高温烧烤，这就为人工用火提供了证据。

以上这类集中用火的火塘结构和持续燃烧方可导致的高温结果等一系列综合观察和分析结果，共同构成了一个指向北京人人工用火的证据链，以具有综合说服力的确凿事实，回答了20世纪80年代以来一些西方学者对周口店遗址北京人用火的质疑和否定。

这些考古发现和研究的全过程虽然没有也不便都写进教科书，却为教科书的编写提供了学术支撑："北京人遗址中，发现有灰烬、烧石和烧骨等，这反映出北京人已经学会使用火。"教科书中接下来还说到的"北京人用火烧烤食物、防寒、照明、驱兽，从而改善了生存条件"这句话，其实只说了人类用火的一半的作用。

的确，火不仅有助于古人类防寒取暖，还扩大了人类栖息地域范围，人们可向高纬度地区扩展生存空间。火也不仅用于照明来驱赶黑暗，还等于延长了人类夜晚的活动时间。

教科书中没有提及的人类用火的另一半作用，是用火对人类自身的体质带来了巨大改变。用火烹煮食物，即从生食转向熟食，改变了人类的摄食方式，扩大了可食品种范围，丰富了营养结构，导致了人类体质发生重大改变：增加了脑量，促进了智力进化，增大了体形，减退了体毛，缩小了肠胃，缩小了臼齿，肌肉和骨骼变得纤细、优雅，使人类真正从野蛮走向了文明。

至此，才算完整回答了"用火对人类有何作用与意义"这个让人感兴趣的问题。

中国最早石雕龙

2018年,我带着策展团队为吉林长春博物馆做策展。馆方提出要重点展示一件考古出土的石雕龙,因为这件器物与中国的龙文化起源关系密切。

这件石雕龙1985年发现于长春市辖属的农安县左家山新石器时代遗址地层中,大概距今6 500~6 000年。石雕龙系用灰白色霏细岩雕刻而成,高4.1厘米,宽3.9厘米,厚1.4厘米,可见并不是很大。

石雕龙虽小,但它造型古朴,繁简有方。龙身打磨光润,素面无纹,通体呈蜷曲状,首尾相衔,构成了一个孔径1厘米的圆孔。石雕龙的龙首凸显,五官朦胧,只有嘴、鼻等器官依稀可辨。颈后背脊处钻有一孔,可以用来穿绳系线,以便佩戴。

长春石雕龙

长春石雕龙出土于左家山遗址,其年代早于著名的红山文化玉龙,因此被誉为"中华第一玉石龙"。这件石雕龙既有装饰审美功能,又蕴含了原始宗教信仰,它证实了长春是中华龙文化的重要源头之一。

说起来，像石雕龙这种造型的龙形器物，在中国不少史前遗址中都有出土，其中在燕山以北地区和长江中下游地区尤以玉雕龙多见。然而，这类广泛流行于中国中东部地区的玉雕龙，在年代上都属于距今 6 000~4 000 年，皆晚于长春石雕龙的年代。所以学者们说，长春石雕龙应该是中国迄今所见最早的石雕龙。

各地出土的玉雕龙在圆雕风格上、雕琢技法上以及细部表现程度上，大都比长春石雕龙成熟得多。换言之，看上去略显古朴的长春石雕龙应该是后来各地玉雕龙的祖形，而且在地理区位上最靠北，出土的纬度最高，这也更新了人们对龙文化起源地域范围的认识。

我上面提到的石雕龙也好，玉雕龙也罢，它们的定名目前在考古学界尚未达成共识，诸如玉龙、玉猪龙、玉熊龙、C 形龙、龙首饰等叫法，皆不乏见。但有两点认识是比较一致的：一是大都把这种器形认作龙形；二是这类玉石器大都是有缺口的圆环造型，所以依传统定名多归类为"玦"。

说到玦，它的起源要早得多，内蒙古自治区赤峰市兴隆洼遗址发现的迄今最早的玉玦，可以早到距今约 8 000 年。这类玉玦不但常被作为中国玉器起源的典型标本，还被看作各种玉石雕龙的主要源头。所以，长春石雕龙也被很多学者称为"龙形玦"或"兽形玦"。

比较起来，"龙形玦"是具象的，而"兽形玦"则要抽象得多。这是因为此类玉器的造型到底取象于何种动物，大家的观点不尽一致。虽然有猪、熊、鳄鱼等十几种说法，但这类玉器的兽首形状融合了多种动物的元素而非某个具体的动物造型是显而易见的，所以有些研究者索性模糊处理，笼而统之称其为"兽形玦"，也不无道理。

长春石雕龙的用途或功能是什么，也是不少学者讨论的话题。尽管这件石雕龙出土在地层中而非墓葬中的人体骨架上，但从后来的玉雕龙绝大多数出自墓主人上半部的埋藏现象看，长春石雕龙也应该是系挂在使用者上半身的饰物，是日常的装饰品，而不是专门制作、用于随葬的明器。所以，它很可能既有实用功能，又不乏"神器"或"神物"作用；既有装饰审美意义，又体现了主人生前财富的多少和地位的差别，还蕴含着祛灾祈福、保佑平安等神灵崇拜的原始宗教信仰观念。

长春石雕龙的发现，实证了地处松花江流域的北国春城是中华龙文化的发源地之一，长春是中国龙文化的故乡之一，在长达上万年的中国文明起源和形成的历程中，也曾参加过积极的构建，也曾做出过重要的贡献。

中国最早的花鸟画

花鸟画是以花木、鸟兽、鱼虫等动植物形象为描绘对象的绘画形式，与山水画和人物画并列为中国画的三大传统画科。过去在绘画史上有一种普遍的说法，认为在画科形成的过程中，山水画和人物画要比花鸟画早。

具体来说，花鸟画的独立和成熟要晚到魏晋南北朝的时候，代表性作品是顾恺之的《凫雁水鸟图》等。但大家都不否认，花鸟画作为一种绘画形式，它的起源要早得多，而证据主要来自一个个考古发现。

例如：甘肃天水放马滩遗址发现的战国末期木板上画有《老虎被缚图》，有人便说那是中国最早的独幅花鸟画。而且花鸟画从战国起到两汉时已经初具规模，这就把中国花鸟画的起源提前了几百年之多。实际上，比《老虎被缚图》还要早得多的花鸟画，在考古发现上也不乏其例，比如距今已有6000年之久的史前时代的《鹳鱼石斧图》，便是其中最著名的一幅。

这幅《鹳鱼石斧图》1978年出土于河南汝州阎村。它被画在一件器高47厘米、口径32.7厘米、底径19.5厘米的高筒形陶缸上，是一幅以独立形式展开的作品。画幅的宽、高都在40厘米左右，约占缸体面积的大半。这样的画幅搁在当代，不过是小型册页而已，可放到史前却足以称作大型主题作品了。做绘画史研究的专家甚至说，这是目前我们所能见到的最大尺幅的史前绘画作品，具备了勾线、填色、没骨等后来国画的基本特点。乃至还有学者将其视为中国画的鼻祖,称其体现出中国史前新石器时代美术创作的最高成就,这也可备一说。

画面左侧是一只侧立的白鹳,嘴里衔着一条鱼;画面的右侧是一把竖立的石斧。鱼用偏褐的墨线勾勒,头、身、尾画得简洁分明,全身涂白,不画鳞片。白鹳通身洁白,不着墨线。也许是因为鱼大,衔着费力,鹳身后仰,头颈高扬,夸大的眼睛炯炯有神。

远古的作者在这幅画面上,画了一只活灵活现的鹳,又画了一条僵直无力的鱼,还画了一把与鹳和鱼似乎毫不相干的石

《鹳鱼石斧图》

《鹳鱼石斧图》在中国美术史上占有重要的地位。这幅创作于新石器时代的绘画已经具备了中国画的基本特点,如勾线、填色、没骨等,甚至有学者将其视为中国画的鼻祖。

斧。把它们三者如此组合在一起来构图，究竟是想表达什么含义呢？

北京大学严文明教授等考古学者们对此的分析是：这个彩陶缸的主人应该是一位部落酋长，石斧是象征酋长握有生杀大权的实物写真。鹳嘴衔鱼的表现形式，并不是单纯为了好看，鹳和鱼分别代表了两个部落的图腾。这样一来，初看上去《鹳鱼石斧图》那谜一样的画面，虽然不能说真相大白，但也不是不可以做进一步的延展解读了。如果把一些比较流行的解读综合起来，大概可以为我们"活化"出这幅画描绘的历史场景：

6000年前，鹳和鱼这两个部落之间，或因为生存资源，或因为领地占有等原因，发生了战争。鹳这一部落的酋长英武善战，他高举着那把拥有至高无上权力的大石斧，率领自己的人民，冲锋陷阵，与鱼图腾的敌对部落展开了一场（也可能是旷日持久的）大战，最终取得了决定性的胜利。

为了纪念这位功勋卓著的酋长，陶工专门为他烧制了这口大陶缸，画师则用大幅画面，极尽渲染，把他的功业描绘在缸面上。为了表现首领的功勋和部落的胜利，画师选用了对比强烈的色调，把象征己方部落的鹳画得栩栩如生、硕壮有力、气势高扬，用以歌颂获胜的喜悦；同时，把象征敌方部落的鱼画得奄奄一息、无力还手，以表现被征服者俯首就擒、失败称臣。为了强调这场大战的组织者和领导者的英雄作用，还突出地把最能代表部落酋长身份和象征权力的石斧，单独刻意地描绘出来。于是，给我们留下来这幅具有中国远古文化碰撞、融合、发展、统一等历史启示意义的图画。

那么，如此的解读是不是这幅图画的唯一正解了呢？也不尽然，因为鸟和鱼或严格说鸟啄鱼的题材，无论在中国还是在外国都有不少发现，而且不仅在史前有，到了汉唐时期还不乏其见。因此有学者认为，这类鸟和鱼同框而且构图颇为相似的图案，所表述的很可能具有普遍的人类学含义，呈现出人类的共同价值和认识模式在不同时空范围内的延续性。这一说法也不无道理。

不论怎么说，从图像艺术或绘画艺术角度看，《鹳鱼石斧图》算得上中国目前所知最早的花鸟画，这不会有太大的异议。其以写意化的风格、象征性的主题，奠定了中国花鸟画原初的基本的审美意趣。而它所表现出来的宏大的远古社会历史文化叙事主题，是后来画史中的那些纯粹的文人花鸟画里所极为罕见的，这也是事实。还不得不说的是，《鹳鱼石斧图》这类浓缩着我们祖先筚路蓝缕而又波澜壮阔的远古历史进程的花鸟画，在史前考古发现中还可以举出若干实例，它尽管未必真是最早的一幅，却是最有代表性的一幅。所以，它早在2002年就被国家文物局列入了中国64件禁止出境展览的文物之列，足见其作为国家宝器的重要地位。同样重要的是，作为中国远古时期独立成幅的花鸟画，它也开创了中国绘画中与山水画、人物画并举的延续后世、经久不衰的花鸟画类别。

考古发现 "玉石文"

2013年夏,浙江平湖庄桥坟遗址出土5000年前原始文字的消息,特别是"中国发现最早原始文字""比甲骨文早1000多年"之类的报道,引发了国内外的广泛关注。我应邀参加了7月6日在平湖召开的小型专家研讨会,与会的有中国考古学会时任理事长张忠培先生、夏商周断代工程首席科学家李伯谦先生和古文字学者们。事后,一些国内外媒体的记者找到我进行了采访。

记者们提问最多的是,这次新发现的原始文字有什么重要意义。说实话,我不是古文字专家,很难正面回答他们提出的这类关乎中国文字起源的大问题。但作为考古学者,我还是提醒记者们关注两个考古发现上的新情况:

一个是,在一件石钺上,一面刻着6个原始文字,另一面刻有图像符号,这种既有文字又有符号的"双生"现象集中在一件器物上,尚不多见。另一个是,过去多在陶器上才有的刻画符号或原始文字,这次却出现在7件石钺、石镰等石质器物上,更不多见。这类新发现就像古人给现代人出的一道历史谜题,考验着我们的辨识水平和破解能力。

先说那6个刻画在一起的原始文字吧。它们与以往陶器上多以单体出现的符号不同,是有行款、有组合、有序列、有重复的。6个字符中各有3个形态相同或相近,其实就是2个符号间隔重复,各刻画了3次,像是记录一件什么事情。这种组词记录的方式在甲骨文中常见,而在甲骨文以前极少发现。

再说中国古代用于书写或刻画的物质载体,在汉代发明纸张以前，常有陶器、玉石器、青铜器、竹木和丝帛、龟甲和兽骨等，个别的还有墙壁、地面和岩石。史前时代更是主要集中于陶器上，在玉石器上刻文的现象屈指可数。这次在庄桥坟遗址发现的刻画在玉石上的符号和原始文字，其数量之多，年代之早，大大拓宽了史前书写或刻画载体的种类。无论是从古文字角度看，还是从书法史上来说，都堪称一次突破性的考古发现。

在石材上刻画符号或文字，过去并不是没有发现过，像在文字学或文物学上极具历史文化价值的石鼓文便是。但它是秦汉刻石，年代偏晚。再早一点，在商代晚期的玉石器物上也不乏刻石、刻玉的文字。更早的就是和这次庄桥坟原始文字年代相当的良渚文化玉器上，也发现过类似图像的刻画符号。

这些发现，尤其是这次庄桥坟石刻原始文字的批量出土，还令我自然而然地想到了另一个有趣的问题：过去刻画或书写在各种载体上的符号或文字，都是有学名的。像刻在陶器上的文字叫陶文，刻在龟甲和兽骨上的叫甲骨文，铸刻在青铜器上的叫铭文，写在竹木或丝帛上的叫竹书或帛书，唯有刻画在玉石器上的没有"大名"。那么我们能不能借这次发现的契机，给它们也冠以一个新的名称——"玉石文"呢？！

当然，我的这些想法纯属拙见，和参会的其他先生相比，他们对于刻画在石器上的符号究竟是否属于原始文字的观点更值得关注。像李伯谦教授就指出：庄桥坟遗址发现的原始文字属于中级向高级过渡的阶段。而复旦大学出土文献与古文字研究中心主任刘钊教授认为：庄桥坟遗址的原始文字已经进入高级阶段，这在文字起源发现演变史上意义重大，其他遗址发现的刻画符号与之不能相提并论。时任浙江大学文化遗产研究院常务副院长曹锦炎教授认为：这些原始文字即使不与甲骨文同一序列，也依然是中国目前最早的文字，因此在中国文字史上的意义不言而喻。可见，几位专家对庄桥坟石刻都异口同声地认定为原始文字。而张忠培先生未加以肯定但也没有否定，这大概因为他不是专攻古文字的缘故，但作为中国考古学会理事长的他说："这些东西很宝贵，一定要保存好，以后可作为国家档案来研究。我们这一辈研究不透的内容，让下一代再接着研究。"

人类右利手始于何时

人们在日常的生产和生活中，习惯用哪只手来做事，称为用手偏向，专业的术语称作"利手"。某些人习惯使用右手，称为右利手；某些人习惯使用左手，称为左利手。而像达·芬奇那样据说能灵活地运用双手者，称为左右共利，即两手能左右开弓，各显其能，不过这样的人极少。

一个有趣的现象是，我们常说某某人是左撇子，却很少会说某某人是右撇子。这是因为现代社会右利手的人众多，在外国大概已占到了人口总数的90%，在中国甚至高达98%。所以，左利手就成了一个特殊现象，左利手者也就变成了一个特殊的人群；乃至于在一些国家的历史上，还发生过鄙视左撇子的事情，尤其在欧洲，左撇子曾被称为"与魔鬼（撒旦）为伍者"。

有不少学者研究了右利手者众多的现象后，就其形成的原因提出过不少颇具启示性的观点：譬如，在有的国家，人们如厕后惯用左手来洗洁排泄的秽处，于是左手便被认为是不洁的和卑下的；再譬如，在冷兵器时代战争中，战士们要用左手护住容易受致命伤的心脏，结果右手的力量和灵活性就渐渐超过了左手；还譬如，女性长期用左臂养护孩子，因为心脏搏动对孩子是一种非常熟悉的声音，久而久之女性用右手做家务就成了习惯等。

20世纪80年代中国的有关研究还显示，青少年右利手的比例大于儿童，儿童又大于幼儿。年龄越小，左利手的比例就越高。右利手的比例之所以随着年龄的增长而增多,与家长和教师不断干涉孩子们用左手的习惯有关。有调查披露,在很多幼儿园,十有八九的老师或保育员对有些孩子左右手不分做过纠正。可见,右利手习惯的流行,与社会的约定俗成有很大关系。

对人类以外其他动物的观察表明,它们的左、右肢偏好要么没有分化,要么呈对半的分布状况。美国的当代灵长类学权威约翰·内皮尔教授在他那著名的《手》一书中还说过:猴子和黑猩猩相比,前者的左利手情况更明显。这意味着在从猴子向猿类,以及从猿类向人类的灵长类演化中,存在着偏手倾向的一场重大演化或曰革命。

人类的利手倾向出现于何时?学者们研究了一些工具和壁画等后发现,人类进化中用手偏向的分化性转变,是一个非常缓慢的过程,大体上经历了两大阶段:第一阶段是出现了右手偏向,第二阶段是转向了右手主导。这两个阶段大约处于旧石器时代中晚期。

第一阶段,一些早期人类中存在着用手偏向的分化迹象。例如,在大约属于旧石器时代早中期的距今70万~50万年的北京周口店遗址,北京猿人使用的大部分工具是被用右手的人打制的。而属于旧石器时代中期,距今约10万年,广泛分布于欧洲、西亚、中亚以及东北非的莫斯特文化,右手偏向34%,左手偏向32%,表明压倒性的右利手的优势还没有形成。距今12万~3万年的尼安德特人的大部分工具的磨痕绝大部分是右撇子造成的,左撇子只占10%左右,表明右手偏向开始形成。

第二阶段，右利手成为人类的主导性用手习惯，大约是到了旧石器时代晚期。1887年在法国比利牛斯山区加尔加斯洞穴发现的大约二三万年前的"手印岩画"，就给出了一些实证性的根据。这些手印绝大部分是所谓"阴型手印"，也就是创作者先把自己左手贴在岩壁上，然后把赭石颜料吹喷在左手上，从而留下了左手的手印。而且这些左手手印显示的小指末端指骨总是缺失，这可能与需要断指来哀悼死者的风俗相关，而通常情况下，被断指的左手不太会成为生活的依靠性用手。这两点有力地表明，人类可能从这时起形成了右手主导的用手习惯。

顺便要说到的是，我多年来带着这个问题，收集到了一些始于1万年前的中国史前新石器时代的资料，发现了两个有趣的现象。一个现象是：在距今五六千年的长江流域和黄河流域，出土了一些左利手的陶器，比如江苏宜兴骆驼墩遗址的平底陶盉、江苏常州金坛遗址的单把陶匜、陕西西安高陵杨官寨遗址的单耳红陶杯。浙江马家浜文化中也有一些异形鬶明显是属于左利手的器具。我曾经在陕北榆林看到过几件左利手的陶爵、陶盉等。上述这些陶容器反映出来的左利手现象，数量本来就不多，而且时代越往后数量越少。到了约4000年前，几乎极少再有左利手的容器了。另一个现象是：左利手的石质工具特别是镰刀等，在四五千年前仍不乏使用的例证，比如浙江良渚文化、上海马桥文化等，看来它们似乎比陶容器反映的左利手习惯向后延续了更长一段时间。

远古狩猎方法多

狩猎是史前时代人类获取生活资源的主要行为之一，在经济生活中所占的比重，并不逊于农业生产。

我们现在在图书、影视和展览中所看到的描绘史前时代狩猎的场景，常是古人们用弓箭、长矛、石块等简陋的工具围猎动物，获得猎物后，他们肩扛背驮着猎物返回驻地，围坐在熊熊篝火旁啃食烤熟了的野味。这些图像或影像复原的是古人狩猎的真实情况吗？在我看来，不能不信，也不能全信。

这里面可以细思的问题其实不少，比如：一要看狩猎什么样的动物，是大型的猛兽还是温驯的中小型动物？二要看有多少人狩猎，是单打独斗还是群体围猎？三要看狩猎者用什么样的工具和方式来获取猎物，是全凭力气、手持工具与猎物搏斗？还是开动脑筋、调动智慧，用巧思巧法智取猎物？

下面我们就来介绍古人用我们不太熟知的方法捕获动物的实践，比如火把和陷阱。

众所周知，学会用火是人类进化史上的里程碑事件。用火烹食不但有助于消化食物、吸收营养和增强体质，还能促进人的智力进化，改变生存方式，这在照明、取暖乃至围猎等方面，都得到了体现。

古人用火围猎是有原因的。民族学观察曾发现，仅以弓箭和长矛等用具，要想捕获奔跑快捷的马、鹿、羚羊等有蹄动物是非常困难的。如果要捕获大型动物，情况就更不简单，危险性也相当地大。比如猛犸象、披毛犀等，它们平均身高3米，身长3~5米，体重5吨以上，还有长长的象牙，或尖尖的骨角。

与如此硕大的动物交锋时，能不能靠近被惊吓或激怒的它们首先是个问题。其次，像猛犸象还有约10厘米厚的皮层，古人用小小的弓箭、长矛能起到的直接杀伤作用，其实是非常有限的。这不能不使一些考古学家对远古人类狩猎能力产生了质疑，所谓从自相残杀的猛兽嘴边夺取或捡拾肉食的"尸食说"，就是在观察非洲土著人群采取这种方法以后提出来的。

我们都知道，几乎所有的动物都有一个弱点，那就是对火具有一种天然的恐惧感。所以，古人常常成群结队地点燃火把，带上猎犬，将动物群驱赶到断崖边或湖沼中，等它们摔下或陷落后，死的死，伤的伤，这时再将其屠宰肢解，就变得容易得多，而且古人自身也免受伤害，获猎而归。

此外，还有一种行之有效的狩猎方法是挖掘陷阱。比如日本就曾发现很多史前绳纹时代的陷阱遗迹，日语叫作"陷穴"。陷阱的坑口形状有圆形、椭圆形和长方形等，口径2~4米，深1~2米，有的坑底还布设尖刺。

陷阱的大小、结构、尖刺数目和布设方式，多与猎物类别或大小相关。古人狩猎的大型动物多是大象、犀牛、鹿，小型动物多是狐狸、野猪等。狩猎者对动物的季节性迁徙、繁殖、习性，都有相当成熟的了解。

考古发现的坑状遗迹很多，功能也很多样，那如何判别哪些是陷阱呢？考古学者主要是观察它们的结构特征和坑内的设施。

大多数的陷阱都在坑口铺设隐蔽性的植物，坑底还埋设数量不等的竹木尖刺，尖刺竖直朝上，用以刺伤陷落下来的动物。在非洲，捕象，便把坑挖大一些，在坑底插一根粗刺；捕野猪，则要多插尖刺，坑不用挖得过大。

　　也有一种陷阱是不插尖刺的，坑的上部挖得很大，然后在坑底向下掘出狭长的深沟，结构剖面有点呈 T 形。上口做大的目的，是动物踩陷的概率大。动物一旦陷落下来，挣扎几下便会坠入下面又窄又深的沟里，整个身躯都会被死死卡住，动弹不得。待它力竭气衰，哪怕它再凶猛，捕获已是轻而易举。

　　陷阱的布局设列，古人主要采取两种方式。一种是散点性的，即沿着水源或动物习走的路线挖设陷阱；另一种是以集群围猎为目的来布设，间距相近，成行连排，有的还在坑与坑之间堆砌土垣，用以阻挡动物，导其坠坑。在日本横滨有一处雾丘遗址的 1.5 万平方米范围内，曾发现大大小小近 120 个陷阱。在某些动物资源比较丰富的自然地理环境中，集群布设这种陷阱群的，很可能是专门的大型狩猎场。

　　还有一些陷阱，坑内既无尖刺，也无深沟，而是将坑壁挖得陡直，用以防止动物攀缘跳逃。这种不伤及动物身体的捕获方式，有可能是为了驯养捕猎对象。

　　在我国，记载先秦历史的《尚书》《周礼》等文献中也曾记载过这类陷阱，讲的多是为了防范野兽破坏庄稼而挖陷阱的做法。以往有关狩猎遗存的考古，比较侧重于发现猎物本体和猎具等遗物，而对狩猎设施等遗迹类遗存的关注尚不多见。现在看来，陷阱的考古发现和研究，从另一个角度提供了古代获猎的行之有效的方式。这对我们全面了解古人的狩猎行为，并在我国的考古实践中加以验证，不能不说是一个有益的启示。

要之，古人狩猎的方法不少。狩猎者只有对动物的季节性迁徙、繁殖、习性都有相当了解之后，才能采取各种各样的方法来成功获猎。而且，古人狩猎动物未必全用来食肉，获之以驯养，陷之以护稼，也是古人狩猎的目的。

良渚考古走进"全考古时代"

2019年7月6日,良渚古城遗址成功入选了世界文化遗产名录。2020年,杭州市人大常委会通过了设立"杭州良渚日"的决定,将每年7月6日设立为"杭州良渚日"。在举办首个"杭州良渚日"活动期间,良渚遗址的最早发现者、发掘者和研究者施昕更先生的铜像在良渚国家考古遗址公园内首次与大众见面。

1936年,浙江省立西湖博物馆年仅25岁的职员施昕更,在他的家乡杭县(今杭州市余杭区)良渚镇发现并发掘了史前遗址,后来还出版了名为《良渚》的考古报告。施昕更不会想

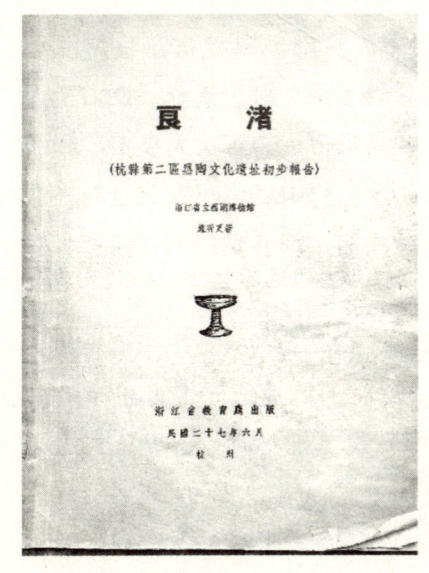

最早的良渚遗址考古报告

1936年,25岁的施昕更发现并发掘了良渚遗址。他写下6万余字的考古报告,详细介绍考古发掘的经过及收获。报告最终在1938年付印,但施昕更因积劳成疾于次年逝世,年仅28岁。

到，在他发现的这处距今约5 000年的遗址上，几代考古学者和当地的利益相关者等，进行了迄今长达80多年的发现、研究、保护、利用、传承过程，先后发生了诸多对专业、学术、文化、社会等具有国内外重要影响的标志性事件：

1959年，著名考古学家夏鼐将以良渚遗址为代表的史前遗存命名为"良渚文化"，这属于当时中国最早命名的史前考古学文化之一。

20世纪80年代中期以后，这里又先后发现了高等级的墓地、祭坛、大型宫殿基址。后来证明，这些大型建筑设施和出土的贵重文物的使用者和拥有者，很可能是国王或贵族。

20世纪90年代中期，良渚遗址群被国务院公布为全国重点文物保护单位，划定了约35平方千米的保护范围，还被国家文物局列入中国申报世界遗产名录预备清单。

2000年后，浙江省和杭州市先后批准成立杭州良渚遗址管理区和管理委员会，出台了管理条例和保护规划，投入了大约几十亿元，以加强良渚遗址的保护力度，解决大批工厂和居民的搬迁安置问题，还原良渚遗址的史前环境和人文景观，让当地的大量利益相关者得以直接或间接地共享到了良渚考古带来的巨大效益。

2007年起，在良渚遗址发现了占地约3平方千米的良渚古城内城，之后还在内城之外，发现了占地约6平方千米的外城。到2015年，又在古城外围发现了良渚时代世界上最大的水利工程。

据我所知，1936年以来的良渚80多年的考古历程，大概可以说是继1928年河南安阳商代殷墟遗址发掘以来，中国可数的连续考古时间最长、取得考古成果最大、改写中华历史记载最多、引起国内外广泛关注度最高的典型考古遗址之一。

作为当时中国、东亚乃至世界上最大的城市和遗址群，作为中国已经进入早期国家和文明阶段的实证标志，良渚的一系列考古成果，先后多次入选全国十大考古新发现乃至世界考古大发现，并被写进了全国的中学历史教科书。国家邮政局专门发行了良渚玉器特种邮票，良渚文化博物馆和良渚博物院先后建成。良渚古城遗址还被纳入了第一批国家考古遗址公园名单，成为国家文物局前局长单霁翔倡导的"让遗址像公园般美丽"的大遗址活化利用的典范。

众所周知，我们曾长期依据历史文献的记载和史学研究成果，认为中国只有大约4000年的文明史和国家历史。而20世纪以来，中华五千年文明的说法越来越多地出现在我们的普众表达乃至国家表述中。这样的说法在甲骨文、金文、竹简、帛书、纸本文献以及传统史学研究成果中，基本上很难爬梳出直接或间接的证据来，那么，这只是一个假说？抑或只是一个概念？有什么真凭实据？很多人对此不免将信将疑，产生误解，甚至摇头否定。

我们现在可以基本肯定地说：以80多年良渚考古为代表，中国考古学以它惯常的实物证据的发现和研究，已经将中华早期文明一幕幕地展现在了世人面前。换句话说，在这些支撑中华文明肇始于5000年前的最重要的考古证据中，良渚遗址作为当时拥有城墙和水利系统的规模最大、保存最好、考古认知最清楚的国家性的、都城性的史前遗址，是中华五千年文明和中国当时已经出现早期国家的当之无愧的直接见证。

良渚考古80多年来取得的如此重要的考古成果，既是中国的，也是世界的，是全人类的。2019年良渚古城遗址成功入选世界文化遗产名录，中华五千年文明史得到了世界承认，这改写了世界早期文明史，既向世界展示了我国文明悠久历史的本来面貌，也使中华文化真正地走向了世界，融入了世界早期文明史的大家庭。

良渚考古80多年历程涉及的发现、研究、保护、利用、传承，一方面是通过实物史料复原和重建国史及其演变之道，另一方面是为了让古代文化遗产通过我们的努力更多地传承给子孙后代。可以说，良渚考古以其"边发掘、边研究、边展示、边利用、边传承"的方式，参与构建并引领创新了中国考古学的"全考古时代"。

三星堆的外来器物

2021年,四川成都广汉三星堆商代遗址祭祀坑的再次考古引起了国内外广泛关注。中央电视台用"沉睡三千年,一醒惊天下"的话题分三次进行了长时段的直播,开创了考古传播的新模式,更加扩大了三星堆考古的国内外影响力。

我们参与策划的《万里走单骑——遗产里的中国》综艺节目宣发组的小伙伴们则用"三醒惊天下"来表述,这更符合三星堆经过三次考古大发现才走到今天"一醒惊天下"的事实:1934年,以葛维汉、林铭均为首的考古队建立,拉开了三星堆考古发掘的序幕;1986年,青铜神树、金杖、青铜大立人像等1700多件文物的出土,使得三星堆考古发现成为国内外考古文博界关注的焦点;2021年,三星堆再次"上新",但已经不再是仅仅在考古界引起轰动,而是彻底"破圈"出道,成为街谈巷议的社会话题和文化现象。

金面具

2021年三星堆遗址新出土完整金面具。这件金面具薄如蝶翼,宽37.2厘米,高16.5厘米,重约100克,造型威严神圣,是目前三星堆考古发掘中出土最完整的一件金面具。黄金面具在中原文化中极为少见,显然不是从中原地区传播到三星堆的。

在人们关注三星堆考古的很多兴奋点中，那些前所未见的出土器物令很多人产生了莫大的惊奇，他们提出了三星堆遗存是不是中华文明，甚至是不是"天外来客"等诸多问题。乃至我的一个朋友说，三星堆考古最大的社会人文价值，是激活了我们久违了的人类与生俱来的想象力。

想象归想象，学理归学理。从专业角度来看，三星堆出土的所有器物组合，基本上可以分为两大类：一类是本地文化特征浓郁的器物，另一类是外来文化风格明显的器物。这恰好反映出三星堆遗址具有多元性、开放性、交流性、融合性等一般遗址鲜有的文化特点。

三星堆遗址出土的本地器物，主要以各式各样的青铜人像、青铜树和金器为代表。其中青铜人像中的通体立人像高达2.6米，是我国先秦时代最高的人像；而两眼呈柱状前突的大型面具，宽1.38米，高0.66米，显然不是活人能佩戴的；大型青铜树高达3.96米，可谓我国青铜时代最高的青铜器。

之所以说上面的器物是具有三星堆文化特征的本地器物，是因为它们在三星堆以外的地区特别是中原商文化中是极为少见的。另外像金面具、金杖等，至少目前看是三星堆遗址特有的出土器物，是不是属于本地文化的原生内涵尚不得知，但起码在中原地区并不多见，或者说并不是从中原地区传播过来的也是事实。

考古学观察器物形态之间的异同特征，并区分出哪些是本地文化或哪些是外来文化的方法，叫作"文化因素分析法"。这种方法就是把出土的器物群进行综合分析，把每一种器物的形制、纹饰、颜色、制法、质地等特点都整理归纳出来，将数量多的、外地少见的器物划归本地文化因素；反之，把本地出土数量少的、外地多见的器物划分为外来文化因素。

　　按照这种方法，三星堆遗址的外来文化因素就能被辨识出来了，比如青铜尊、青铜罍等，就是中原地区商文化大量出土的典型器物。这类器物在三星堆遗址数量不多，却具有非常典型的中原商文化特征。另外，三星堆出土的很多玉璋，也是从

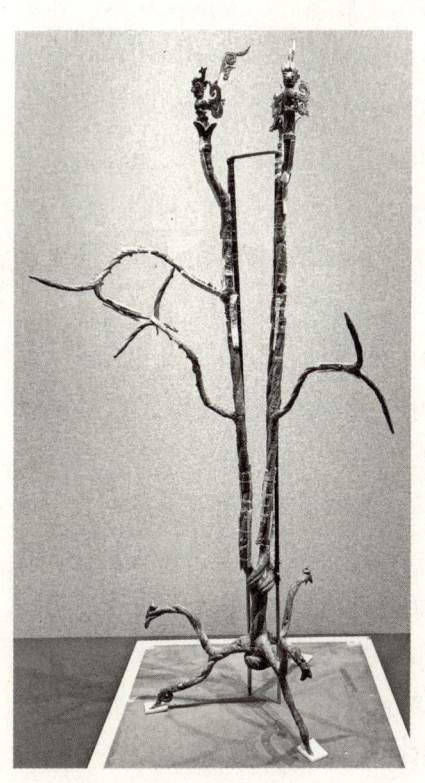

青铜神树

三星堆遗址出土的 3 号青铜神树。和总高接近 4 米的 1 号神树相比，3 号神树比较小巧，且造型完全不同，树干呈麻花状交缠，树干顶端立有精致的人面鸟身神像。青铜神树是三星堆遗址特有的出土器物。

中原地区传过来的可能性比较大。凡此等等，不一而足。

考古从客观上把外来的和本地的器物分辨了出来，实证了三星堆遗址和中原地区确实存在着交流的史实，但究竟是什么原因传入的呢？是贸易原因？还是战争原因？抑或是婚姻原因？这些外来的器物究竟是本地生产的？还是外面直接传入的？我们现在基本上一无所知，这反映出考古学上常有的一个现象，即一次考古发掘，可能发现了一些问题，解决了一些问题，却带来了更多需要分析和解读的新问题。

其实，上面提到的三星堆遗址发现的中原地区风格的外来铜器，还是同一个时代即商代两地的传播，即横向传播。令人惊讶的是，三星堆遗址还发现了一些历时性传播的器物，即纵向传播，最典型的就是约3500年前的三星堆商代遗址，却出土了约5000年前浙江杭州史前良渚文化风格的玉琮。而且无独有偶，这类史前风格的玉琮在中原地区商文化最重要的殷墟遗址也有出土。

那么我们不禁要问，究竟是三星堆人收藏了距其上千年前的良渚文化的玉琮？还是商代殷墟的玉琮传播到了三星堆遗址？可惜目前还没有得出结论性的共识。这再次说明，考古发现有时非但没有揭开谜底，反而带来了更多新的谜面。

中国考古学会前理事长、故宫博物院前院长，也是带我进入考古之门的先师张忠培生前说，考古需要两个创新：发现创新和研究创新。考古发现能够解决的经常是什么时间、什么地点发生了什么样的事件这种现象性问题。可是为什么这个时间、这个地点会发生这样的事件，更是我们需要透过现象来研究探讨的历史真相。换句话说，三星堆考古发现了不少外来器物，这只是迈出了解谜的第一步，而真正揭开交流的原因和真相之谜，还任重道远。先有发现，后有研究，穿越历史尘烟，重返古蜀故国，寻访先民的生活遗迹，探索多元的中华文明，这不足以让人对接下来的研究更加期待吗？！

如何认定致远舰

1894 年是中国甲午年，这一年的 9 月 17 日，清朝北洋水师与日本联合舰队在丹东黄海北部水域发生遭遇战，史称"黄海海战"，这是甲午战争中日海军之间的关键战役。

2013 年，为配合丹东东港的港口建设，考古人员在当年黄海海战水域做水下考古调查。他们运用多波束测深系统、旁侧声呐、浅地层剖面仪、磁力仪等设备进行勘探，发现一处磁力异常点。然后，考古队员潜水实地搜寻，找到一些铁板、煤炭、木质船板等遗物。接下来他们又对铁板做金相分析，再查阅黄海海战史料，确认这是一处沉船遗址，甚至还可能是北洋水师的一艘沉舰。

考古人员遂把这艘沉舰命名为"丹东一号"，意为丹东水下考古发现的第一艘舰艇。如果接下来没有发现带文字的遗物，无法得知船主和船名，考古界就会一直这样称呼这条沉船。像以前在广东阳江海域发现的一条宋代运送瓷器的沉船，就因为没有文字记载，只能以笼统的"南海一号"来称呼它。这在考古上是常见的做法，也是没有办法的办法。

但这次"丹东一号"沉船的考古发现，确认了舰船的属性和名称，因为史料显示，在黄海海战中，北洋水师折损的扬威、致远、经远、超勇四艘战舰，就沉没于交战区水域。其中，扬威舰被击中后搁浅于大鹿岛，经远舰沉没在庄河附近，地点都很明确。而这次考古发现的沉船，很可能就是致远和超勇这两艘战舰中的一艘。考古人员经过研究后，基本认定沉船可能是致远舰，而不是超勇舰。

　　考古人员认证致远舰，不是见到一个证据就定论，不是只有一个线索就推演，而是采取了务实求真的专业态度和科学谨慎的职业规范。既有主证，也有旁证，既有内证，也有外证，形成了一个有逻辑的证据链。

　　第一，通过磁力仪物探手段，发现"丹东一号"现存的体量约1600吨，与文献上记载的致远舰2300吨的排水量相匹配，明显大于超勇舰的1380吨排水量。

　　第二，日本当年所绘黄海北部海图上，曾注出致远舰、扬威舰的沉没位置。其中致远舰所在位置与发现"丹东一号"的位置最为接近，误差不大于1000米。

　　第三，"丹东一号"上发现的穹甲钢板与致远舰的穹甲防护结构吻合，而超勇舰没有使用穹甲钢板。

　　第四，"丹东一号"上发现了多个方形舷窗，致远舰舱室两侧安装了这种舷窗，而超勇舰没有。

　　第五，"丹东一号"上发现的武器装备，如210毫米口径的主炮炮管、152毫米口径的副炮炮管、57毫米口径的炮弹、37毫米口径的炮弹、11毫米口径的格林机关炮、鱼雷引信以及大量的弹药，皆与致远舰的装备一致。而超勇舰的主炮炮管口径为260毫米，副炮炮管口径为120毫米，没有配备57毫米口径的炮弹和鱼雷，却配有水雷。

　　第六，即便以上五点都是间接证据，考古中还非常重要地发现了关键证据，即带有清晰致远舰舰徽的定制瓷盘，瓷盘中间为篆书"致远"二字。此外，还找到一把与瓷盘配套使用的银勺，勺柄也印有致远舰的徽标。

磁力物探成果结合水下实地调查，加上对海图资料、舰艇结构、武器配备、文字证据等的分析，众多遗迹和遗物的现象和信息均指向致远舰，而不是超勇舰。因此，"丹东一号"完全可以排除是超勇舰，而基本上可以初步肯定是致远舰。换言之，以后这条舰艇的考古研究、保护、利用，都不应再用"丹东一号"的叫法，而是可以径直叫"致远舰"了。

古人毁墓为哪般

2013年6月,陕西考古研究院在陕西省咸阳市渭城区底张新村附近发现了唐代女官、诗人上官婉儿的墓葬。墓葬的长度有36米多,深度超过10米,由斜坡墓道、5个天井、5个过洞、4个壁龛、甬道和最主要的墓室构成。这种墓葬结构往往与墓主人生前的社会地位有关,比如具有5个天井等,就不是一般的百姓所能享有的,而是符合唐代贵族墓葬的高等级规格。

这座墓葬的墓主人之所以能确定是上官婉儿,是因为考古工作者在墓中发现了一块青石质、正方形的墓志。所谓墓志,多指放在墓里的刻有死者生平事迹的石刻,一般分上下两层。上层称为"盖",刻有标题;下层称为"底",刻有志文。这方墓志的盖上面用篆书写着"大唐故昭容上官氏铭"。昭容是唐代皇宫中嫔妃制度"四妃九嫔"中的第二级,相当于正二品阶。上官婉儿是唐中宗李显的昭容,可见地位不低。墓志底上书有近千字楷书,记载了上官昭容的世系、生平、享年、葬地等内容。上官婉儿是唐高宗时期的宰相上官仪的孙女,年方十三便成为才人,42岁被册封为昭容,死时47岁。

虽然因为墓志的发现确认了是上官婉儿的墓葬,可奇怪的是,墓葬里面既没有棺椁,也没见遗骨,除了墓志以外只是发现了陶俑等少量文物,遭到过大规模扰动的迹象明显:比如第四、第五天井与第五过洞及甬道被大范围扰动,第五过洞及甬道顶部已经不存。边长4.5米的正方形墓室顶部全部塌陷,铺地砖全部被揭起,四壁残余部分最高1.38米,封门砖也仅残余些许。考古学者在分析了这些破坏现象后认为，这可能是官方有组织的毁墓行为所致，而不会是一般的盗墓贼所为。

考古学家凭什么认定这是毁墓而非盗墓呢？那是因为盗墓违法，只能隐蔽作案。盗墓贼为了掩人耳目，通常只挖一个竖井式盗洞，洞口只有两个畚箕大小，能容身体爬上爬下即可，省工省时省力，可避免塌方。盗洞向下挖的过程中，盗墓贼还会在洞壁上挖出脚窝，以便蹬爬。而这些盗墓中常见的做法，在上官婉儿墓葬考古中几乎都不存在。从天井、甬道和墓室几乎都遭到了大范围破坏看，工程量很大，类似于大揭盖，显然不是那些偷偷摸摸的盗墓贼能干和敢干的，应是大规模、有组织的破坏所致，甚至很有可能是来自官府方面有意的"毁墓"行为。

中国历史上的毁墓现象由来已久，考古上就曾发现过距今四五千年的史前社会龙山时代的实例。如山东泗水尹家城遗址曾发掘过65座墓葬，其中有5座墓主人可能是贵族的大墓破坏比较严重，人骨和随葬品多被取走或被扬弃在扰乱坑里。发掘者推测这应属于有目的的掘墓扬尸性质，可能与某种战争相干。

到了商周时代，像河南安阳殷墟商王或贵族的大墓，也多被取代了商王朝的周人有预谋、有组织地大肆毁坏过。那些毁墓的坑口几乎大到整个墓室，深度直达墓底。周人在毁墓时，把墓室随葬品洗劫一空，将墓主人遗骨严重扰乱，甚至还将棺椁拆毁或放火焚烧。周人毁掉商人祖墓的目的，是试图实现心理征服，"以绝殷祀"，防止商遗民借祭祀之名，复辟旧王朝。

再后来,春秋末期伍子胥鞭尸的故事,在文献中多有记载,民间传播甚广。话说伍子胥的父亲伍奢因受费无忌谗害,和长子伍尚一同被楚平王杀害。伍子胥逃到吴国,成为吴王阖闾重臣。后来,伍子胥带兵攻入楚都,开掘了楚平王墓,拖出楚平王遗体,鞭尸三百下,以报父兄之仇。

上官婉儿所在的唐代,与政治惩戒相关的毁墓事件发生频仍,像《新唐书》和《旧唐书》等都不乏记述。例如,在相位多年、权倾四海的元载被治罪后,朝廷就曾派人掘毁元载祖上和父母的坟墓,劈棺弃柩。武则天专政时,徐敬业起兵谋反,武则天下令,不但毁废其父和其妻的坟茔,连墓志也都捣毁了。

由此可见,与以贪财谋利为目的的盗墓相比,古人毁墓往往带有侮辱、复仇、绝祀、惩戒等政治目的。作为唐代女官和女诗人,上官婉儿能文擅诗,才华横溢,《全唐诗》收录了她的多首诗文,《新唐书》和《旧唐书》上也有她的传略。她先后为武则天和唐中宗等重用,掌管内廷与外朝的政令文告,还曾代朝廷品评天下诗文,素有"巾帼宰相"之名,在唐代政坛和文坛上有着显要地位。

史书记载,公元710年,唐中宗李显驾崩,李隆基发动政变,诛杀韦后,上官婉儿表忠不成而被杀。墓志显示,上官婉儿死后,武则天的小女儿、唐中宗李显的妹妹太平公主非常哀伤,派人去吊祭,并游说李隆基为上官婉儿修建了高规格墓葬。之后,李隆基突然起事,赐死太平公主,上官婉儿被认为是太平公主一党，其墓也因此受到牵连，棺椁和尸体被官方毁坏，这就是墓室内几乎空无一物的原因。换句话说，上官婉儿死后虽被以礼安葬，后却又被朝廷或官方毁墓夷坟。这在唐代说来，算不得什么罕见的事，只是为中国历代多曾有过的毁墓做法，又增加了一例被考古实证了的案例。

古代砖匠的即兴画

现代制砖，砌墙铺地，实用为主，素面为多。但中国古代用砖有一个奇特的现象，那就是不太用砖来建房，反倒多是用砖来造墓。这个现象困扰了我好多年，有时上课便对学生们说，这事可以当作课题来研究，但迄未见有哪位交出作业，甚憾。可见这还真不是平时作业那样的小题，至少是期中考试或期末考试那样的大题或难题。

话归正传，砌墓葬用的砖也是素面的多。有时候为了祭祀、装饰或记事之用，会在砖上模印或刻画各种图案或文字，包括人物、器具、动植物等，考古上称之为"画像砖"。画像砖大多是批量化的模制生产，很少能见到在一块砖上手工刻画的，但这不等于说在考古发现中就乏例可陈。下面，我们就来看两幅古代砖匠刻画在砖上的即兴之作。

2000年考古学者在发掘江苏省南京市雨花台一座用砖垒砌的东晋贵族墓时，发现一块砖的平面上画有半身侧面人像（见下页图）。画中人大眼圆睁，眼珠高凸，鼻子又尖又长，下颌前伸，耳朵肥大，脖颈偏细，头戴尖顶前弯的帽子，衣领宽大。整个形象看上去不像汉人，更像胡人。

无独有偶，十几年前，我们复旦大学考古队参加三峡水利工程淹没区地下文物的抢救性考古，在一座也是用砖垒砌的东汉墓里，发现了一块青灰色的条砖，砖上画的一幅奇特的马纹，引起了大家的注意。

该砖为青色夹砂实心条形陶砖，长40厘米，宽21厘米，厚4厘米。它出土时位于墓室后部中间，紧贴后壁，顺向铺设于墓底，仅向上一面有画像。这种画像砖在墓中仅此一例，周边墓葬亦未见类似的画像砖出土。

砖上的马纹是画成侧面形象的一整匹马。马的嘴部张开，大三角眼，头部低垂，细颈，凸胸，躯干瘦，四肢简略，前腿弯曲，后腿伸直，臀部浑圆丰满，尾生于臀部上方近背的位置，向后方斜垂。整匹马的姿态看上去作原地踏步状。砖匠的

胡人砖拓片

考古工作者在一座东晋墓中发现了一块铺地砖，砖上有一幅侧身人像，根据外貌及服饰特征判断这是一个胡人。这种砖的出现证明了东晋时中国就与海外有密切的联系，当时的人们对胡人的长相并不陌生。

刻画特别夸张表现了马头和马臀的特征,用笔简单,率意天真,动感十足。

从制砖上看,这两块砖上的图像应该都是在砖坯未干时,用手指或柱状枝条直接刻画在砖面上的,所以呈现出下凹的阴线刻画纹路。砖匠仿佛是要在一块砖上刻一幅相对完整的画像,可是从画面不甚规整的技法上看,它们应该是砖匠信手画来的即兴之作,却画出了形神兼备的、率意真实的艺术效果,从一个侧面体现了汉代的社会风貌和民间艺术水平。

从技法上看,马和人物是汉魏两晋时期画像的典型题材,多以写实为基础,同时又使用了略显夸张和变形的手法。我们不难看到,砖匠在画第一幅人像时,手法简单凝练,但人物的面部特征鲜明,尤其是衣领的画法,寥寥几笔就把宽肥的衣领表现得惟妙惟肖。而第二幅的马纹,砖匠对马的眼鼻部位的突出、对臀部丰满圆润的强调,都用了比较重的线条去表现,而马的四肢却较细,偏重于表现筋骨。

与专业画师作品不同,人像砖和马纹砖对细节的描绘及整体比例的把握,都还比较原始和稚嫩。但这种天真率意、了无

马纹砖拓片

马纹砖发现于一座东汉墓里,砖上刻画着一匹马的侧面形象。画面用笔简单,率意天真,动感十足。从不甚规整的技法上看,它应该是砖匠信手画来的即兴之作。

匠气的随手之作，可能又是画师们所不能比拟的。这两块砖上的画像之拙，可以说并非出自画师们那种返璞归真的笔意，而是源于砖匠们天真原始的笔法。

善于用线造型是汉魏两晋时期图像艺术的重要特点，通过人物、动物的动态形象和线性表达方式，能展现出很强的艺术冲击力。流畅的长线条的运用，能产生一种栩栩如生、形神兼备的艺术效果。这也从一个侧面体现了那个时代民间砖匠可能具有的艺术技能。

一般画像砖均砌在墓门及墓壁等显露的位置上，比较容易被看到。但三峡出土的马纹砖却铺设于墓室后部，实际上还会被压于棺椁之下，不会暴露在墓室空间内。南京东晋墓出土的人像砖通常用于墓室顶部起券，砖的侧面一般也不会暴露在墓室空间内。因此，这两块手工刻画、率意而为的画像砖都不在主要的位置上起到装饰墓室的作用。这也从侧面证明了这种砖的非重要性和随意性。

人像砖和马纹砖上的画像，给我们提出了一些费解之谜：为什么砖匠们要画马，要画胡人，而不是画别的动物或人物？砖匠们的心理动机是什么？想要表达什么意义？还是像我们前面说的那样，索性就是即兴之作，自觉或不自觉地绘幅马纹或人像玩玩，压根儿也没什么特别的用意？凡此等等，尚难解题。

本书还收录一篇小文《古砖上的怪手印》，也谈及古人为什么要把手印按在砖上等各种谜题。总之，还是那句老话：考古总是这样，一次次发现带来的谜面，总是多于一个个研究揭开的谜底。

帝陵墓门如何开

1956年,考古工作者开始发掘北京明代十三陵中万历皇帝朱翊钧的陵墓——定陵。当发掘清理到地下玄宫的大门时,大家发现墓门根本推不开。是石门上有锁吗?不是。是石门太重才推不开吗?也不是。

考古发掘报告《定陵》对当时情况有这样的记录:"关闭着的石门却留着一条3厘米宽的门缝。从门缝发现一顶门石条将两扇大门从里向外顶着。因此,必须首先掀掉顶门石条,才能开启石门。"

怎么能掀掉这个顶门石条呢?硬推肯定不是办法。那样既可能把石条推断,还可能把石门推坏,那就变成破坏文物的野蛮考古了,不符合保护文物的原则。就在大家一筹莫展时,考古队长想起来,在历史文献的记载里,明末崇祯皇帝生前没有来得及为自己建造陵墓,却给宠妃田贵妃建造了一座墓。崇祯皇帝在景山自缢身亡后,没有现成的陵墓可以安寝,送葬者只好把他与田贵妃合葬。在重启田贵妃的墓门时,曾用过一种叫作"拐钉"的用具。

所谓"拐钉",只是文献记载,具体什么样式一时间还真是难以考据。但既然是"拐钉",那应该是一个带弯的用具。考古队按这个启发,做了一根前端弯成一侧开口的铁板条,从门缝中伸进去,用铁板条开口卡住倾斜的顶门石上端,轻轻地向内推动,使顶门石一点点地直立起来。就这样,封闭了三百多年的大石门,终于被推开了。打开石门后,大家见到原来看似神秘的顶门石上,用毛笔写有"自来石"等楷书字。

顶门石之所以叫"自来石",是因为它有着非常巧妙的设计原理。制作两扇石门的内侧时,在靠门缝合拢的石门顶部,各凿制出一条凸起的石棱。然后在门内的石头地面上,凿出一道可以置放石条的凹槽。自来石通高1.6米,这是比照石门内侧的石棱与地面凹槽之间的斜向角度距离,专门设计出来的。

了解到这些情况以后,考古工作者们终于复原出了石门关闭时,自来石自动把门顶住的全过程:当下葬完皇帝灵柩后,先将一扇石门关闭,而将另一扇半掩着。这时,把自来石下端卡在凹槽中,上端则贴在半掩着的石门的石棱边上。当把石门一点点向外关闭时,自来石也一点点自动地随之向外倾斜。石门完全并拢之后,自来石恰好顶住两扇石门上端凸起的石棱。这样一来石门就彻底被顶死,再往里推也推不开了。

自来石可以用"拐钉"打开,也是有原因的,否则皇帝去世,落葬安寝后,想个更好的办法把石门彻底关死,永不开启,岂不是更安全吗?其中的原因,主要是按照当时的皇家丧葬礼制,皇帝和皇后、宠妃生前在一起生活,死后也应该同穴合葬。

这就是说,皇帝去世时,皇后或宠妃可能还在世。待哪一年皇后或宠妃也去世了,出于合葬的需要,那就得再次开启墓门,把她们一个个地先后安葬进去。所以,自来石也就具有了墓门被多次开启和闭合时,便于反复使用的功能。

在定陵中,实际的埋葬情况是:除了万历皇帝一人以外,还合葬着孝端和孝靖两位皇后。她俩之中,孝端皇后比万历皇帝早去世几个月，在准备安葬过程中，不料万历皇帝也去世了，于是他俩便一同入了葬。

而孝靖皇后比万历皇帝早去世 10 年，去世后先是被葬在他处，直到万历皇帝去世后，她才得以迁葬到定陵地宫中。这就是说，定陵的自来石并没有发挥墓门被反复开启的顶门作用，实际上它只使用了一次。

汤显祖墓找到了

汤显祖是明代的戏曲家，他在世67年，以《牡丹亭》等剧作名闻天下，去世后被葬入江西临川（今江西省抚州市临川区）文昌里的汤家墓园。

据《文昌汤氏宗谱》记载，汤家墓园共安葬了从明代永乐年间到清代乾隆年间的6代72人。汤显祖于1616年去世，是葬于该墓园的第五代汤家成员。

汤家墓园到了清代初年以后，逐渐荒芜，虽有修葺，还是屡遭劫难。即便时值近现代，依旧如此：1930年修建公路，墓园北部被填埋加高；1942年抗日战争期间，日军入侵，在墓园里挖过战壕。1957年墓园经当地政府拨款修缮，并被列为江西省级重点文物保护单位。

历经多年没有被毁的汤显祖墓，到了1966年却被"破四旧"的红卫兵捣毁铲平，墓碑也被砸坏。1968年又在墓园上建设了棒冰厂，墓园内的墓上建筑和格局被破坏殆尽。到了改革开放后的1982年，当地政府只好易地在市内的人民公园修建了汤显祖衣冠冢，供人们凭吊瞻仰。

2016年底，抚州市启动文昌里历史文化街区建设项目，棒冰厂厂房终于被拆除。在清理废墟过程中，当地文博人员发现了可能与汤显祖墓相关的盖棺石、残墓碑等残存墓葬构件，考古清理工作遂提上了日程。

2017年初夏，经国家文物局批准，勘探和发掘工作全面启动。经过三个月的考古，汤家墓园遗迹大体呈现在了世人面前。从已揭露出来的 40 多座墓葬的布局来看，墓葬基本呈有规律的多排形态。

但由于先前破坏严重，档案资料不全，最令人关注的汤显祖的墓葬，究竟是哪一排的哪一座呢？一时间，这个问题给考古人员带来了不小的困惑。2017 年 9 月上旬，我应邀去抚州参加了考古现场保护的专家论证会。在现场看到，已经揭露出来的所有墓葬，除了自然垮塌和因盗掘而局部损坏的墓葬外，唯有 4 号墓遭到了人为的全面破坏。例如，墓室上部应有的砖砌的拱形券顶已经全部被揭掉了，墓室里填满了沙土。考古人员清理后，除了出土的几件青花碗以外，墓内既没发现应该有的墓志，也没发现墓主人的遗骨。

这种毁墓的现象，显然与汤显祖墓在 1966 年遭到破坏的情况相符合。那么，能否就此肯定这是汤显祖的墓葬了呢？事情并没有这么简单。考古人员发现，他们清理出来的 4 号墓并不是单室的，而是双室的，即在墓室中间有一堵砖墙。这意味着 4 号墓室内埋葬了两具遗体，很可能是一座夫妻合葬墓。

问题是，在文献记载中，汤显祖一生有过三位夫人——原配吴氏、后娶的二夫人赵氏和三夫人付氏。那与汤显祖合葬的到底是哪一位夫人呢？另外两位夫人又葬在哪里呢？

巧的是，与 4 号墓同一排的 18 号墓出土了墓志，它揭示了墓主人是先于汤显祖去世多年的原配吴氏。这表明她很早就被葬入了墓地，并没有与汤显祖同穴合葬。

现在，还剩下汤显祖后娶的赵氏和付氏两位夫人。她们二人中，赵氏未育，而付氏生有二子，家庭地位要高于赵氏。因此，4号墓理应是汤显祖与第三位夫人付氏的同穴双室合葬墓。而且据以左为尊的古制，汤显祖似应葬于4号墓左室。

这样一来，二夫人赵氏墓葬在哪？考古人员认为，应该是4号墓左边离汤显祖所葬左室最近的3号墓。该墓墓室不大，属于小型平顶墓，附葬特点突出，与4号墓墓主人的家庭从属关系明显。

至此，对4号墓的墓主人算是有了一个初步判断，但这是不是最终结论呢？由于未见明确的墓碑、墓志等文字资料出土，我在会间交流时说，慎重起见，还是暂称之为"疑似汤显祖墓"为好。

疑似汤显祖墓葬及其家族墓地，虽然墓地是可知的，墓园是可辨的，墓室是可见的，墓主是可寻的，但总体来讲保护现状堪忧。我在专家论证会上提出了以下几个面临的问题：

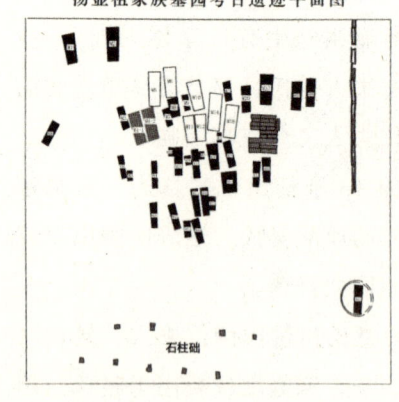

汤显祖家族墓园考古遗迹图

考古人员在汤显祖家族墓园发现明清时期墓葬42座，结合墓园所葬汤氏家族成员排列规律，初步确定4号墓为汤显祖与夫人付氏的双室合葬墓。据左为尊的古制，汤显祖位于4号墓左室。

目前看到的具体情况：个别墓室因自然因素出现损毁，还有一些墓葬存在人为"毁墓"的现象。信息流失大，尤其是4号墓信息流失严重，已存在不可逆性，封土、祭祀遗迹、门道、墓园围墙等地上状况都不清楚，可以说原有的墓地景观基本看不到，风水意象基本消解。汤家后人用来追思、祭奠等的纪念性建筑、场地所剩无几，甚至严重地说，遗产尊严遭到了破坏。

名人墓葬或墓地作为历史文化遗产，既是文化热点，也是巨大压力。从目前情况来看，对汤显祖家族墓应以保护为主，暂不宜也难以对其进行展示利用。我认为汤显祖家族墓的保护方案要坚持"利用服从规划，规划服从保护，保护服从价值，价值服从考古发现和研究成果"原则，不知大家是否认同呢？

挖到古钱怎么办

江西南昌西汉海昏侯刘贺墓是中国考古发现的面积最大、保存最好、内涵最丰富的汉代列侯等级墓葬，2015年入选了中国十大考古年度新发现，引发了越来越多的社会关注。

考古发掘者介绍说，在墓葬里清理出的随葬品中，光是汉代货币"五铢钱"就约有200万枚之多。

考古中发现古代铜钱是常有的事，一次发现几百上千枚都不罕见，有时挖到钱币窖藏，出土上万枚也不是个案。但一次性发现上百万枚的，我从业多年也是第一次听说。对这次大发现，不少媒体都有及时的报道，但也不乏夸张的成分，比如说这些钱币重达15吨，便是一例。

记者说的这15吨的重量是怎么计量出来的？我不免心生疑惑。众所周知，汉代的一枚五铢钱约相当于而今的3.3克。我粗算了一下，无论怎么算，出土的这些钱币也不至于有15吨。还有的媒体演绎得更离谱，说这些钱币相当于今天的百万元人民币云云，我也不清楚如此换算到底有什么真凭实据。

记者发新闻稿说得离谱点，读者一般不会太较真，常常是看了报道之后就过去了。但考古毕竟是专业性很强的科学工作，来不得半点马虎。对于这些出土的古钱，考古人员还要展开很多工作，每一步操作流程都要符合起码的专业规范。

首先，这些钱币如何做好清理？正如大家所知，考古清理既不能用铁锹挖，也不能动用挖掘机铲。对于古钱币，要用小刷子和细竹签一枚一枚慢慢地剔。这次发现的200万枚钱币是堆成一大堆的，清理的时间、耗费的人力，都需要大量投入。出于更科学的考虑，现在遇到这类情况，相比过去有了一个新做法：把钱币堆积整体打包装箱，搬到实验室一点点地清理。

第二，这些钱币如何做好整理？铜钱在当初使用时都是金黄色的，下葬以后经过2000多年埋藏，到出土时都已变成了青绿色，锈迹斑斑。一串串、一枚枚地提取、清洗、去锈，尽可能地恢复其原真性和完整性自不待言。这么多钱币，尽管每枚之间区别不大，但按照考古工作流程规定，对每一枚钱币还要进行绘图、拓片、照相、录像等。此外，还要在卡片上做尺寸、保存情况等详细的文字记录，工作量可不是一般地大。

第三，这些钱币如何进行研究？这次取得了汉代铜钱以1000文作为一个单位的考古实物证据，证明了唐宋以来以1000文铜钱为一贯的计量方式源于西汉。接下来，一定还会不断有新的研究发现，解决钱币发展史上的一个个新老问题。

第四，这些钱币今后怎么保护？从我以往的发掘经验来看，很多铜钱埋藏时间久远，质地变得酥松易碎，清理时很难再保持完整的圆廓状。这次海昏侯墓里的钱币保存状况比较好，大多数铜钱的质地还很硬挺。即便如此，今后保藏中还要不断采取措施，防止其出土后的氧化和碎片化。所以，在什么样的场合下才能保存好这些钱币，是接下来强化保护的新课题。

第五，这些钱币如何加以利用？钱币被考古发掘出来，既要提供给专家学者作专业考古学的研究性利用，还要面向社会公众作保护基础上的展示性利用。怎么由专家们解读？如何对观众们展出？这些都是摆在考古学者和有关行政部门面前的大问题。

  以上古钱的出土可算是考古工作的一个缩影。换句话说，一个重大考古发现仅仅是一个漫长工作的开端，接下来如何整理和研究，再接下来怎么保护和利用，都是需要直接面对的实实在在的工作。这些工作可能要持续几年甚至几十年，要一代人甚至两三代人付出努力。至于尽快筹建博物馆、做好考古遗址公园的保护利用规划，乃至积极申报世界文化遗产、开发相关文旅融合项目、带动遗址地周边的文化产业发展、促进当地的经济社会前行等，也都会纳入相关的学术研究、保护利用机构和各级政府的工作中。比如：我带领的团队有幸参加了南昌汉代海昏侯国遗址博物馆的部分展陈工作；南昌汉代海昏侯国遗址也被国家文物局列入了国家考古遗址公园立项名单，并且已经于2020年秋季初步建成开园了。

太空解手与古人如厕

2013年6月20日,中国女航天员王亚平进行了太空授课,成为神舟十号载人航天飞船飞行任务的一大亮点。她在授课中提到了微重力环境下物体运动的特点、液体表面张力作用等内容。这叫我想起在王亚平之前,另一位美国女航天员苏妮·威廉姆斯还曾在太空上讲授过微重力下如何解手等不少人关心的航天员日常生活问题,说是航天器中的坐便器有强大吸力等,可使排泄物在无重力情况下不是向上飞,而是往下走。我还记得几年前神舟七号发射成功,媒体也曾有关于航天员如何解手的各种问答,说是航天员每次航天飞行都要将自己的一部分大小便收集起来,冻结成标本,在返回地球后,供科学家们分析研究。

时间到了2021年6月17日,神舟十二号载人飞船成功发射升空,将聂海胜、刘伯明和汤洪波三名航天员送入太空。相对于神舟十号,神舟十二号完成了进一步的优化升级,将神舟载人飞船的综合能力提升到新的高度。这次航天员们要在空间站里待上三个月,他们得适应全新的太空生活。吃喝拉撒这般事情虽说算不上头等大事,可如何解决处理也不是小事,因此又一次成为很多人关心的问题。

譬如,航天员们每天喝的水是怎么解决的?据我了解,把水直接运上去并保证供应三个月不太现实,所以日常用水还得靠一套水的循环利用系统来实现。比如在小便时,就需要用漏斗形吸嘴收集尿液,再导入系统里净化,然后就可以喝了。由于航天员们在上太空前的地面训练中早已进行了这个过程的实操,所以在喝的时候基本用不着克服什么心理上的障碍。

再譬如,航天员如果要如厕的话,太空的做法和地面的出恭完全不同。他们得先把自己固定在马桶上,以免自己和便便到处乱飘。太空马桶像一个真空吸尘器一样,利用气压把便便吸走。不过太空可没有下水道,所以像前面说的那样,还需要把便便收集起来,脱水压缩并装进密封袋里,然后带回地球。

说到航天飞船使用的坐便器,不免叫我想起2007年浙江安吉五福村楚文化贵族大墓出土的那件战国晚期的漆木坐便器。它的主体是用10厘米厚的木板做成的马蹄形坐板。坐板前窄后宽,中间是空的,内侧经过削凿,向下凹成一定的弧度,坐上去非常舒适。坐板外面用黑色的漆涂色,大小、外形与现代人用的抽水马桶坐板非常相似。这块坐板长58厘米,

战国晚期的漆木坐便器

2007年浙江安吉五福村楚文化贵族大墓出土一件战国晚期的漆木坐便器。坐板外面涂有黑漆,大小、外形与现代人用的抽水马桶坐板非常相似。坐板下面还有四个支撑的木腿。

宽39厘米,下面还有四个支撑的木腿,高34厘米。尽管当时还没有也不可能有近现代才发明的抽放水的功能,但这件大约2300年前的坐便器,还是反映出中国在人类如厕文化的发展中曾经有过的发明和贡献。

问题是,埋在墓葬里的人都已经死了,怎么还会如厕呢?随葬厕具有什么用呢?那是因为中国古人笃信人死之后,在阴间仍然会过着类似阳间那样的生活。所以对待死者应该"事死如事生",随葬的生活用品均应仿照生前的模样。这就是《荀子》上说的"丧礼者,以生者饰死者也,大象其生以送其死","事死如生,事亡如存"。所以,考古时在古墓中发现厕具,也就是一个很常见的现象了,而且还可以与文献记载相结合,通过墓葬出土的遗存来间接地复原古人生前的日常生活场景。

据记载,古人如厕不但解决生理"急需"问题,还常把厕所当书房用,像写出《三都赋》并导致一时间"洛阳纸贵"的晋代大文豪左思,就是有代表性的一位。据说左思在写作这一

汉墓中的蹲式厕具

江苏徐州汉墓中的蹲式厕具。它的设计非常人性化,除了两条供踩踏的石板,旁边还设计了扶手和柱形握具,方便老年人或身体不适者使用。

名著时,是在"门庭藩溷,皆著纸笔,遇得一句,即疏之"的状态下完成的。这里提到的"溷",叫圈厕,也就是我们今天在乡间还能看到的那种和猪圈造在一起的厕所。因奇巧合理,它还被冠以"溷轩"之名,古今传为笑谈。

像左思这样如厕既干拉撒之事,又行读书之功的,还有编修《册府元龟》的北宋文人钱惟演。他生长在富贵之家,博学善辞,惯以读书为乐。他说自己"坐则读经史,卧则读小说,上厕则阅小辞,盖未尝顷刻释卷也"。北宋政治家、文学家欧阳修也有同感,曾称读书的最佳处是"枕上、厕上、马上"。

当然了,供这些历史名人既能"形而下"地拉屎撒尿,又可"形而上"地读书写字、填词作曲的厕间,指定不是平民百姓那种简陋味重的茅坑,否则怎么能待得下去?比如元代山水画家倪云林的香厕,是在一座阁楼上用香木搭好格子,下面填土,中间铺着洁白的鹅毛,"凡便下,则鹅毛起覆之,不闻有秽气也",讲究程度可见一斑。

航天技术如今让如厕用具上了天,而考古却发现古人让厕器入过地。这一天一地,一古一今,一源一流,连接起人类古往今来厕文化的两端,反映出人类如厕进化史的千古历程。

考古研究篇
揭开尘封的真相

从一处处残迹、一杯杯泥土、一块块残砖、一片片碎陶中,考古学家解读着岁月刻下的无字天书。于是,考古有了可感的温度,历史有了鲜活的细节,古往有了勃勃的生机。然而,考古的宿命往往是揭开一个谜底,却又常常带出更多的谜面。考古到底实证了多少历史记载?修正了哪些历史误识?填补了哪些历史空白?揭开了哪些历史之谜?

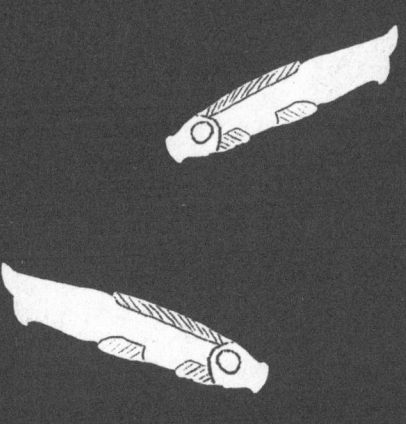

尖底陶瓶作何用

小口尖底瓶是黄河中游史前时代仰韶文化中常见的一种器物。它的结构特征就像它的名字一样：小小的口，尖尖的底，再加上一个大大的腹，腹上有双耳，瓶身通高50厘米左右。

它是干什么用的？说来话长，先从孔子说起。

《荀子·宥坐》篇记载：孔子有一次去观鲁桓公之庙，他在庙里看到一种设计奇特的器物，就问守庙者这是什么。守庙者回答说，这是放在座位的右边用来警戒的欹器。孔子说自己听说过这种器物，还知道这种器物有"虚则欹，中则正，满则覆"的特点。于是，他叫学生往欹器里注水一试，果然空了就倾斜，满了就翻倒，唯有不空不满才端端正正。孔子见状不禁感慨道："唉，哪里有灌满了不翻的呢？！"这里提到的"宥坐"通"右座"。君王将欹器放置在座位右边，为人行事，引以为戒，其作用相当于现今讲的"座右铭"。我们现在常说的"满招损，谦受益"，大概也与此有关。

姑且不论孔子观器论道，就说他让学生往欹器里注水，这说明2000多年前的欹器是一种可以注水的水器，是古人利用重心和平衡关系变化的力学原理制作的器物。这种器物到底是什么形状的，古文献上并没有详细的图解，而考古上发现的小口尖底瓶会因注水的多少而发生重心上的变化，所以人们很容易把它和欹器联系起来。

小口尖底瓶最初在考古中被发现时，人们大都当它是汲水器，因为它有特殊的结构性尖底，能比圜底器或平底器更快地沉入水中,汲水入口,容易注满,人提之行走,水也不易洒出。所以,20世纪50年代落成的陕西西安半坡博物馆广场上,专门塑造了一尊表现少女手执小口尖底瓶汲水的主题雕塑。

1988年,半坡史前遗址博物馆研究人员选取了十多件小口尖底瓶作为标本进行测试和汲水实验。他们在没有注水的情况下,把小口尖底瓶双耳上的细绳往上提,发现一半瓶口向上倾斜,另一半瓶口向下倾斜,还有一件瓶口垂直向上。这说明双耳装置并没有遵循重心平衡原理。接下来,他们将标本垂直放入静止的水中,但见尖底瓶即刻倾倒,进水量达到半瓶时,瓶身又会变成直立状态;而将尖底瓶垂直放入流动的水中,瓶口都朝向顺流方向,难以进水。

实验者得出结论:小口尖底瓶的结构不太符合重心平衡原理,如果作为汲水器,一是不能自动汲满水,二是只适合手握汲水。瓶子之所以做成尖底而非平底,是为了减轻太多的水可

西安半坡博物馆少女汲水雕像

小口尖底瓶是半坡文化的典型器物,在半坡遗址发掘中有较多发现。考古学界曾经普遍认为尖底瓶是一种陶制汲水器皿,但相关考古实验并不支持这一说法。后来学者又提出了尖底瓶是酒器、礼器等多种观点。

能产生的压力，以免瓶底断裂掉落。

很多研究者认为，古人用小口尖底瓶汲水之后，可以背水行走，将水用于居家生活乃至灌溉田亩。也有人认为，小口尖底瓶未必是汲水器，而是前述可用来劝诫的欹器。还有人提出，甲骨文"酉"字模拟的是小口尖底瓶的外形，它应是祭祀等礼仪活动中使用的器物，使用时以双手捧举。更有人借助民族学研究或者与国外的考古发现（如希腊、埃及和两河流域考古发现的图像等考古资料）类比，指出小口尖底瓶既可能是汲水、盛水的水器，也可能是贮酒器甚或酿酒器。凡此种种，不一而足。

科学研究注重实证，以上初步认识和假说在后来进一步的实验研究中，有的被否定，有的被验证。近年来，有长期从事酿造工艺研究的学者提出，尖底瓶的细长形态可以促进渣滓沉降，特别是尖底能够有效集中沉淀物，利于澄清酒液。随着考古发现和科技考古研究的进展，研究者在陕西高陵杨官寨等好几个遗址出土的小口尖底瓶等陶器上发现了残留物，对残留物进行的淀粉粒和植硅体分析，基本证实了小口尖底瓶作为酿酒器具的可能性比较大。

要之，将小口尖底瓶视为汲水器的认识已经或正在被修正，而将其视为酿酒器以及贮酒器、饮酒器甚至礼仪用器的认知，正在成为主流。不言而喻，科学的发现和精细的实验在此过程中扮演了不可或缺的角色，突破了以往研究理念和分析方法的瓶颈。

古玉刻符谜面多

人类的历史充满着谜题,其中很多谜题通过考古人的努力已经得到了答案,但考古常常是一个谜题解决了,新的谜题又出现了。比如,经过80多年的研究,良渚玉器已成为实证中华五千年文明的重要证据之一,但同时,新出土的良渚玉器却又带来新的谜面。

江苏兴化蒋庄有一处良渚文化遗址被评为2015年全国十大考古新发现之一。这处遗址中出土了一件距今约5 000年的玉璧,玉璧上有一个刻画符号。以前,其他地方也发现过类似的符号,它们曾引起国内外很多同行的广泛关注。那么蒋庄新发现的玉璧符号有何新意呢?我们结合各种图形一一道来。

玉璧上的台阶形刻符

江苏兴化蒋庄一处良渚文化遗址中出土了一件距今约5 000年的玉璧,玉璧上有一个台阶形刻符。这种刻符在良渚文化中比较常见。

这类符号主要由侧鸟、立柱、台阶形方框等要素组合成一个复合体（下图），每种符号各不相同：图3最复杂，由上端的侧鸟、中间的立柱、下面的台阶形方框组成；图2缺少中间的立柱；图1只有台阶形方框，上页蒋庄出土的玉璧符号与此类似。

明眼的朋友可能已经发现，有一个造型元素是三种符号共有的，即侧鸟可无，立柱可无，但台阶形方框一直都存在。可见，台阶形方框当是这类符号中不可或缺的核心要素。

在以往学者们的研究中，大家对侧鸟和立柱争议不大，讨论的焦点是台阶形方框有什么含义，这个谜面的谜底究竟是什么。

对台阶形方框的认知，经过了一个较长的过程。在20世纪80年代最初报道这类刻符时，主要是描述性介绍，由于尚未明确其含义，曾随意地称其为"盾形纹饰"。之后，出现了台阶形方框象征山峰或山形等解读性的分析，把认识推进了一大步。但这类说法解释不通的是，为什么山峰不是尖尖的而是平平的？为什么台阶都是左右对称的呢？

台阶形刻符的造型要素

这类符号主要由侧鸟、立柱、台阶形方框等要素组合成一个复合体，其中台阶形方框是不可或缺的核心要素。目前的研究倾向于认为这类符号是对祭坛的摹画。

近 20 年以来，随着良渚文化祭坛不断被发现，越来越多的学人包括笔者在内，更倾向于认为这类符号是对祭坛的摹画。此时，人们提出了祭坛、鸟立坛柱、高坛立鸟等名称。例如，时任浙江省文物考古研究所研究员蒋卫东曾分析道："结合余杭汇观山良渚文化祭坛的结构，可以确定这类图像为良渚文化祭坛。祭坛上是一种供神鸟降息享祀的杆柱，是替代自然树木的人工改进物，功用与'封'活动中的大树一样，在山丘或土墩本身的高度上再获取一层新的高度，取得人跟天之间最近的距离，便于跟天神的亲近和沟通。总之，这是具有合成意义的图案，是原始祭天活动的完整记录。"

这样的解读可备一说，但还是难以回答下面的质疑：为什么台阶形方框两边的线条都是亚腰形的？从建筑技术上讲，如果祭坛像考古发现的那样都是用土堆砌起来的话，那么土质的内弧形边墙既不符合承重原理，也经不起风雨的侵袭吧？！

近些年，类似于上述从表形或表意上解读的文论已不多见，看似进入了一个因缺少新的出土资料而实难取得研究突破的瓶颈阶段。然而就在这样的情况下，江苏昆山少卿山遗址和江苏兴化蒋庄遗址等地，陆续有了台阶形方框刻符的新发现。

和过去相比，这些新发现有两个特点：第一，与过去孤立的传世品不同，这类新发现多是田野发掘成果，地点明确，有确切的层位关系和共存器物组合关系，从而为我们提供了更完整的信息；第二，这些遗址使得台阶形方框刻符在使用空间上的分布，从浙江和上海扩大到了江苏的江南乃至江北的里下河平原地区，为我们的再检讨打开了新视野。

首先，我们看看台阶形方框刻符玉璧的出土情况和共存器物的组合关系：

少卿山9号墓：方形竖穴，残长1.75米，宽1.4米。西北边近底部有生土二层台，底部铺垫一层约15厘米的灰白土。所出遗物有残玉璧、残石钺、刀以及残陶片等。相关的考古简报认为，这应该是残损的有重要功能器物的特定集中掩埋点。

蒋庄36号墓：墓坑开口长2.21米，宽0.98~1.19米。为单人一次葬，墓主人为年龄41~45岁的成年女性。随葬玉器、陶器各3件。其中玉璧直径24厘米，上刻画有"凸"字形祭坛符号。但略为遗憾的是，目前还没有公布所有的器物名称和形制。从简报上发表的照片看，3件陶器放置在墓主人脚部，而玉璧则放置在死者的胸部。

虽然目前还没有公布全部资料，但通过以上简约又不失重要的信息，我们可以看到，一些过去悬而未决的谜题，有了深入和展开的新线索：

第一，台阶形方框刻符玉璧拥有者的社会地位问题。

台阶形方框刻符主要出现在玉璧上。这类玉璧及其器物组合反映出拥有者的社会地位不会很低。比如，蒋庄36号墓在墓地中是规模比较大的，而且随葬玉璧、玉琮等礼器，这是"较高等级墓葬"区别于"平民墓"的主要特点之一。再比如少卿山遗址，与玉璧共存的器物中还有石钺。墓主人应该是具有一定军事和宗教职务的人员，不应该也不可能是社会结构中的底层者。

但鉴于蒋庄36号墓的随葬器物只有6件，而少卿山器物中又有石刀等疑似生产工具，因此，似乎又难以确认这两位墓主人是掌握军权或神权的至尊者。在其他地点的更高等级墓地或墓葬中，是否如此？目前没有科学发掘的证据为凭，尚不便推论。

第二，台阶形方框刻符分布的文化单一性。

如前文所述，台阶形方框刻符的分布区域，扩大到环太湖流域甚至长江以北的里下河地区。那么，这种复合刻符特别是台阶形刻符，无疑是良渚文化人群具有共同意识形态的新证。

如果以上思考成立的话，前述台阶形刻符的三种分型结果很可能表明，在良渚文化分布的广袤区域内，人们一致的价值观念中存在既有联系又有区别的因素，这很可能与同一考古学文化的不同文化类型相关联。而且这类台阶形方框内的中央部位往往有些施纹刻符，这些施纹刻符又表现出不同特征，具有进一步分型的可能。

要之，台阶形方框刻符很可能是良渚文化社会存在某种精神价值认同的直接反映。这为我们研究良渚文化分布区域内具有类似生活方式、成熟社会结构、普遍社会分层等的文明和国家是如何形成的，以及其他重大理论和实践课题，提供了全新的例证、视角和启示。从这个意义上来说，台阶形方框刻符是目前所知良渚文化632个已刊布刻符中最典型者之一，非常值得重视和继续加以研究。

由此可见，虽然多数人认同祭坛说，但显然这并非最后结论。换言之：考古发现虽然越来越多，但依旧是谜面；研究成果尽管不断深入，可依旧有待揭开谜底。

司母戊鼎

咋铸成

在天安门广场的国家博物馆展厅里，有一件镇馆之宝，那就是20世纪30年代末在河南安阳殷墟商代遗址出土的司母戊鼎。

司母戊鼎整体呈长方形，四足二耳，通高133厘米，宽78厘米，长110厘米，重达832.84千克，鼎腹内有"司母戊"三字铭文（也有学者认为可以释为"后母戊"）。司母戊鼎是商王祖庚或祖甲为祭祀母亲"戊"而制作的迄今所见商代最重的大型青铜器，一直被写入各种教科书里，还在2002年被国家文物局作为国家一级文物列入《首批禁止出境展览文物目录》。

司母戊鼎可不是普通的一级文物。21世纪初，国家制定的《文物藏品定级标准》及其附录《一级文物定级标准举例》给青铜器制定的标准是：造型、纹饰精美，能代表一个时期工艺铸造技术水平的；有确切出土地点可作为断代依据的；铭文反映重大历史事件或重要历史人物的；书法艺术优美的；传世稀少并在工艺发展史上有重要地位和科学价值的。可以看出，就一件器物而言，其价值集中体现在历史、艺术和科学三个方面。和绝大多数青铜器不一样的地方在于，司母戊鼎符合上述每一条标准，因此，它是那种卓越超凡、脍炙人口、举世无双、震撼力强的一级品。

而且，早在1992年，国家文物局成立了由专家组成的拣选鉴定全国各地博物馆一级文物的青铜器专业组。专家们在定级时，把一级品的铜器又细化为上限、中限和下限，并认定全国青铜器中属于上限的器物比例很小，因而称之为"国宝级"青铜器也不为过。显然，司母戊鼎就属于这种具有综合价值的"国宝级"的青铜器。青铜器专家组对它的评价极高：是罕见的大型青铜器物，风格古朴典雅；在铸造上多范法和浑铸法的运用，反映出当时生产力的高度发展水平，对我国青铜冶铸发展史有着重要意义。

相对于历史价值和艺术价值来说，作为中国古代青铜文化铸造的一大奇迹，司母戊鼎更为很多人关心的，还是这件足有大半个人高的超大铸件、巨型重鼎，究竟是用什么方法铸造出来的。3000年前的商代工匠们又是如何解决那些塑造泥模、翻制陶范、合范浇注等设计、工艺和流程上的各种复杂问题的呢？我还看到过一位做企业史研究的学者从管理学角度提出的有趣问题："那个把鼎铸造出来的总工程师到底是个怎样的人？在那个远古时代，他组织了一支怎样的制造团队来完成这个任务？他通过怎样的管理章程来保证鼎的质量和制造的效率？"凡此等等，可见不论是专业界还是社会上，司母戊鼎的铸造技术之谜，已经成为历史文化之谜。

首先，大鼎铸造时所需的铜料，就至少要超过1000千克，还有制作合金所需的锡和铅。问题是，在没有大容量的现代熔炉和冶金技术甚至煤、焦炭等高热值燃料的情况下，这么多的金属原料是怎样一次性加以熔化的？

在司母戊鼎的出土地安阳殷墟遗址，考古人员发现了一种可能是商代熔铜时使用的我们现在称为"将军盔"的容器。这种相当于炼铜用的坩埚式的容器，高32厘米，口径约23厘米，每次可熔铜12.5千克。按大鼎约832千克计算，需70个将军盔同时进行熔炼才行。如果操作每个坩埚需要3~4人的话，起码要250人左右。熔铜浇注只是铸造司母戊鼎中的一道工序，若再加上设计器形、制作模具、翻模、拆模后的纹饰修整以及运输、管理等其他工序，没有300人以上几乎是不可能铸造出司母戊鼎来的。另外，在安阳遗址铸铜作坊里，还发现了一种更大的冶炼用坩埚，它直径83厘米，壁厚约5厘米，每个可熔铜200千克左右。这一来，只要5~6个大型坩埚就足够铸造大鼎之需了。大型坩埚需要多少人同时操作，目前尚无研究结论，但估计至少也需要三位数以上人员的分工合作、严密组织、有效管理。

其次，司母戊鼎的体量如此之大，是一次性浇铸成形的？还是做成一个个部件后再焊接组装成形的呢？

曾经有不少人分析说，这么巨大的青铜鼎，只能是先分别铸造鼎耳、鼎身、鼎足各部分，然后再合铸为整体。但后来有专家研究认为，司母戊鼎仍然是用传统的浑铸法整体铸造出来的。铸造前，先用陶土塑模，然后翻范。范是用泥做的模具，分腹范、顶范、底范和浇口范等。范制好后，把内范和外范组合成大鼎铸型，中间留出用于浇注铜液的器壁缝隙。大鼎鼎足是与整个铸型连为一体的。有的鼎足作为浇注口，有的鼎足作为排气口，以防止内部空气堵塞，青铜液无法完全填充。

为了浇铸便利和减少铜料损耗，铸造时，先在地上挖一个大型铸坑，大鼎模具的口朝下，有浇注口的鼎足在上，将大型坩埚置于铸鼎浇注口的近旁，并在坩埚和浇注口之间做出铜液的流槽。为了保证大鼎的一次性浑铸成型，各坩埚需要同时熔铜，以便在浇铸时铜液能持续不断地注入浇注口。浇铸时，内外范之间的空间将被铜液充满，原先的空气如何排出也是问题。

还要提到，大鼎各个部位的厚度并不一样，像器壁平均2~3厘米厚，而鼎足的直径却有15厘米。如果将四足铸成实心的，那器壁冷却快，四足则冷却慢，热胀冷缩的膨胀系数不同，如果一次性浇铸的话，四足与器身很可能会发生断裂，根本不能成型。后来专家通过对大鼎做X射线检测后发现，鼎足不是实心的，而是空心的，这就很好地解决了浇铸时可能因厚薄不均带来的麻烦，反映出当时的工匠显然已经掌握了热力学原理，有意将四足铸成了空心的。

金属冶炼需要细致的分工和强大的组织，还有对各种材料的认识和对冶炼技术的掌握。这都是人类社会发展到相当水平才具备的特点，因此金属冶炼被公认是文明出现的标志之一。也就是说，出现了成熟的金属冶炼技术，就意味着这个社会可能进入了文明阶段。人们对这一重要领域的研究越来越重视，逐渐形成了一个细分学科——冶金考古学。

古纸最初干啥用

过去说到纸,我们马上就会想到东汉的蔡伦造纸。的确,自古以来,蔡伦造纸一直是历史常识,代代传承,鲜有异议。而今时常关心文物考古新发现的人却会说,我国已经出土过西汉纸,它比蔡伦造纸的时间还要早不止百年呢。换句话说,越来越多的考古发现和研究成果表明,蔡伦可能只是在前人的基础上改进了纸,他已经不再拥有纸的发明权。

我这里所要提出的问题是:西汉纸也好,蔡伦纸也罢,这些最初的纸都是用来做什么的呢?或者说,书写是否就是纸的最初用途呢?这可能就不是一般人想过的问题,也不是所有人都能回答上来的了。然而,文献的记载,特别是考古学不断的新发现,为我们提供了不少实证信息和解答线索。

从材料分析上看,目前发现的大部分西汉纸都夹带有许多未松散开的纤维团,它们像麻类纤维,而不是后来更精细的丝絮纤维,即东汉许慎在《说文解字》上说的那种"纸,絮一苫也"。西汉纸制作粗糙,组织松散,纸浆分布不匀,厚度不一,表面也不光滑,透眼较多,纸面还能看到麻筋,不太易于落笔着墨,书写起来也不是十分顺畅,很可能不是用于书写的载体。

从保存形态上看,西汉纸多不平整,呈被团过或折过的样子,给人日常杂用的感觉,比如包裹易损物品、充作器物垫衬等。像1978年在陕西省扶风县太白乡中颜村出土的"中颜纸",出土时就是填塞在一件铜器中的。再像1957年西安灞桥砖瓦厂工地上发现的"灞桥纸",出土时与三面铜镜以及布共存,纸上还有布片的纹样,显然这些纸是附着于铜镜和布上面的。而1992年在甘肃敦煌悬泉置遗址发现的"悬泉纸",不少都没有写字;即便写了字,也不写在纸的起首部位,而是写在右下角,写的文字很多都是药名,像"付子""薰力""细辛"等,显然不乏包药用的可能性。《汉书·外戚传下·孝成赵皇后》把这类纸叫作"赫蹏":"武(籍武)发箧中,有裹药二枚,赫蹏书。"颜师古注引应劭曰:"赫蹏,薄小纸也。"有的纸上则有"持书来/致夫"的字样。如果归纳一下上述情况,便会看到:皱皱巴巴的纸,文字数量很少,书写位置不正。于是有学者推论:如果这类纸用于包装药材的话,那些写在纸角的字,恰好就会露在药包的表面,便于人们一目了然。这样看来,最初的古纸极有可能是包装东西之用的。

用纸包装的做法,在古文献里早有记载。比如,东汉郑众著《百官六礼辞》写到婚姻等六种典礼仪式的程序时就说:"六礼文皆封之,先以纸封表,又加以帛囊。"意思是六礼文都要加封,先是用纸来封裹,然后再放入帛袋中。这与上面说到的药材包装纸,足以相互印证,亦即西汉纸的确有包装的功能。

这个认知在陕西省泾阳县高家堡村古戈国2号墓和4号墓发现的类似古埃及"纸草纸"的古纸上,也得到了证明。很多人都知道,纸草纸是草去皮挤压后粘连而成,但纤维仍然保留自然排列次序并未分解的原始"纸"。这种类似纸草纸的纸,被专家认为是对中国古代造纸起源研究有重要价值的纸标本。

它们在被发现时，都平铺在西周早期铜簋的圈足下。这印证了《周礼·地官》和《说文解字》中关于这类草类制品的说法：它们是古代祭祀朝聘时陈列礼品的铺衬用垫物，而并非适于书写绘画之用。

在纸发明之前和发明之初的汉代，在中国大量使用的还是已经有了千年历史的竹简、木牍。说汉代以前简牍的使用有千年的历史，是因为笔者赞同有些学者的推测：根据《尚书·多士》"惟殷先人，有典有册"的记载，使用简牍的历史至少可以追溯到商代甚至更早。商代当时除了甲骨文和金文外，还应该有大量的易得易作、串成典册的竹简、木牍，其文字数量应该比甲骨文和钟鼎铭文更多。但因竹木容易腐烂，难以保留下来，这一推测现在还得不到实物的佐证。换言之，即使有竹简、木牍，使用范围也不会太广。竹木受到人们的重视，成为书写材料，进入记录领域，应是春秋战国时代的事。

综上所述，最初的古纸看来确实是有包装、衬垫等功用的，而书写的用途并不太大。然而，正像有些专家所说的那样，如果能进一步解决好纤维匀布、结构交织、碾压砑光等技术问题，生产出便于书写的用纸也就水到渠成了。蔡伦的功劳应该与此有关。可能正是在前人已经奠定的基础上，他经过改良，使用树皮、竹、稻草等丰富、廉价的原材料，终于制造出了便于书写用的纸。到这时候，纸才开始被推广开来，渐渐取代了此前在竹木上写字的简牍。换句话说，正是因为西汉纸适于包装、衬垫而不便于书写，蔡伦才有了要着力改良它的动力。所以，蔡伦尽管不是纸的原始发明者，但他的改良之功承上启下，他的创新之举惠泽至今。

虽然我们梳理和解读了古纸最初的各种用途，但还是有相关的问题没有得到解决，那就是：我们的祖先为什么要发明古纸呢？或者说，古纸是在什么样的情况下被发明出来的呢？这显然是个更大的历史谜题。对此，目前能给出的答案多数还是不清楚的。但有一点是可以肯定的，那就是蔡伦造纸的历史地位应该被重新评估，但西汉纸的书画功能也不能被高估。

古砖上的怪手印

我们现在常用的长方形实心陶砖，早在秦汉时期就广泛使用了，也叫"条砖"。砖的长度多是20~30厘米，长、宽、厚的比例是4∶2∶1，既是整倍数，又是等比级数，与传统建筑设计一样是模数制的，垒砌时便于合理地组合搭配，整体上也比较耐看。可见看似小小的条砖上尽显古人的智慧。

条砖历经一个个朝代，一直沿用到了近现代。我们现在多用红砖，而古代多是青砖。现代砖多是素面，而古砖上常拍印上绳纹，或模印出几何图案、动植物图案、人物画像等。这在东汉魏晋南北朝时期特别流行，比如著名的竹林七贤画像砖等。还有的砖上会刻印各种内容的文字，或墓主姓氏，或吉祥话语，或制砖年月，或工匠名字等。可见，与现代用砖重实用相比，古代砖上除了制造工艺痕迹外，还有很多文化内涵，甚至包含组织管理要求等信息。

说起来，砖上的纹饰和文字，相对还是容易考辨和解读的，但考古发现的有些砖上，还时不时印有手掌印。如此做法，乍看上去，多少有些叫人摸不着头脑，难免使人去想：为什么要在砖上按上手掌印？

这种按有手掌印的条砖，俗称"手印砖"。它们有这样几个特点：第一，往往都是一砖一印，鲜有在一块砖上按几个手印的；第二，手印都按在宽面上，不按在窄条侧面上；第三，手印多是五指并拢，掌心朝下，按得规规矩矩、实实在在，印迹都很深；第四，多是用右手掌来按，左手掌的罕见；第五，几乎都是成人手印；第六，这些手掌印和那些有图案和文字的砖一样，都是在砖坯半干时拍印到砖坯上，然后才进窑烧制成砖的。

古人为什么要把手掌印按在砖上？解释很多，说法不少，但没有一个达到足以令众人信服的程度。

有人从制砖过程考证：烧砖得先用黏土和泥，然后把泥团填进长方形的木制模具中，使其成形，成坯。将砖坯从模具中取出来时，为了方便快捷，砖匠会用手把它按出来。由于砖坯还没有晒干，用手一按，就会在砖面上留下手掌印。

我觉得这种说法站不住脚。记得小时候，家里盖堆放柴煤杂物的仓房，我干过脱土坯的活。为了使黏黏的土坯从模具上脱落，一般都是在旁边放个水桶，脱坯前先把模具放到水里蘸一下。有了水的润滑，轻轻一提模具，土坯很容易就能脱落下来，而且一个人就能完成，根本不用上手去按。

也有人从管理方面分析：一是说，按手印是要砖匠承担质量风险的一种手段。印上谁的手印，就说明是谁做的，一旦质量有问题，就能按"手"索骥，追责到人。二是说，砖匠在制坯中，要检查砖的质量，砖上留有手印，就证明是经过质量检验的合格产品。可我认为这两个说法也不靠谱，因为有手印的砖毕竟是少数，考古发现的大量条砖基本上是没有按手印的。照以上的分析推论，那些无手印的砖岂不都成了管理不善的残次品了吗？

还有人说，手印砖没有太多特殊含义，很可能就是某个砖匠在制砖时的一种即兴之作，是随便给自己做的砖留个记号，甚或就是为了好玩而已。但这样的解释是否如实？文献上还找不到相关记载,仅仅是个不无道理的推理罢了。至于这是民间砖窑对自己产品的一种特殊标示啦,还有这可能与某种尚不知道的风俗有关啦等等说法,也都依据不足,难以服众。

因此,到目前为止,古代手印砖的真正含义,尚是一个研究不够的待解之谜。

顺便要提到的是,头些年在参加三峡水利工程淹没区的文物抢救中,我带队的复旦大学考古队还挖到过一种"指印砖"。那是在开县(今重庆市开州区)清理一座汉魏时期的砖室墓时,我们发现不少墓砖的榫卯窝上都留有手指印。

刚发现时,大家都觉得挺奇怪的,后来看到这些手指印一排一排的,有些规律,才恍然大悟:这些应该是在搬运砖坯时留下的指印。很可能墓主人突然去世,造墓时间紧张,或者墓砖作坊想提高效率,总之为了赶工,砖坯还没有干透,就急忙搬到窑里去烧制了。当然,它们和前面说的手印砖不完全是一档子事,但这些与制砖有关的细节,也让古人的生产过程和社会风俗鲜活了许多,都值得关注。

指印砖

一座汉魏时期的砖室墓中出土了不少留有手指印的墓砖,这些指印应该是在搬运砖坯时留下的。很可能墓主人突然去世,造墓时间紧张,或者墓砖作坊想提高效率,砖坯还没有干透就搬到窑里去烧制了。

小小马镫改写历史

2015年有一部热播的古装电视连续剧《芈月传》，演绎了战国时代秦国女政治家芈月波澜起伏的人生故事。剧中有不少骑马士兵脚踏马镫的镜头。但史实告诉我们：在剧情所描绘的战国时代，马镫还没有被发明出来。这剧让马镫"穿越"了时代。

也许很多人会不以为意：一个小小的马镫有什么可较真的？可说起来，马镫的起源时间不但是个史实问题，还是一个考古课题，更是一个被国际学术界长期关注的文史话题。这是因为它的发明和使用，使得人上马和骑马的方式得以改变，骑马变得便捷和稳定，人和马结合得更加紧密，大大方便了人在马上的行为，从而影响到战争形态乃至一系列社会变革，从技术角度推动了人类历史发展进程。甚至它的传播还与人类族群的长距离迁徙不无关系，促进了不同文化之间的交流与互鉴。

美国著名科技史学家连·怀特（Lynn white）就这样说过："很少发明有如马镫那般简单，而很少发明又有如此重大的历史意义。它把动物的力量应用在短兵相接中，让骑士跟他的马结合成一个整体。……有了马镫，在短兵相接中，整匹马的力量就发挥出来。"英国的中国科技史学家李约瑟也道："马上的人不需要用很大的气力，他只需要指引攻击方向，而马的体重就可以带他前冲。……可以说，中世纪的欧洲经历了上千年的纷争，大半由于中国发明的马镫。"

这两位国际上赫赫有名的学术大家为什么给马镫以如此之高的评价呢？这还要从人类最早的骑马方式说起。

有研究表明，在发明马镫以前，人类不但上马困难，而且即便上了马，骑马也很辛苦。由于没有马镫，骑马人的双腿缺少支撑点，只能在马腹的两边空悬着。一旦马飞奔或腾跃起来，骑马人只好双腿夹紧马腹，双手抓紧马鬃，才不会从马上跌落下来。

而有了马镫，骑马活动至少在四个方面取得了进步：第一，骑马人有了落脚点，上马和下马都便捷了。第二，人骑在马上能坐得稳当端正，掉下来的危险系数大大降低。第三，骑马人的双手得到了解放，大幅度的肢体摆动能放得开了，策马扬鞭，搭弓放箭，挥刀劈杀，做各种动作就容易多了。骑兵取得了对步兵的优势，人类开始进入骑兵时代。第四，骑马人和马匹被有机地结合在一起，马助人力，人借马威。这给交通、通信、放牧，特别是战争带来了革命性的改变。对此，李约瑟进一步指出："就像中国的火药在封建主义的最后阶段帮助摧毁了欧洲封建主义一样，中国的马镫在最初帮助了欧洲封建制度的建立。"

然而，在人类发明史上具有里程碑意义，甚至还被有的学者认为是中国古代"第五大发明"的马镫，到底是什么时候在什么地方发明的呢？这在学术界已经争论了将近100年。

大家熟知的陕西秦始皇兵马俑坑出土的陶马身上没有发现马镫痕迹，这说明马镫到那时还没有被发明出来。目前，大部分学者认为在公元4世纪前后，西亚、中亚和东亚先有了皮马镫。考古发现则显示，中国是马镫的主要发明地。

中国目前发现的马镫资料，有形象和实物两种。其中，形象的资料以湖南长沙一座墓中出土的西晋永宁二年（公元302

年)的骑马俑为代表。这件俑在马鞍左侧前部靠近鞍桥之处，悬挂着三角形的马镫。有趣的是，考古学者还发现，该俑上只在马左侧有一个马镫，右侧却没有另一个马镫，并且骑马人的脚也不放到马镫里。研究者认为，最初的单镫是仅供上马或下马时方便脚蹬之用的，而非骑马时双脚踏踩之用。这属于马镫发明初期的一种原始形态和用法，最早出现在中原或长江下游地区，时间上甚至可以早到东汉。可见马镫的出现，还曾经历了一个从单镫到双镫的变化过程。对此，中国古代物质文化史研究专家孙机先生认为："单镫只能叫上马镫，它和双镫所起的作用是不一样的。"

后来，在辽宁、吉林、河南、甘肃等农牧业交接地带的晋墓里出土了2件一副的木质双马镫，马镫外包很薄的铜皮或鎏金铜片。还有金属马镫，目前共发现不下20副之多。它们表明真正意义上的双脚马镫在公元四五世纪已经出现。比如，1965年辽宁北票北燕贵族冯素弗（？—415年）墓出土了一对木芯鎏金铜马镫。该马镫呈圆三角形，高23厘米，宽16.8厘米。这表明那时马镫的形制已经比较成熟，它们比欧洲年代最早的马镫还要早300年左右。

被西方研究马文化的学者称为"中国靴子"的马镫，在中国发明之后，先向东传到了朝鲜半岛和日本；过了几百年后，经我国的青海、甘肃、新疆向西传到了中亚；大概在公元8世纪再辗转传到了中世纪的欧洲，使欧洲开始进入真正的"骑士时代"，并在那里产生了前面所提到的科技史学者们称道的推动社会历史进程的意义。

史前颜料不是墨

2017年伊始，我见到两则有关考古发现古代颜料的新闻报道。一则是在陕西高陵杨官寨史前遗址，发现了距今约5500年使用动物胶类黏合剂的颜料。另一则是江西南昌汉代海昏侯墓中，出土了我国迄今最早的人工制作的松烟墨块。这两个发现，说大不大，说小却也不小，因为它们可不是我国书画史上或者说古代文具史上的小事。我们先从杨官寨遗址发现的颜料说起。

略微了解一些史前文化的人都知道，在距今五六千年的史前时代遗址中，时常出土一些彩陶器物。彩陶，顾名思义，就是在陶器表面用红、白、褐、黑等各色颜料绘制人物、动物、植物以及几何形纹饰，然后烧制而成的色彩斑斓的陶器。

绘制这些纹饰的颜料究竟是怎么制作的呢？有人做过模拟考古实验。首先将天然矿物颜料块砸碎，再用石磨盘和石磨棒把碎颜料研磨成粉末，用水淘洗，去掉粗粒，捏合成形。由于矿物颜料一般不溶于水，捏合成形时，需要用胶方能加强固着性，颜料才不至于散落，也易于保存。待到使用时，再将颜料块研磨成颜料浆后进行绘画。

其实，用胶来胶结颜料，还有一个原因，那就是可以把颜料块做大，以便拿在手上，方便磨墨。如陕西宝鸡北首岭遗址就出土过一件红色颜料锭。该颜料锭做成长条状，长18.5厘米，宽4.5厘米，厚2.4厘米，适合用手拿着研磨。

史前颜料的色彩通常来自矿物中的铁、锰等元素。红色、黄色或棕色颜料来源于浓黄土、赤铁矿和褐铁矿，黑色颜料来源于软锰矿和磁铁矿，白色颜料来源于重晶石、硬石膏和高岭石。而且，彩色颜料一般不随烧制温度的变化而发生色彩上的化学改变，烧成后的颜色与绘制时相同。研究和测试还表明，赤铁矿石和黑铁矿石尤其易于保持烧制后的色彩。在我国河北蔚县下马碑遗址，发现过一处距今约4万年的富集赤铁矿石的染色区，部分赤铁矿石表面有摩擦痕迹。这是我国乃至东亚地区目前已知最早的史前人类颜料加工遗存。

早期的颜料不完全用于画陶器纹饰，有的也用来画岩画。2011年新疆布尔津博拉提墓群发现距今约3000年的石棺墓，石棺内壁就有彩绘几何图案。在石棺旁的原始地面上发现红色颜料残迹。石棺与墓坑间发现4件加工颜料的石质工具，有拍碎颜料的石拍、砸碎和研磨颜料的石锤、研磨颜料的石砧。这表明彩绘所用的红色颜料应是在墓地现场进行加工的。

除了天然矿物颜料外，植物性的木炭也可以作为黑色颜料，像1982年在甘肃大地湾史前遗址中发现的大型房屋地面绘画，就可能是用炭墨颜料绘制的。但到底是直接用木炭绘画的，还是像矿物颜料那样，把炭粉用胶黏合成炭棒或炭块才绘画的，由于时过境迁，也没见分析记录，便不得而知了。这从另一方面反映出早年的考古不如现在做得精细，对出土物做的成分检测分析也不及而今这般常态化和全息化。所以这次发现胶合颜料遂引起广泛关注，这也折射出考古随着时代发展在不断进步。

这些发现较早的木炭地画，包括更早出土的大量彩陶所用的颜料和考古出土的颜料块，大都采用了胶结的做法。例如，科研人员曾对内蒙古敖汉旗大甸子史前遗址的出土颜料做分析，发现该颜料使用了不易渗入陶质、表面能结膜的胶质或油质的调和剂。

说到这里，细心的读者或许已经看出，我在文中反复使用的都是"颜料"二字，而非"墨"字。换言之，史前颜料发明和使用之时，墨尚未登场，史前颜料中固然不乏黑色，但那也只是红色、白色、褐色等若干种颜料中的一种。

过去，这些天然无机矿物颜料，通常被称为"天然墨"或"石墨"。曾经也有人将不同颜色的颜料称为"朱墨"或"彩墨"，这显然是用后代发明的墨来指代史前的颜料了，不免给人以时空穿越之感。然而，史前颜料和后来的墨到底有没有关系呢？或者说两者会不会存在承继关系呢？这就要提到上面言及的海昏侯墓发现松烟墨块的新闻了。

松烟墨，顾名思义，是把松木燃烧后产生的烟炱收集起来，经过加工定形而成的墨锭。如果说史前颜料主要使用天然矿物原料的话，松烟墨则是以植物作原料，而且制作流程相当复杂，并不像烧炭那么简单。它需要经过选松、伐树、烧烟、扫烟、溶胶、杵捣、锤炼、成形、干燥等多道工序。这里只举如何选树的例子，便可窥知制作松烟墨的难度了：

一般首选红松，最好是那种被风刮倒后经历了自然分解过程的老树。经过十年八年的腐熟，靠近树心富含树脂的部分为上佳。这种带油脂的松木，再经烧烟，通常50单位松木才能收集到1单位松烟。

和矿物颜料比，松烟墨的材料变了，制法变了，经过复杂处理，耗时费力不说，人工投入也成倍增加。因此，松烟墨也称人工墨。那么，为什么不用简单易得的天然矿物颜料，非要用复杂的人工墨呢？我们可以从使用方法和效果上找答案。

首先，人工制作的松烟墨，体积都比较大，比小块的天然颜料更便于用手执拿。使用时只需在砚台上加水，直接研磨，即可发墨。而且墨色深重，浓黑无光，留存久长。其次，松烟墨经过人工模制生产，坚固结实，块形相近，便于保藏，也便于交换买卖。

因此，从汉魏时代开始，随着简帛逐渐被纸张和改良的笔砚替代，书画更加便利，松烟墨的社会需求大增，人工墨很快就取代了矿物颜料。所以，王羲之等书法大家的出现，《兰亭序》等著名书法作品能够传世，包括松烟墨在内的文房四宝等书画用具的改进或发明，当是功不可没的。

过去文献上说，松烟墨是魏晋时期才出现的，但这次在西汉早期的海昏侯墓里发现了松烟墨块，一下子把松烟墨制作和使用的历史提前了几百年。

从电视报道的镜头中可见，出土的松烟墨是被工作人员一点点剥离出来的。如果没有这种细致入微的"手术刀式发掘"，只有几厘米大小的墨块，很容易被忽略掉，我们也就没机会在这里谈论松烟墨了。

时代在发展，技术在创新，再优秀的传统文化，也会随着人类的生产和生活方式的进步而发生变化。尽管松烟墨在过去的2000多年里发挥了非常重要的历史作用，但到了现代，还是受到了毛笔被铅笔、蘸水笔、圆珠笔所替代的间接影响，特别是受到了来自墨汁的直接挑战和冲击。

　　现如今，一般书画爱好者或初学者为了省时省力，多是尽享墨汁之便利，已不太使用传统的松烟墨来磨墨了。这导致松烟墨的制作和使用，多局限在比较专业的制墨厂和职业书画人士的范围内。不过，现代工业制造的墨汁会不会像古老的人工松烟墨那样，保持书画等的原真质量，那还有待时间的考验。

蒙恬不是毛笔发明者

毛笔主要指用动物毫毛扎成尖锥形笔头,黏结或缠扎在竹、木笔杆一端而制成的软笔,是中国古代书写和绘画的基本用具。古文献上说毛笔是秦代的蒙恬最早制造的,但这种说法其实并不准确。考古发现的毛笔实物可以追溯到东周时代,这是直接证据;而间接证据表明,用毛笔书写文字和绘制纹饰的历史更加久远。

比秦代早的东周毛笔,目前考古发现了好几支。从制法上看,有三种形态:

第一种是湖南长沙左家公山的毛笔。笔杆长 18.5 厘米,直径 0.4 厘米,笔毫长 2.5 厘米。制法是将竹笔杆纳锋毫的一端劈成数瓣,夹入兔箭毫。这种笔还配有竹制笔套,笔套为管状,长 23.5 厘米,笔可以整支装入其中。第二种是河南信阳长台关楚墓的毛笔。它通长 23.4 厘米,直径 0.9 厘米,笔毫长 2.5 厘米。制法是将笔毫围在竹笔杆一端的四周,再用细线捆缚扎紧,然后髹漆其上,使之牢固耐用。第三种是湖北荆门包山楚墓的毛笔。它通长 22.3 厘米,笔毫长 3.5 厘米。笔毫有尖锋,上端用丝线捆扎,插入笔杆下端的空腔内。

其中第一、第二种制法多见,第三种制法少见。也就是说,这一时期的笔毫多用单纯的兽毛制作,毛笔的纳毫方法尚未形成定规,显示了一定的原始性。

那么,东周以前的毛笔又是怎样的呢?到目前为止,虽然没有出土毛笔实物,但考古发现了一些应该是用毛笔书写和绘画的证据。

一类是彩绘在史前陶器上的动植物和人物纹饰以及几何形纹饰。研究者普遍认为，这类绘画上的笔锋只有软笔才能画出来，因此中国在新石器时代就已使用毛笔了。换句话说，这些6 000年前的彩陶纹样表明，中国人发明或使用毛笔的历史至少可以上溯到这个年代。

和史前比起来，商和西周时期的毛笔实物虽然未见出土，但毛笔书写的文字遗存出土量大增。

一种是在陶器、玉器、石器、甲骨上书写的朱书或墨书文字。例如河南安阳殷墟发现的一件陶器上就残存有6个朱书文字。1989年大司空南地176号墓也出土了写在玉戈上的朱书文字。1999年刘家庄北地1046号墓又出土了写在玉璋上的墨书文字。这些文字笔锋挺拔，起笔与收笔处锋芒鲜明，这表明当时毛笔笔毫的弹性颇佳。

还有一种是在商周玉器或铜器上的朱书或墨书文字。河南

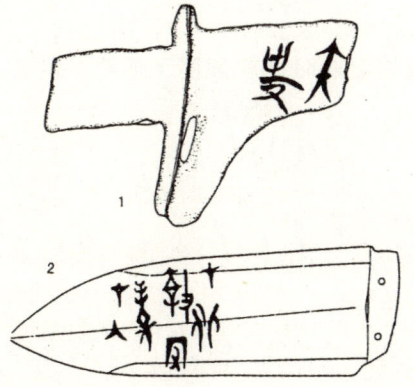

波磔体

波磔体是盛行于殷商末期、西周初期的一种金文书体。字体中间肥腴，首尾出锋，笔势雄劲遒美，凝重伟丽。

洛阳一处西周贵族墓地，历年来已出土了7件写有墨书文字的铜器。这些墨书文字与商周铜器铭文的书体风格大体相同，字迹的笔意也相近。这一种可分为两类：

一类是波磔体。以史氏戈上的文字为代表（上页图1），其笔势雄劲遒美，字体中间肥腴，首尾出锋，有明显的波磔。安阳殷墟出土的玉戈上的朱书文字（上页图2）也呈现出上述特点，笔画首尾尖，中间粗，字体凝重，雄浑伟丽，表现了金文波磔体的风格。

另一类是玉箸体。以河南洛阳出土的尧戈上的文字为代表（下图1）。书体清秀朴实，略带肥笔，起笔与收笔不露锋芒。类似特点的朱书文字也见于殷墟出土的石柄形器上（下图2）。另外，还有玉璋上的朱书文字（下图3），笔画起笔粗壮有力，收笔纤细柔美，字体洁奇，线条表现出轻重顿曳的变化，别具韵味。

以上考古发现说明，中国早在史前或至少到了商周时代，就已经使用毛笔了。这也意味着史称"蒙恬造笔"的说法，需要重新考量和审视。

虽然我国早在五六千年前的史前时期就发明了毛笔，但我

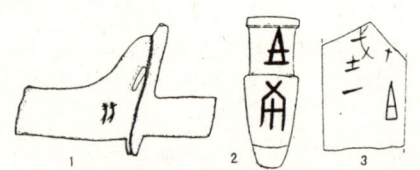

玉箸体

玉箸体因形如玉箸而得名。特点是线条匀称，笔画圆润，清秀朴实，与波磔体相比更为纤细柔美，别具韵味。

们现在所能看到的最早的毛笔实物,基本上都是战国秦汉时期的考古出土品,现已发现约 20 支。我们研究发现,它们大概有三种制法,代表了早期毛笔的三个发展阶段。它们既反映出古代先民的发明过程,也呈现出他们不断创新的智慧。

第一个阶段就是上文所说的东周时期。我将这个多种制笔方式并存的时期称为制笔的"泛形阶段"。

这个阶段使我们看到了最早的毛笔形态,它比文献上说的

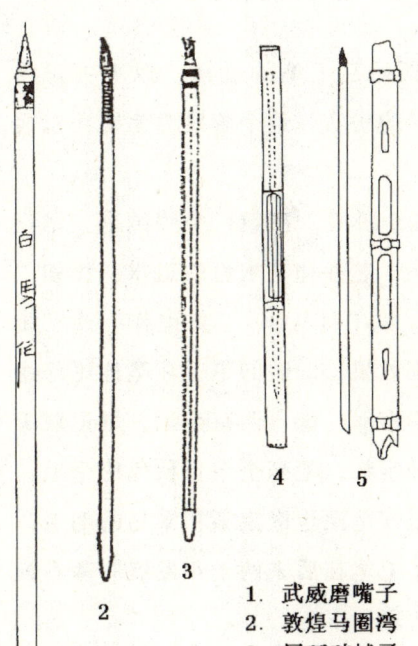

1. 武威磨嘴子
2. 敦煌马圈湾
3. 居延破城子
4. 江陵凤凰山
5. 临沂金雀山

考古发现的毛笔

我国早在五六千年前的史前时期就发明了毛笔,但我们现在所能看到的最早的毛笔实物,基本上都是战国秦汉时期的考古出土品,现已发现约 20 支。

"蒙恬造笔"的年代要早。考古用发现的实物证据,订正了古文献上长期以来将蒙恬称作造笔始祖的记载。

到了第二个阶段,就是蒙恬所在的秦代,制笔方法比之前的战国时期又向前发展了一步。那就是对纳毫的方式和笔毫的用料,普遍进行了更新和改造。一方面,在笔杆的纳毫之处挖出空腔,使得笔毫和笔杆的连接更加牢固。这样一来,笔头能多蓄墨汁,增加了书写时运墨的连贯性。另一方面,采用了多种兽毛并蓄的兼毫做法。这样一来,笔毫软硬兼备,锋芯相济,更有弹性,增强了书写效果。这种创新,我称之为制笔的"改形阶段"或"变形阶段"。

换句话讲,过去秦代蒙恬始造毛笔的说法,似乎更正为"蒙恬改良"才符合毛笔发展的史实。这个阶段为毛笔在汉代定型起了承上启下的作用。

制笔发展到汉代进入第三个阶段,在秦代空腔纳毫、笔锋兼毫的基础上,加强了对毛笔工艺性和艺术性的追求。比如,流行在笔杆上刻工匠的名字,如"白马作""史虎作"或"张氏"等。另外也比较注重装饰效果。一般的笔,在笔杆尾部镶嵌饰物,贵重的毛笔更是豪华富丽。像《西京杂记》里记载天子用的笔,在笔杆上装嵌各种宝物,笔毫全采自秋兔的毫毛,由专门的工匠精制而成。甚至连笔匣也嵌宝玉和翠鸟的羽毛,价值百金。总之,汉代奠定了毛笔在后来两千年发展的基本模式,我称之为制笔的"定型阶段"。

工欲善其事,必先利其器。毛笔发明改进的三个阶段,也充分反映在字体的变化上。秦代通行的小篆,笔迹流畅、挺拔、圆润等艺术特点，与毛笔的改进不无关系。实际上，清代学者赵翼早已提出，"笔不始于蒙恬明矣。或恬所造，精于前人，遂独擅其名耳"，指出蒙恬改良了毛笔，却由此成了毛笔的发明人。

  有趣的是，在蒙恬之前的东周时代，各地对笔的叫法不一，有多种名称。汉代《说文解字》载："楚谓之聿，吴谓之不律，燕谓之弗，秦谓之笔。"秦统一后实行"书同文，车同轨"，对笔的称谓也逐渐统一，这是不是也有蒙恬的功劳？

古人如何改错字

2013年，我在日本奈良文化财研究所参观文物陈列馆，看到1300多年前的日本人在木简上写了错字，用刀进行修改后留下的遗物，遂想起中国也有不少这方面的历史记载和文物，而且比日本的历史要早得多。

《后汉书》上就说："古者记事于简册，谬误者以刀而除之。"意思是说，古人用毛笔在竹木做成的简册上书写记事，一旦写错了，便用刀薄薄地削刮一层，把字迹删除，然后再重新写上去。在甘肃居延汉代烽燧遗址，就出土过从简上削下来的留有三四个字迹的薄片，与文献记载足以互证。

汉代《释名》一书把削刀称作"书刀"，它是"给书简札有所刊削之刀也"。古代汉字里，删除的"删"字，左边是用简牍编成的"册"，右边是一把削刀，说明这种刀具有削刮错

日本刀削木简痕迹和实物

在日本奈良文化财研究所文物陈列馆，可以看到1300多年前日本人在木简上写了错字，用刀进行修改后留下的遗物。

字的功能,作用有点类似于今天我们用的橡皮,是文具的一部分。

所以,古人常把削刀和毛笔、墨块、石砚等放在一起,这不但在考古上已经发现了不少实例,在文献中也有记载。例如东汉王充在撰写《论衡》时,"闭门潜思,户牖墙壁各置刀笔"。他屋里多处地方都摆了刀和笔,创作中遇到笔误,边写边削,共写成20多万字。这与我们今天用橡皮、涂改液乃至在电脑上修修改改比起来,着实不易呢!

王充这样的大家具体用什么样的削刀,我们不得而知。从考古发现来看,普通人用的一般是铜质或铁质的削刀,而权重者或富有者用黄金作削刀之环,甚至在刀身施金,也有所见。国家博物馆收藏的四川成都天回山出土的错金铁书刀,是已发现的较完整的东汉书刀,刀身错有凤纹,就是当时书刀中的名优产品。

有趣的是,文献和出土物中,还常见一些男性的腰间挂着

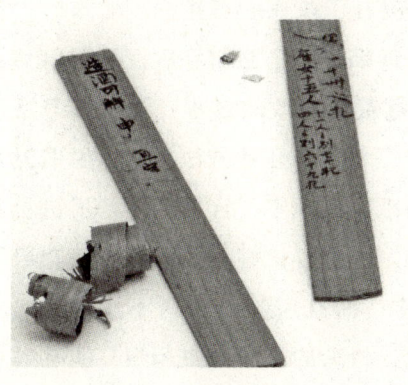

刀削木简

古人用毛笔在竹木做成的简册上书写记事,一旦写错了,便用刀薄薄地削刮一层,把字迹删除。

一把削刀。他们在秦汉时多为管理文书的小吏，以从事文字工作为生，古人有时将他们称为"刀笔"，也就是我们常说的"刀笔吏"。上面说到的书刀上有环形把手，也正是为了便于人们把削刀悬挂在腰上。

到了魏晋南北朝时期，随着纸张的发明，中国在竹简木牍上书写的传统逐渐淡出了历史。那么，当在纸张布帛上书写成为新常态后，古人写错了字怎么办呢？

我们可以举东晋著名书法家王羲之写的《兰亭序》为例。该作品上对错别之字的修改不止一处，有的是直接涂抹，有的是直接覆盖，字上加字。另外像唐代大书法家颜真卿的《祭侄文稿》也是圈点涂改，随处可见。这表明，在纸上修改错别字，在当时尚没有完全解决好，直接涂抹掉其实是最简单的办法。但这样一来，是不是会导致字面的章法布局大乱，乃至影响整洁美观？也未必。像《兰亭序》和《祭侄文稿》这样的著名行书，可能还与书家书写时的情绪有关，它们也常被艺术史家称为一气呵成的佳作呢。

后来，书家直接涂抹的情况有了改变的可能性。北宋的大科学家沈括在《梦溪笔谈》中详细记载了写错字后，如何用类似于现在的涂改液的材料——雌黄做修改的过程：遇有书写错误的地方，就用雌黄涂抹误字。和其他几种方法相比：用书刀刮削擦拭，会使纸张破损；用纸贴住误字，容易脱落；用铅粉涂抹上去，则不容易盖住误字，况且要涂好几遍才行；只有用雌黄涂抹，一涂即能覆盖误字，而且所涂雌黄久不脱落。此外，雌黄还是一种低毒、高效、持久的杀菌灭虫药物，能有效地防止书籍霉变和被虫蛀。

　　有研究者指出：沈括书中所谈是有所选择的，多为当时人们不甚熟知的事项。同时由于宋朝典制多沿承唐朝典制，所以作者所叙事物的源流多溯及唐代。换言之，类似于用雌黄修改笔误字迹的做法，很可能早在王羲之写《兰亭序》不久后的隋唐时代已得到了应用。当然，书法艺术创作和书写公文不同，后者用雌黄修改笔误可能更普遍些吧。

古代文人取暖有方

秋去冬来,天气转冷。上海一家大报辟有"学者书房"版面,到我家采编。刊用的照片中,背景是靠墙的一溜溜书架,缺少桌椅、台灯、文具、电脑乃至空调等器具组合和布局,感觉更像在公共图书馆,而显不出"学者书房"的调性来。

现代书房的那些器具,在古代文人的书房中也不可或缺。那时虽然还没有发明电脑、空调,但是冬天取暖用的炭火炉是必不可少的。这在文献和考古文物中都有不少明证。

明代詹景凤在《草书千字文卷》中讲:"万历丁酉之十二月,天寒积雪,顾几上笔砚,乃不作冻,佳客在坐,乌薪在炉,松萝仙茗在壶。"这段话,记载了冬天文人之间交往、品茗时书房内的器用情况,还提到了燃用黑木炭来取暖的炭炉。

这样的炭炉,在明代的刻本小说绘画中也有不少描绘。例如《水浒》中的书房内,就有床、衣架、画案、长桌、椅子等,桌上有烛台、古琴、文房四宝,案旁下方还放置了一个暖炉。

1960年,上海考古工作者在清理明代八品官员潘允徵的墓时,发现了一整套与书房有关的用具模型。其中有可供挥毫泼墨用的书画桌案和扶手靠背椅,还有一件燃炭用的木架铜方炉和烧水用的铜水壶。这种暖炉是放在地上使用的,常常是按需设置,或放在屋当中,或置于书桌下,烧水取暖一举两得。

这种类似于现今火盆的暖炉,古时又叫"燎炉",至少在春秋战国时代就出现了。它们形状多为圆形,下有圈足或三足,口沿外有链环作为提携之用。北京故宫的宫殿和后寝暖阁里,用的多是三四尺高的大型暖炉,青铜鎏金,掐丝珐琅,精工细作。皇家暖炉,样子像个大鸟笼,下面一般有三或四个祥瑞兽头似的脚托着火盆,火盆上是镂空网罩,既精美又能防炭火爆出引发火灾。百姓用的暖炉则实惠耐用得多,通常是实用小巧,暖手的叫手炉,暖脚的叫脚炉。即便而今社会普遍用了暖气或空调,在江南地区,还是常见有老年人用黄铜做的"汤婆子"。

　　回到文人书房取暖的话题上。清代的著名文人李渔是古代文人中少见的善于工技的人物。他在《闲情偶寄》里,专门讲到了他自己设计制作越冬暖椅的一段有趣经历:他冬天著书,身体畏寒,砚台里的墨汁也会因天寒被冻住。他原本想多放几个炭盆,让满室都暖和起来。可这样一来,炭尘就多了,弄不好,书房就会灰尘四起。如果只用大小二炉,手和脚是不凉

李渔设计的书房暖椅

清代文人李渔是古代文人中少见的善于工技的人物。他设计制作了越冬暖椅,椅子下面有一个抽屉,抽屉里面放置炭炉。

了，可四肢还是冷得够呛，浑身上下简直是既过冬天，又过夏天了。所以，他就千方百计地设计制作了暖椅，椅子下面设计了一个抽屉，抽屉里面放置炭炉，这样一来全身就都不冷了。

数九寒天，书房里有了暖炉，有了暖椅，按说已经惬意多了，可这还不够。正像李渔说的那样，砚台里结冻的墨汁，也要想办法增温融解才行。在天寒地冻的季节，如果书房里没有暖气，在磨墨之后，砚台上就可能结上一层薄冰碴，执笔舔墨弄不好还会把笔黏在冰碴上。

于是，古人又发明了暖砚。所谓暖砚，就是古人为了防止冬季墨汁冷冻而特制的一种具有保温功能的砚台。暖砚的形态以长方形为主，也有正方形、多边形、圆形。材质多种多样，石质多见，也有铜、铁、玉、锡、陶瓷质地的，讲究一点的还有银甚至金材质的。暖砚的结构多是上下两层，上层是砚台，下层是底座，也就是可以放置暖源的空间。

北京故宫藏品中就有一种元代长方形的铜暖砚。铜盒像一个砚托，内外两层，外层盒壁四周镂孔。内层像个抽屉，可以拉进拉出，内置炭火，足以保持温度，墨汁也就不至于冰冻了。

故宫的这种暖砚，其实是一种火暖型暖砚。除了放置炭火，还有的暖砚是在内层里放上油灯，也可以起到暖墨的作用。另外，还有一种是水暖型暖砚，即在砚台之下做出空腔，空腔内注入热水，使砚面的温度升高，起到防止砚中墨汁冻结的作用。

但上面两种方法都有缺陷。水暖型的热水，保温时间难以持久；火暖型的炭火，又容易造成石砚因高温而破裂。为了解决这类问题，到了清代以后，古人发明了紫砂暖砚。紫砂透气性能好，耐高温烧烤，制作时的可塑性强，使暖砚的实用性能大大提高了。

  我国古代早期的书房，格局比较简单。到了明代，随着社会的世俗化，文人开始注重对生活方式的经营，追求"闲情逸致"的生活情调。在这种闲情化倾向的指引下，书房除了作为文人书写读书的场所之外，更寄托了他们的人格涵养和精神气质。像上面提到的潘允徵墓出土的用具和《水浒》插图中画的文房用具，与明代以前的情况相比，就增加了比较多的休憩成分，而且没有明显的放置书籍的用具。这也可以说，明代以来文人的读书生活以及与之对应的书房的家具和器物陈设，已经逐渐成为体现主人的生活品位和审美意趣的重要表征，有时候甚至超越了对读书这件事本身的追求。所以，明代文人的读书，是一种书香雅韵式的"审美性"阅读，而作为阅读行为的载体，书房也成了艺术化的空间。

坟是坟
墓是墓

坟墓在咱们老百姓看来就是埋葬死人的地方,要么叫墓,要么叫坟,感觉没有什么区别。很多坟墓埋在一起,要么叫墓地,要么叫坟场,好像都是一回事。但从考古学上细说起来,坟是坟,墓是墓,区别还是挺大的。

坟墓是一种建筑。说到建筑,人们马上会想到建造在地面上的各种建筑物,很少会往坟墓方面去想。其实,坟墓和地面建筑有相通之处。地面建筑是由地上空间和地下空间(如地下室)组成的,实际生活中以前者为主。坟墓则主要是向地下挖掘坑穴,埋葬逝者,然后在地上起坟。过去有身份的人还会在坟上造房子,用于祭奠死者,古书上叫"享堂",考古上叫作"墓上建筑"。可见,坟墓是一种主要建在地下的特殊建筑,民俗上"阴间""地府"的说法,都和墓葬有关。

坟墓尽管主要是向地下营建的空间,其实还是由地下以及地上两部分构成的。因此,考古学上常把墓葬分成两部分结构:埋葬逝者的地下空间部分叫作墓,或者墓圹、墓穴、墓室;而把墓室封起来,或者说把墓圹用土堆起来封住的土堆,叫作坟、坟丘、坟冢,专业一点的术语,叫作封土。

封土的作用有三个:一个是有标识功能,易辨好找;另一个是能更好地保护埋在地下的墓室不被水土流失等侵蚀;还有一个便是防盗了,因为有土堆在棺椁之上,无疑增加了盗掘的难度。

坟墓虽说是一个建筑整体,但毕竟是筑土为坟、穴地为墓的两个结构。考古上常研究它们是什么时候起源的,但一直悬而未决。

众所周知,人类有意识地安葬逝者的遗体,在中国目前所知的最早实例,是距今二三万年的山顶洞人。考古发现了人骨及其身边散布着红色的赤铁矿粉末和一些用动物骨壳做的装饰品,但无挖坑建墓的迹象,就地覆盖掩埋的可能性比较大,严格来说那还不能叫作墓葬。

2018年前后,广东英德青塘遗址黄门岩1号洞内发现了1具距今约13500年的人骨化石,葬式为蹲踞葬。人骨下方垫有石块,人骨旁发现骨针1枚,可能为随葬品。考古文博界比较权威的行业传媒《中国文物报》等,纷纷以"中国最早的可以确认葬式的墓葬"为题,报道了这一重要发现,认为它是目前中国发现年代最早、可确认葬式的墓葬。该年度的全国十大考古新发现对这一获奖成果的评语写道:"墓葬与人骨的发现对旧石器时代晚期原始宗教信仰、社会复杂程度、区域现代人群体质演化及扩散等方面的研究具有重大价值。"尽管这些报道和评语都没有具体提及是不是发掘到了古人有意识挖掘墓穴的迹象,但大约到了距今1万年左右,挖掘墓穴安葬死者的方式,可能已经出现,并且沿至如今。

比起墓穴何时出现的问题,坟这种封土起源于何时何地,目前也不太说得准,但也不是没有线索。《礼记》上有一段关于孔子与坟墓的记载中提道,孔子少年丧父,青年丧母,他想合葬他的父母,但不知道他父亲葬在何处。后来他好不容易从乡人长辈那里了解到父亲的葬地,这才完成了殡葬之礼。对此他说道:"吾闻之,古也墓而不坟。今丘也,东西南北人也,不可以弗识也。于是,封之,崇四尺。"他这段话的大意是:我听说古时候只挖墓穴,不起坟堆,但为了让人容易识别,我修了四尺高的坟云云。

孔子生活在2500年前的春秋时代,那个时代显然已有了坟墓的概念和做法,而且孔子身体力行,营墓造坟,以尽孝心。但遗憾的是,早期文献里却再也难找到比这更早的关于坟的记载了。而很长的时间里,考古也同样没有在中原地区发现春秋时代以前的封土遗迹。

到了近二三十年,考古研究有了新进展,那就是在江南地区发现了一种有馒头状大型封土的土墩墓,其中有些年代可以早到西周时代。换句话说,土墩墓是目前发现的最早的封土墓,也就是坟了。于是有些学者提出,中原地区后来的坟墓,也许与土墩墓的出现不无关系。但土墩墓这种流行于南方的形

江南地区分布的土墩墓
(曹军 摄)

在江南地区发现了一种有馒头状大型封土的土墩墓,其中有些年代可以早到西周时代。土墩墓是目前发现的最早的封土墓,有些学者提出,中原地区后来的坟墓,也许与土墩墓的出现不无关系。

式,只是年代上比中原地区目前发现的坟丘早,它们是不是真就影响到了甚或传播到了北方,说实话,考古界对此还没有取得共识性的结论。

比起那些不起坟的墓葬,考古发掘有封土的土墩墓,很显然不仅是土方工程量比较大那么简单,关键是如何按照考古学的专业要求进行科学发掘。比如 21 世纪初江苏常州金坛土墩墓群发掘时,时任南京博物院考古研究所所长的林留根提出了"十字隔梁法"的发掘方法,即在隆起于地面的封土堆上一横一纵留出两道隔梁,分出 4 个考古上叫作"探方"的工作面,以便发掘时观察隔梁剖面上的地层堆积和遗迹的变化,这样就能够了解到当年下葬时封土是如何堆砌起来的。

另外,古人下葬,有时是一人一葬,有时是多人合葬于一座墓室里。这里所涉及的就不仅是墓或坟的形态问题,还有对古代丧葬习俗及其呈现的人类社会关系、行为和意识形态的发现和研究了。因此,坟墓在考古学上,很多时候还叫作墓葬,其中的"葬"即所谓葬、葬礼、葬俗。

我带考古队约 20 年前在三峡考古,就清理过在一座砖室墓里埋葬多人的汉魏时代墓葬。这样的墓葬都有一个墓门,先去世的人被埋进去以后用砖封起来。之后有人去世,再把封砖打开埋进去。如此反复,就变成了一座家庭合葬墓。更有甚者,在一座汉魏时代的墓葬里,我们竟然还发现过唐代人的随葬品。分析下来,很可能是这个唐代人自己造不起墓葬,只好被下葬到了前代人的墓室里。这种"鸠占鹊巢"的做法,说明了这位唐代逝者的窘迫的生存状况和低下的社会地位。

到底有没有僵尸

给学生上考古课，讲到墓葬和古尸，一位女同学问我有没有僵尸。我回答说，我听过这个词，还记得日本作家村上春树就写过同名小说《僵尸》，印象中的文艺作品里常有僵尸类题材，可现实世界中并不存在僵尸。我见她有点失望的神色，就换了个角度对她说：考古上倒是发现过人死了又活过来的事例，不妨说给你们听听。

那是1999年的一天，黑龙江省齐齐哈尔市扎龙湿地保护区附近的村民挖地取土，意外发现了一座清代早期墓葬。闻讯而来的考古人员发现，棺材里的不是常见的遗体，也不是枯骨架，而是一具已变成了木乃伊的年轻女性尸体。

令人惊讶而又费解的是：这具女性干尸的姿势，不像正常死亡的人那样，被装殓成四肢并拢的仰身直肢状。只见她下肢弯曲，膝盖翘起，殓尸捆腿用的丝带松散开来，一只脚上的鞋袜脱落在棺材边角处。女尸表情痛苦异常，张着大嘴，手臂张开，做挣扎状。另外，考古人员仔细观察后还发现，棺盖内壁上有不少抠挖的抓痕。把这些异常的现象综合起来，可以基本肯定的是：第一，这应该是一个非正常死亡的女人，而且她在棺内还曾有过剧烈的挣扎过程；第二，这具女尸的惨状和棺板上的抓痕，是在棺材盖板被钉住以后出现的，不存在棺材曾被打开过的可能性。

人已经死亡下葬了，她怎么还会在棺内挣扎呢？难道她死而复生了吗？考古人员带着困惑一边分析女尸，一边请来了医学专家一起做检查鉴定，结果发现了一个最初清理女尸时谁都没有注意到的特殊迹象：原来在她的大腿和骨盆之间，粘连着一块已经变黑了的荷叶大小的胎盘。就是从这块残留的胎盘上，大家才终于找到了复原当时情况的重要线索。

这具女尸生前应该是一位产妇，她在分娩时遇上了难产，很可能是在孩子降生后，因体力不支或产后大出血等突发性症状昏死过去。由于当时的医疗水平有限，更不可能有现代那些听诊器、心电图等仪器设备，她的家人把昏厥性的假死误以为是真正的死亡，于是为其准备了后事，并很快装殓送葬了。

可能就是在送葬的过程中，抬运颠簸，使昏厥的她渐渐地舒缓过来；也可能是下葬之后，她慢慢地苏醒了过来。当发现自己已被钉在了黑洞洞的棺材里后，她开始拼命地挣扎活动，左腿从捆绑的丝带里抽出，左脚鞋袜脱落，脚趾和手指在击打蹬踢棺板时受伤，胎盘也从腹腔中流出。但她的一切努力都为时已晚，无济于事，最后她精疲力竭，痛苦地死去，由假死变成了真死，等于是被活埋了。也正是因为她奋力挣扎，很可能把棺内的氧气消耗殆尽，只留下二氧化碳，从而使腐蚀尸体的各种细菌难以繁殖。加上体内的水分消耗掉了很多，腹内各部器官缓慢干瘪，所以形成了后来人们开棺时所看到的木乃伊，而不是枯骨。

大家知道，在医学上，通常的昏厥或所谓假死，多呈现脉搏薄弱、心跳不显、难见呼吸、体温降低等现象，还有突发性、短暂性的特点，一般在短时间内比如几分钟或几小时内便会自然苏醒过来。也有个别的昏厥时间较长，像明代沈周《石田杂记》就记载过："常熟学前程某者，每日至午后即昏厥，至次日天明始苏。"最近一些年，国内外的这类报道也偶见于媒体。像2012年2月27日，广西新闻网就曾发文叙事，说广西北流市六麻镇六楼村有一位年逾九旬的老妇，因不慎跌了一跤，造成脑震荡后出现了深度昏迷症状。当时别人用力推她，大声叫她，她都毫无反应；伸手试探老妇鼻息，也没有了呼吸。大家误以为她已去世，就为她料理了后事，把她的"遗体"放进棺材，盖上棺材盖，但没有上钉。按照当地习俗，准备择日下葬。

可就在几天后，老妇却爬出棺材，来到了自家厨房煮粥。大家发现她以后吓得不轻。为了试探她是不是"正常人"，有人问她："你看一下现在几点了？"她看了一下手表后说："11点15分。"一对时间，果真没错，大家这才松了一口气，便问她是如何从棺材里出来的。她回答道："你们怎么把我放进棺材里了？我睡醒了觉得肚子饿，就想着起来煮点东西吃，使劲推了棺材盖很久，才从里面爬出来的。"如此真相大白，原来老妇是昏厥后的假死，她幸运地复活了。

这样的例子告诉我们，昏厥假死是人体保护自己的一种现象，与人们想象出来的那些僵尸不是一码事。换言之，假死是客观存在，僵尸是主观想象。

"僵尸"原指关节僵硬的尸体。这是动物死亡一段时间后都会出现的状态，现代医学称为"尸僵"。我国最晚在宋代就已出现僵尸的说法，例如北宋梅尧臣《依韵和宋中道见寄》中就有"已甘老死填沟隍，僵尸阖棺犹目张"的诗句。后来经过人们想象,"僵尸"成为死亡后发生变异,能活动甚至说话和思考的鬼怪。在明清时期,不少笔记小说中出现了描绘僵尸的故事情节,一度还颇为流行,比较著名的有蒲松龄《聊斋志异》、纪晓岚《阅微草堂笔记》等,尤以清乾隆年间袁枚的《子不语》一书中《僵尸求食》《僵尸吸人血》诸篇的描写最甚。

欧洲和北美洲大概从19世纪开始产生了大量以僵尸为题材的文学作品,英语"zombie"一词就是指那些靠巫术起死回生的僵尸。1932年美国还拍摄了影片《白色僵尸》(White Zombie),据说这是美国电影史上第一次出现的僵尸银幕形象。

古今中外的这些僵尸文学作品已经变成了影视和游戏等娱乐题材,现实生活中还出现了一些僵尸酒吧、僵尸俱乐部、僵尸剧本杀、僵尸游行等主题场所和活动。到了万圣节期间,国外的大人小孩更会换上服装,扮成僵尸,走街串巷,到处可见。总之,已经形成了一种在中国并不普遍,但在国外时有所见的僵尸文化现象。其背后所蕴藏的文化意义也引起了人们的兴趣,国内外的研究者大有人在。这也是我们说到僵尸时,提醒对此有兴趣者所应关注的事。

黄帝墓葬有多大

我们常说自己是炎黄子孙,黄帝可以说是中国上古帝王中最著名的一位了。黄帝陵位于陕西省延安市黄陵县桥山。有一次讲课,我放了几张黄帝陵的照片。没料到的是,课间有学生来问我:为什么黄帝陵看上去那么小呢?感觉和后代普通老百姓的坟墓没什么两样呀?!学生的问题提醒了我,那就是黄帝陵的原有规模,到底和现在我们看到的是否一致呢?

这个问题,我们要从两方面去理解。首先,我们应该了解黄帝是什么时代的人物;其次,我们要看黄帝所在的那个时代的墓葬都有多大。

黄帝究竟是哪个时代的人物?历史界和考古界经过多年的

黄帝陵

早在 1961 年,黄帝陵就被国务院公布为第一批全国重点文物保护单位,而且在古墓葬的编号中位列第一号,因此被称为"中国第一陵"。

研究，已经大体上形成了两种基本认识：一种认为是距今四五千年，另一种认为是距今六七千年。我觉得，姑且不论孰是孰非，但有一点是相近的，即黄帝是史前时代的人物，更具体地说，应该是新石器时代中晚期的人物。

那么，新石器时代中晚期的墓葬，特别是那些社会地位比较高的逝者的大型墓葬又是什么样的呢？让我们先来看看常被考古学者们提及的几座史前时代的典型大墓：

山东泰安市大汶口文化墓地 10 号墓：墓坑长 4.2 米，宽 3.2 米，用棺、椁作葬具，盛装入殓，随葬品多达近 300 件，尽显富足和奢华。

山东章丘焦家遗址 152 号墓：墓口长 4.4 米，宽约 2.8 米，葬具为两椁一棺，填土有夯打迹象。墓主为老年男性，仰身直肢。出土 39 件随葬品。

河南灵宝市西坡仰韶文化墓地 27 号墓：墓坑长约 5 米，宽近 3.5 米，墓室用木板封盖，随葬彩绘大陶缸等器物。

山西临汾市陶寺古城遗址 22 号墓：长 5.2 米，宽 3.7 米，随葬彩绘陶礼器、象征王权和神权以及军权的玉钺、玉琮、玉璧等重宝，墓主人属于大贵族甚至是国王。

山东临朐朱封龙山文化 203 号墓：墓坑长近 6.5 米，宽约 4.5 米，也是有棺有椁，出土了大量色彩斑斓的彩绘、蛋壳陶礼器、象征王权的玉钺以及镶嵌绿松石的重器等，属于龙山文化墓葬中规模超大、随葬器物超丰的王陵级别的大墓。

从以上史前时代的几座典型大墓看，它们的墓穴面积为 15~20 平方米，其等级之贵，规格之高，随葬品之丰，堪为当时至尊之列，应当属于显贵甚至国王级别。

已被考古发现的史前大墓如此，那么黄帝陵的情况怎么样呢？

早在1961年，黄帝陵就被国务院公布为第一批全国重点文物保护单位，而且在古墓葬的编号中位列第一号，所以素有"中国第一陵"之称。黄帝陵现存的陵冢高3.6米，圆形，周长48米，面积约180平方米。显然，这比起上述史前大墓的面积，要大得多了。

但这里面有两个问题需要加以分析：

第一，黄帝陵墓始建于何时？目前所能见到的比较早的记载，是司马迁在《史记·封禅书》中称汉武帝"祭黄帝冢桥山"。这意味着至少在汉武帝时期甚至以前，黄帝陵就已存在。《辞海》等书进一步指出：唐宋以来，因各朝皇帝重视，一直不断修葺添土，陵冢有所加大。所以，黄帝陵原本很可能并不像现在堆积得这么大。

第二，现在的黄帝陵是有封土的，也就是高出地面的坟冢。而坟冢的地下有没有墓穴，尚不知晓。即便是真有墓穴，那墓穴的面积通常也要小于坟冢的面积，这是常识。换言之，黄帝陵的墓穴面积即便比上述史前大墓的墓坑面积大，可能也大不了太多。

黄帝陵的墓穴规模，基本上应该和史前大墓的大小差不太多——这尽管不免会令今人产生错觉，认为它看似有些普通。然而，这实际上更接近远古历史的真实。相比黄帝陵的规模，黄帝这一文化元素延续千年传承下来，在中华传统文化中的意义可能更加重大。

考古复原
秦始皇陵

过去,老百姓家里有人去世,多是挖坑土葬,葬完之后再用土堆起一个馒头形状的圆顶坟丘。百姓如此,帝王亦然。去过北京明十三陵的人,都会看到那些帝王陵墓的巨大坟头和宽敞的墓室。只不过皇帝陵墓上面的封土后来多被称为宝顶,而普通百姓的常叫作坟丘、坟头、坟堆。

把坟丘堆成圆顶至少有一个好处,那就是下雨时,雨水能顺着圆土包流下去。换句话说,如果把坟头建成平的,就容易积水而不利于排水,不便于墓葬保护。然而,在更久远的古代不都是这种情况,至少很多帝王陵墓的丘冢都建成平顶的,大家熟知的秦始皇陵,便是一例。

是不是越古老的墓葬越宏大呢?人们尤其对中国第一个皇帝——秦始皇的陵墓充满好奇。我们从很多小说和电影中看到古代帝王陵墓都有隐秘的入口和巨大复杂得近乎一座地下迷宫的地宫。那么现实又是如何呢?

在考古学上,墓葬建筑的结构通常由两部分构成,地上的封土叫坟,地下的坑穴叫墓。研究墓葬,既要研究封土,也要研究墓穴。

让我们先看看秦始皇陵的封土吧。

秦始皇陵位于陕西西安市,不少人去了以后一看,常常会略感失望:中国第一个皇帝的陵墓原来就是个大土堆啊!其实,为了防止水土流失,文物工作者们在秦始皇陵的封土上种植了很多树木,再加上远观效果,一下子难以看出它原来的样子。

100多年前的1914年，有个法国探险家维克多·谢阁兰曾经拍摄过一幅当时的秦始皇陵照片。那时的封土上光秃秃的没有种树，我们就很容易发现秦始皇陵的封土是平顶的，而且中间的腰部还清晰可见一道平直的棱线呢。

现代科技更加先进，我们从借助飞行设备在空中拍摄的鸟瞰照片上，更是一眼就能看出，秦始皇陵封土有四面坡和小平顶，坡面四角的棱线今天依旧还保存得相当清晰。

这说明，秦始皇陵的封土并不是"大土堆"那么简单，而是像一个倒扣过来的巨型覆斗，或一个截锥的方锥体，是一处四面坡式并且中间可能还有阶梯形状平台的墓葬建筑堆积。这用建筑考古学的术语来说，叫作"覆斗型封土"。

考古工作者们经过实际测量，发现封土的基底是方形的，每边的边长大约350米。据说，这座巨大的封土原来还要高些，但由于常年的风化和水土流失，现在的残高只有50米上下了。

我们的问题是：秦始皇陵的封土建成有棱、有角、有台阶、有平顶的土筑金字塔形状，究竟是何意呢？对此，中国社会科学院考古研究所长期从事建筑考古学研究的杨鸿勋研究员曾经给出过解释，并做过一个复原方案。

说起来，古人多有死而复生、灵魂转世的观念，死后的陵墓也要模仿生前的生活场景来修建。秦始皇陵墓封土自然也要模仿秦始皇生前的首都咸阳城皇宫的亭台楼榭来造。杨鸿勋研究员认为，秦始皇陵的封土原来可能是一座三层九阶的大型墓上建筑。

他根据测量图计算出来，这三层大台每一层高度基本相等，可分为三等份。换句话说，这三层大台每一层里，还有三层小台，加起来是九层，而九是中国数字学上的最大数。秦始皇是皇帝，地位最高，所以要用极数，要建九层台。

这样，秦始皇陵封土就是在人工夯筑起来的大土台上，建有土木混合建筑物的巨大台榭。而且，在九层之台的顶端平台上，还建有为秦始皇亲属及近臣祭祀和长期守孝居住之用的"享堂"，也就是便于祭享之用的宗庙建筑。

秦始皇陵的封土建筑是否就是如此呢？其实也不尽然，只能说这是比较接近历史真实的一种方案而已。

说完了封土，我们再来看看墓穴。

皇陵墓穴也就是"地宫"，主要用来安置逝者灵柩和随葬物品。相比较来看，如果说复原秦陵的封土是个问题，那么研究秦陵的地宫就是个难题了。

这是因为秦陵封土在地面以上，看得见，还进行过大规模的考古调查；而秦陵地宫在地面以下，看不见，也几乎没做过多少勘探工作。那么，是否就无从了解地宫的情况了呢？也不尽然，因为古文献有过一些记载，考古学者也做过一些研究。

司马迁的《史记》记载：秦陵"穿三泉，下铜而致椁。宫观、百官、奇器、珍怪徙臧满之……以水银为百川、江河、大海，机相灌输，上具天文，下具地理。"这段不乏文学色彩的历史记述，与其说是描写一个真实的地宫，莫如说提出了不少需要实证的问题。

133

考古是实证历史的主要手段,考古工作主要有两种方式,一是调查,二是发掘。发掘秦陵不大可能,因为国内外大都不会主动发掘帝王陵墓,那就只剩调查一法。调查秦陵已经进行了多次,比较近的是被列入国家高新技术"863 计划"的 2002 年度秦陵考古项目。项目采用了地球物理探测和高光谱遥感等手段,取得了阶段性成果,使人们了解到更多的细节。

首先,对地宫结构的勘测发现:地宫位于封土堆顶台及其周围以下,距离地面 35 米深,东西长 170 米,南北宽 145 米。在地宫中央建有长 80 米、宽 50 米、高 15 米的主墓室。地宫和墓室之间还建有宽约 20 米、高约 30 米的宽体宫墙。

其次,考古学家还初步推测出秦陵营建的基本过程:开挖墓圹,构筑墓室,也就是"穿三泉";大殓下葬,亦即"下铜而致椁","宫观、百官、奇器、珍怪徙臧满之";然后在棺椁周围夯筑墙体,再在墙体上铺满枕木似的楞木作为顶盖,并绘制天象,在地上灌上水银象征"百川、江河、大海";最后用土填埋墓室至地面,并做好阻排水渠,再夯筑封土等。

再次,考古成果显示:墓室主体结构尚未完全坍塌,也没有大量进水迹象。而更令人关注的是,地宫外边发现过小型盗洞,但没有触及地宫,也没有发现被大规模盗扰的迹象。

另外,与司马迁记载接近的是:考古学家对陵墓进行过含汞量测试,发现地宫范围的浓度偏高,四边偏低。这就初步验证了《史记》中关于地宫中存放有大量水银的记载。

上述所有的考古调查和研究是不是就是实证呢?当然不全是,譬如地宫深度还没定论。国内外曾有 500~1 500 米说、

40~50米说、不超过26米说等。目前对地宫勘探所达到的最大深度是24米,而大多学者倾向于地宫深度为30~35米。又如,水银具体是如何表现天文地理或江河湖海的,也难以得知。其他像高科技手段特别是高光谱遥感技术等,实际上应用于田野考古的时间并不长,其准确性、稳定性都还需要进一步完善。

总之,以上地宫复原设想多还处在假说阶段,今后也许会被田野考古和多学科研究验证、修正乃至颠覆,一切皆有可能。

秦陵里真埋了水银吗

两千年前的史学家司马迁在他所著的《史记》一书中，描述过秦始皇陵墓室中"以水银为百川、江河、大海，机相灌输，上具天文，下具地理"。意思是说，墓室里用了水银来象征江河湖海，还储注了很多水银，并绘制了日月星辰的天象和山川形势的地理等。

秦陵墓室中究竟是不是像司马迁说的藏有水银？这一直是一个历史之谜、文化之谜、科技之谜。秦始皇是秦朝的皇帝，司马迁是西汉的史学家，两人相隔100多年。人们不禁会问，司马迁的记载可靠吗？

随着现代科技的进步，考古学与自然科学手段相结合，为验证秦陵墓室埋藏水银与否这一千古谜题提供了可能性。1981年和1982年考古人员与中国地质矿产部物化探研究所两度合作，采用勘查地球化学中的汞量测量技术，开展了测定秦陵汞含量的工作。

他们先是在秦陵封土上布置了三条南北向测线和一条东西向测线，以10米为间距，在30~60厘米深处采集土样，然后马上密封，送到实验室检测。结果很快发现，封土的中央部分的确存在连续分布的高含量的汞。

时隔半年，他们再次对封土加密测线，并采用了10米×10米的网格采集土样，目的是详细圈出封土中汞异常的细节。同时，他们还扩大了测量范围，并将其中的数条测线向纵、横方向扩展延伸，目的是了解汞异常地点周围更大的范围内土壤中汞含量的背景变化,以便进一步确证封土中央汞异常的存在。测量结果是,封土中央部位出现了一个范围达12 000平方米的强汞异常反应区,汞异常变化为70~150 ppb(十亿分之一)。

至此,是否就可以肯定地说,这就实证了《史记》中关于秦陵中埋藏水银的记载是可靠的呢?科学不怕一万,就怕万一,谨言慎行的研究人员想到了各种可能性:第一,汞异常会不会是土壤里固有的现象呢?第二,汞异常的土壤是不是外面取过来的,乃至取自汞含量高的某一地区呢?

于是,他们对封土中砷、碲、铋等在自然界矿化过程中经常与汞伴生的元素做了分析。结果显示:这些元素均没有像汞那样出现含量异常,其含量变化与汞没有相关性。同时,他们还分析了封土取土的可能地点——附近鱼池水库的土壤,发现汞含量很低。

正是在做过了这些缜密的工作后,他们才终于得出了结论:秦陵封土中的汞含量异常并不是封土固有的,而是封土堆积后,陵墓中人工埋藏的汞挥发而导致的。就这样,通过科学勘测的方法终于印证了司马迁的说法。

然而,秦陵墓室里人工埋藏的水银,是否如司马迁所说,是用来象征江河湖海的呢?目前学者们还有一些不同的看法:

一种说法认为,墓室中大量储注水银,或许有以剧毒汞蒸气杀死盗墓贼的动机。以当时人们对水银的化学特性的认识,他们不会不注意到汞中毒的现象,利用水银的这一特性于防盗设计,是很自然的。另外,也有观点认为,水银具有防腐的性能，墓室内的陪葬物品可能因此而保存得较好，也未可知。

秦陵的水银来源于哪里，也是一个值得关注的问题。有学者指出，古代四川、贵州均产朱砂，秦陵墓室中的水银可能来自这些地区。

除了水银，秦始皇陵中还埋藏了什么？怎么埋的？为什么埋？很多还是谜中之谜，都有待我们今后不断去研究和探知。

随葬兵马俑更文明

"始作俑者"是我们常用的成语,比喻第一个做坏事的人或某种恶劣风气的创始人。为什么最早做俑的人会遭到如此贬低而不是褒奖呢?这就不能不寻"始作俑者"的出典了。

"始作俑者"一词,源自战国时期的典籍《孟子·梁惠王上》。一次,孟子与梁惠王谈论仁政治国之道,孟子说:"仲尼曰:'始作俑者,其无后乎!'为其象人而用之也。"这话的大意是:孔子说过,开始用俑来陪葬的人大概会断子绝孙吧!这是因为俑是以人的样子做的。

孟子所说的俑,是专门用于随葬的木制或陶制的偶人,像1987年成为我国第一批世界文化遗产的秦始皇陵兵马俑就是典型的代表。2000多年前孔子认为违背仁德的陶俑,到了我们当代却被奉若至宝,这又是怎么一回事呢?要想解释清楚这个问题,还得梳理一下俑的来龙去脉。

俑作为人的模拟物用于丧葬,是在孔孟生活的东周时期逐渐开始流行起来的丧葬习俗。而在此之前的西周乃至更早的商代,王公贵族等有权有势的上层人物去世,不少做法都是真人陪葬,学术上叫作"人殉"和"人牲"。

人殉中的随葬者(殉人)主要是墓主人的近亲、近臣和近侍,带有某种主动"从死"、自觉去死的性质,即获得主人允许,跟随主人到另一个世界生活,继续服侍主人,听从主人调遣。因此,殉人是有一定身份和地位的,而且都是主人各项事务的主要承担者和执行者。他们往往是有尊严地结束生命,多采取服毒或上吊方式,不但可得全尸,还有与身份相配的随葬品,甚至自己还有殉人。获得殉葬资格往往意味着君主的极高评价,因而成为一种个人和家族荣誉。考古发现的人殉少则一两人,多则像商代晚期大型商王陵墓的殉人,有的超过160人,而西周时期的秦穆公更是多达177人。殉人往往是与墓主人同时下葬的,可以想象,当一个王去世,从死上百人,那种群体死亡和下葬场面会营造出怎样的社会氛围,又会对国家治理造成怎样的影响?!《诗经·秦风》中收录的《黄鸟》,就是春秋时秦穆公以人殉葬,秦国人悲惋子车氏三子的挽诗。我们可以从诗中感受人殉制度对国家社会的破坏。

和人殉相比,用人来祭祀的人牲就更加惨烈。这些随葬者基本来源于战俘或社会地位卑微的人。他们死亡的状态多是痛苦挣扎,身首异处,被砍杀,被肢解,被活埋,献祭于王公贵族墓前。而且,与一次性的人殉不同,人牲是经常性举行的祭祀活动,被杀的随葬者数量远远大于人殉。甲骨文记载的最多一次杀人祭祀活动,随葬者竟多达300人。有人统计,商王在殷墟用人牲祭祀的总数,有1.4万人之多,其中商王武丁时期的人牲量最大,多达9000多人。相比之下,殷墟的人殉总数则在4000人左右。

商代这种大规模的人殉和人牲,到了周代特别是东周时期,随着对生命价值的认知和"民为邦本"的人本思想的形成,再加上社会舆论的普遍反对,已经逐步走向衰落。《墨子·节葬》中的记载就反映出对过去人殉和人牲这种丧葬习俗的剖析和反省:"天子杀殉,众者数百,寡者数十;将军大夫杀殉,众者数十,寡者数人。舆马女乐皆具……此为辍民之事,靡民之财,不可胜计也。"这段话的大意是:国王杀人殉葬,多则数百人,少则数十人;将军和贵族杀人殉葬,多则数十人,少则数人。随葬的还包括车辆、军马、艺伎、乐器……这些都是破坏社会生产的做法,浪费的社会财富数都数不过来。

随着时代的变迁、观念的更新、人性的苏醒,模拟人形的俑应运而生,成为人殉和人牲中随葬者的替代品,到了秦汉开始盛行并一直传承沿用到了后代,像著名的唐三彩、辽三彩等,就有很多俑是作为随葬品来制作和使用的。然而,除了秦

秦始皇陵兵马俑

用模拟人形的俑替代人殉和人牲中的随葬者,反映了社会的进步。随着时代的发展,俑的形态也不断发生改变。早期秦始皇陵兵马俑大小和真人一样,后来,随葬俑的体形逐渐变小。到近现代,陶俑或木俑又逐步演变为纸人、纸马等。

始皇陵兵马俑是真人真马大小以外，一般随葬俑的体形逐渐变小，更多的已是象征性的意思了。考古发现明代万历皇帝的定陵仍出土了不少木俑，个别王公贵族的墓中也不乏随葬300~400个木俑或陶俑的案例，可见用俑随葬的丧葬习俗一直没有断绝。到了近现代，陶俑或木俑又逐步演变为纸质的人物和动物，我们常见祭奠先人时要烧些纸人、纸马等，就是继古代人殉和俑殉后，用俑殉葬传统的余续。这里顺带要说的是，原来随葬的真实车马等，也都改成了模型用具，这何尝不是对动物的尊重和对车等实物的爱惜呢。

了解了俑的源流，再来看孔子所说的"始作俑者，其无后乎"的言论，似乎就好理解一些了，但对于这句话历来存在着不少争议。像最早注释《孟子》的东汉赵岐就考证，孔子认为是先有俑，后引发了殉人，所以他对"始作俑者"深恶痛绝。不过这种说法在考古发现面前已难立足，因为实际的情况是先有人殉和人牲，后才有各种类型的俑殉。到了宋代，大理学家朱熹认为，按照孔子的道德伦理思想，俑殉也丧失了仁德，反映出孔子仁学中尊重人的进步因素。这种说法应该说比较接近孔子的本意，乃至现在的主流观点也多认为，孔子是借"俑"批判那些蔑视和践踏人的尊严和价值的做法，他不希望再发生哪怕比人殉和人牲进步的"作俑"的事情。

"始作俑者"的词意是贬，但辩证地看，以兵马俑为代表的历代随葬俑在当时还是具有社会进步意义的。它们既表明秦汉时期比商周时期对生命价值有了更高的认知，也反映出古代丧葬随着时代不断移风易俗的演变过程。

兵马俑坑下面还有文物吗

很多人都去参观过陕西的秦始皇兵马俑博物馆,大家也都看到了那些秦兵马俑排列有序地站立在一条条当年埋藏时挖的坑道中。这种考古发掘之后的现场展示,即专业术语说的遗迹本体展示,比起我们在博物馆常见的将文物安放到玻璃柜中的展览方式,更会使观众产生身临其境、贴近古人的感觉,仿佛穿越了历史,来到了秦代。

绝大多数的观众在被兵马俑的恢弘阵势所强烈吸引之际,通常都不太会想到一个问题:在兵马俑站立的地下,还有没有别的文物呢?或者说,下面是不是还埋藏着别的时代的更早的文物呢?

这个问题解释起来不太复杂,但这个问题解决起来又相当不容易。

我们先从解释的方面来说。按照田野考古操作的一般工作规程,通常都要挖掘到生土地层,才算完完全全地把清理工作做完了,行话叫"做到底了"。

这个所谓的"底",就是生土。而所谓的生土,就是地质学意义上的自然界的原始地层堆积,既没有人在这上面生活过,也没有被人类活动扰动过,更不可能再出土人类使用过的遗物,包括人类自身的遗骸。

考古学不是地质学,考古发掘的对象都与人类活动的遗存有关,即都是由于人类生产或生活等活动乃至死亡后所形成和遗留下来的地层堆积。它们有的是地层,有的是墓葬,有的是房屋，有的是道路，有的是沟渠，有的是水井，有的甚至是河边码头，等等，形式多样。而且在这些堆积中，还间杂着古人遗留下来的各朝各代、各种各样的器物。

考古发掘的要诀，是把各个时代地层堆积中的器物，按照地层叠压原理，即早期形成的堆积在下面，晚期形成的堆积在上面，一类类、一个个地清理出来。什么时候清理到底，什么时候清理到露出生土层了，什么时候才算挖完。

那么问题来了：兵马俑坑下面是不是就是生土了呢？或者说，兵马俑坑下面如果还有别的文物，那不等于说考古工作没有全部做完吗？万一下面还堆积着其他时代的地层，或埋藏着青铜器、石器、玉器、漆木器呢？那岂不等于说考古工作者没有依规办事，没有尽职尽责吗？！

显然，这就遇到了我们上面提到的"解决起来又相当不容易"的问题了。

过去，考古发掘以复原历史为主要学术研究目的。所以，遇到各个时代的地层堆积一律都要挖到底，挖到各种遗物，也都要直接提取出来，运回库房进行整理便是，该拼对的拼对，该修复的修复，该登记的登记，该研究的研究，该放到博物馆里展示的就展示。

可是，这种纯粹的、只供考古工作者做专业学术研究的考古传统，现在越来越多地遇到了挑战，其中新出现的一个很重要的问题就是如何对社会公众进行宣传展示。这就是说，把地层清理出来或者把器物取出来并不难，难的是挖土和取器不破坏原有地层的真实性和现场性。哪怕挖到生土后再复原重建起来，那也不是原来的堆积了。换句话说，那观众看到的就不再是真实的考古堆积和发掘现场了。

  为了让观众看到原真性的而非清理到底之后再复原的现场，目前对一些特别重要的发现成果，往往会采取与过去的考古规程不太一样的做法，称之为"半发掘模式"，或者叫"不完全发掘模式"。也就是"适可而止"，不再挖掘到底，以确保原来的现场能客观如实地展现给观众。秦兵马俑考古就是按照这样的理念，在清理出兵马俑之后，没有继续向堆积下面做一挖到底的传统发掘。

  说了这么多，大家可能还是不禁要问：那兵马俑坑下面到底还有没有别的古代遗存呢？据我从秦陵考古队同仁那里了解到的情况，他们目前还没做更深入的工作，只搞过细部的解剖，发现的基本都是黄色生土和水淤土。另外，考古人员在俑坑周边区域做过钻探，目前还没有发现比兵马俑坑更早的遗存。

马王堆老太太的假发

1972年在湖南长沙发现的马王堆汉墓出土了一具女尸,她是西汉初年长沙国丞相利仓的夫人辛追,俗称"马王堆老太太"。大家可能不知道的是,这位西汉老太太生前戴过假发。

这位丞相夫人,生前营养很好,享尽荣华富贵,却因在一个暑天吃了生冷的鲜瓜,诱发胆绞痛,导致心律失常而猝然去世,享年不过50岁左右,被安葬在今湖南长沙东郊后人叫作马王堆的地方。谁也不会想到,两千年后,她的遗体被考古发现时,几乎保存完整,皮肤依旧富有弹性,部分关节还可以转动,甚至连手脚上的纹路也清晰可见。

其实,除了这些机体特征以外,考古学者们在清理遗体时还发现,老太太毕竟上了岁数,头发稀疏,发丝很细,发色发黄。但令人称奇的是,考古人员发现她头上竟然戴着一顶黑色假发,而且在一个随葬的漆奁里,还放着一束用真人头发编缀而成的备用假发。这说明老太太生前是经常戴假发的。

老太太头上戴的假发呈髻状,也就是把头发挽结起来,盘在头上,在真发和假发之间,插上三支梳子形状的长发笄,用来固定假发和发型。医学工作者们鉴定后还发现,老太太是A型血,而假发是AB型血。显然,老太太使用的假发,是用别人的头发做的。

假发是一种头饰,可供头发稀少的人戴用,有美发的作用。马王堆老太太身为贵族头戴假发,是否意味着古代只有女性贵族才有资格佩戴假发呢？从文献记载看，不是；从考古发现看，更不是，而且深究考古资料，我们还能修正以往有关古代假发的一些研究观点。

比如，以往的研究一直比较多地将假发与女性相联系，并由此提出只有身份地位较高的贵族女性才能使用假发的观点。大家之所以提出这样的观点，与做课题的研究方法不无关系，即大多数人的研究论据，主要源自对文献的引证和分析，而没有对考古材料进行全面的梳理。的确，在一些比较经典的历史文献上，如《诗经》《仪礼》《左传》《释名》《后汉书》等，多有关于假发的记载。甚至在《周礼》中，还记载了周代曾有一种叫作"追师"的官职，专门司职王后假发。但古书上鲜有一般社会民众使用假发的记录，这很容易使人误以为古代只有王后等贵族女性才能使用假发，乃至会认为假发是王后等贵族女性参加重要礼仪活动时的一种身份的象征，体现了礼仪社会的观念及森严的社会等级制度云云。

但以往研究者忽略了一个事实，那就是即便在早期的文献中，也并不乏男子使用假发的记载。如《礼记·曲礼上》就记述了男子修为的准则，要做到"寝毋伏，敛发毋髢，冠毋免"。讲的就是睡觉时不要俯卧，头发要用帛束好，不要让它像假发那样下垂。而我统计的考古出土假发中，也不乏男性佩戴的资料，比如湖北包山二号楚墓出土了两件佩木剑、蓄胡须的男性武士木俑标本，其头顶绘墨色表示真发，假发编成辫子垂至腰部，实证了男性使用假发并非孤例。所以，假发使用不分性别，但女性比男性更多，这可能比较符合或接近历史的真实。

另外，从马王堆老太太的墓中出土了女侍俑。她系垂发，发至项背再挽成垂髻，髻下缀 30 厘米长的假发，直垂臀部。由此可见，古代社会各阶层的人都可以使用假发，只是贵族阶层更多一些，平民阶层略少些而已。或者说，假发在先秦是贵族使用为主，到了汉晋以后乃至唐宋时代，才逐渐流行到了民间，成为可以买卖的商品。《世说新语·贤媛篇》中说，晋人陶侃家中贫困，为了招待朋友，陶母"头发委地，下为二髲，卖得数斛米"，说的就是用头发制成假发，换取了食粮。《东京梦华录》记载，到了北宋，为了满足广大女性对于假髻的消费需求，开封相国寺每月五次向百姓开放交易场所，其中买卖的物品就有包括"特髻"在内的头饰。这种"特髻"是用铁丝编成一个圆框架，框架中间是空的，在上面编上假发。使用时把它罩在头顶的发髻上，用簪子别住，形成一个高大的假髻。

目前考古出土的假发实物标本以战国两汉时期为多，统计下来大约有 30 个。根据这些假发的造型和质地及使用方式，它们能分为两种类型：

一类是束状假发，使用时续接在真发上以增加头发长度。如湖北江陵九店东周墓的绣衣木俑，其麻制假发梳成一束，于脑后左侧用红丝带系紧。另一类是髻状假发，盘于头顶和脑后甚至颈项处以增大发髻，再在其上插戴饰品。如湖南长沙柳家大山墓出土的假发呈圆形，已经盘好发髻，有的发髻上还插戴有两根竹笄。还有的将假发掺进真发中，再盘成发髻。湖北江陵马山一号楚墓中的女性墓主，其头发乌黑，保存完好，墓中还出土有木笄，我们能够通过它们清楚地还原这类假发的佩戴过程：将45厘米长的真发向后梳成一束，再续接上40厘米长的假发，分成两股，最后盘成圆髻，用线和木笄固定。西汉时期也有此类假发，马王堆老太太的真发较稀疏，故在下半部缀连假发，再将其盘成发髻，髻上插有三支笄固定。

以上两类假发在使用前都已经做成了固定的形状，摆放在专用的盒子中，使用时直接戴上或系上即可，不必在梳妆时现将散乱的假发掺续到真发中。如湖北荆门包山楚墓中就有圆形髻状假发。假发由15束长发盘成，每束有25~45根长发。每束宽1.5~2厘米，长约25厘米，一端以丝线编织，以生漆粘接。马王堆一号汉墓的一件奁内所放一束假发，发现时并未盘成髻状，看来既可用作束发，也可用作盘发。

目前考古上发现的假发资料，大都是战国秦汉时期保留下来的。实际上，我国使用假发的历史至少可以追溯到西周时期，《周礼·天官·追师》所记或后人据此的考据就颇为翔实："追师掌王后之首服，为副编次。"东汉郑玄注："副者，妇人之首服。副之言覆，所以覆首为之饰，其遗象若今之步摇矣，服之以从王祭祀。编，编列发为之，其遗象若今之假髻矣，服之以告桑也。次，次第发长短为之，所谓髲髢，服之以见王。"这段关于假发的副、编、次等使用场合及使用方式的论述，虽然学术论文风格浓郁，不是特别通俗易懂，但表达出西周时期的假发已经进入相对定型化、制度化的比较成熟的阶段。西周之后，《左传·哀公十七年》中记载，鲁哀公在城楼上看见己氏的妻子头发很好看，就命人剪下来，给自己的夫人吕姜做假发戴。可见，假发最迟出现于西周时期，应当是不会有争议的。

那么，西周时期是否就是我国假发的源头了呢？我们可以做一个间接的横向比较。假发是人类发明的一种用他人毛发或动植物的毛制品来装扮发型的头饰，在公元前1300年前后，古埃及王族和显贵已经用假发作为身份的标志了，这相当于我国的商周时期。我的大学同学、吉林大学古籍研究所的丛文俊教授，依据商代甲骨文和殷墟妇好墓等考古发现和研究成果，推论"西周这种首饰副笄的制度，当源出于商"。尽管这一推论尚需实证，然而中国和埃及都属于世界上最早发明和使用假发的国家之一，看来也不是完全不可能的。当然，这还需要确凿的发现和研究成果加以证实。

万历皇帝葬式之谜

1958年初夏,北京昌平明十三陵的定陵考古工作在经过两年的发掘后,考古人员终于找到并打开了定陵地宫的大门,开始清理棺床上并排安放的三个由金丝楠木制成的巨大红漆棺椁。中间棺椁内的墓主人是明代万历皇帝朱翊钧,两边的分别是孝端和孝靖两位皇后。

当考古人员小心谨慎地取掉随葬在棺椁内的器物,一点点揭开万历皇帝遗体上覆盖的织锦被后,他们发现:他的衣着和肉身已经基本腐烂,除了头发和胡须尚存外,全身只残留下来一副骨架。

可这骨架的姿势有些异常:头朝西,脚朝东,头是仰面朝天,但头顶微向右偏。左臂下垂,左手压在小腹上,手中执一串念珠。右臂向上弯曲,手放在头右侧,仿佛在扶着自己的面颊。脊椎骨上部弯曲。两条腿也各不相同,左腿正常伸直,右腿却向外弯曲,两脚各向外撇。很显然,这不是常人去世后往往被装殓成的仰面朝天、胸腹朝上、四肢并拢的"仰身直肢"葬式,而是有些像"侧身屈肢"的葬式。

在我国古代,侧身屈肢葬和仰身直肢葬都属于死者下葬时被摆放的一种姿势,但前者远远没有后者普遍,而且侧身屈肢葬往往流行于史前时代,进入有文字出现并记载的历史时期以后,已经极为罕见。有人说屈肢姿态合乎人休眠的自然状态。也有人认为,这种接近团身的葬式,象征胎儿在母体中的模样,人死后重回母胎,意味着生死轮回。万历皇帝的葬式是不是也有这两层意思呢？有人不同意，说原始社会有过的这种葬俗和葬式，到了汉唐宋元明清等历史时期已不常见，何况又隔着这么多朝代，是否有传承关系，实在难以肯定，不能简单比附。

有学者找出《泰昌实录》等文献记载的出殡记录为证，提出了另一种说法：万历皇帝下葬时，从京城到明十三陵的路途有几十千米。出殡路上，抬杠的绳索时有损坏，木杠断裂，更换不断。途中，棺椁还曾一角落地。这类颠簸情况，完全可能使遗体的姿势发生变化。

但更多的人不赞成这种说法，因为他们发现，与万历皇帝同葬在一起的孝端、孝靖两位皇后的葬式，也几乎都是或接近于侧身屈肢葬式：孝靖皇后与万历皇帝的上身葬式非常相近，两条下肢更弯曲；孝端皇后的尸骨尽管没弯曲到万历皇帝和孝靖皇后那种程度，但不是常态的仰身直肢葬式，也是可以肯定的。换言之，别说两位皇后没有出殡一路颠簸的记载，即便在途中也有过棺椁晃动，也不可能巧合到她们的遗体都朝一个方向侧卧。

综上所述，如果不是生死轮回的重回母胎说，也不像源于睡眠常态的自然侧卧说，更不是出殡途中的颠簸震动说，那万历皇帝和两位皇后几近相同的侧身屈肢葬式，到底与什么有关呢？

近年，有学者考证后提出，他们的原葬姿势本来就应该是侧身屈肢葬式，并且提出两种可能性：其一，生前笃信佛教的三位帝后的葬式，是在模仿佛祖释迦牟尼涅槃时的姿势——右手支头，左手放在身上，以侧卧姿势圆寂。其二，皇帝和皇后的侧身屈肢葬式，源于天象中的北斗七星。北斗七星在古代被认为是极星，指向正北，那里位于天空中心，被认为是天帝居所。北斗七星在星宿中属紫微垣，即以北斗七星为中心，由北斗七星与周围各星组成的星区。紫微垣对应的是人间帝王，是帝星所在。

上述两种看法尽管不无道理，但还需要通过明代其他帝王和皇后的葬式加以验证才行。可遗憾的是，明代帝王陵寝目前发掘过的只有万历皇帝的陵墓，无法向其他帝王陵墓求得实证。所以，万历皇帝和两位皇后的侧身屈肢葬式到底是何缘由？是不是明代帝王和皇后的普遍葬式？这些仍然是谜题，依旧有待破解。

去故宫能看到五个时代的建筑

故宫是中国第一批世界文化遗产之一，在世界遗产名录中的中文名称是"明清故宫"，英文名为"Imperial Palace of the Ming and Qing Dynasties"，指的是明清皇帝宫殿。我们绝大多数人去故宫参观，主要是看这两个朝代的皇家宫殿和文物以及相关的历史文化。

其实，除了大家耳熟能详的明清两朝之外，故宫内还发现过时代更早的元代建筑遗迹，加上晚近一些的民国初期建筑，乃至再加上当代的建筑，所以说，去故宫能看到五个历史时期的建筑。

众所周知，北京曾经是元朝的国都，素有元大都之称，元大都城市街道的布局，奠定了今日北京城区的基本格局。随着时代的变迁，元大都原有的城市建筑多已废弃无存，现在只有一部分城垣保留下来，被公布为全国重点文物保护单位，开辟成了北京元大都城垣遗址公园。然而，多年来，元大都的"大内"，也就是皇宫的具体位置所在，一直扑朔迷离。专家们通过文献和论证，曾推断它应该在紫禁城附近，但始终没有结论。

2015年，为配合故宫消防管道更新工程施工，故宫考古研究所在故宫保和殿西部的隆宗门外，首次发掘出了清代、明代和元代的"三叠层"地层堆积，最下层出土的琉璃瓦、黑白釉瓷片具有明显的金元时期风格。最初主持这项工作的我大学同学、时任故宫考古研究所所长李季说，这是故宫史上的一次突破性的考古发现，为研究元明清三代皇宫的历史提供了实证。在4月召开的故宫考古发掘与文物保护专家咨询会上，专家一致认为，新发现的元代地层应该就是元大内，亦即元代皇宫残留下来的遗迹。

与埋藏在地下鲜为人知的元代遗存不同，位于西华门内不远的"宝蕴楼"，则是民国初期北洋政府后来新造的建筑了。之所以要新造这座西洋建筑风格的楼房，是为了解决沈阳故宫及河北承德避暑山庄所藏皇家文物运到北京后无处存放的问题。当时紫禁城还没有成立故宫博物院，为了保存这些文物，内务部与外交部从美国退还的庚子赔款中拨出20余万元，在咸安宫旧址基础上，于1915年建成了这座包括西洋式二层楼阁和一座咸安宫门的宝蕴楼，总建筑面积1650平方米。

据史料记载，宝蕴楼建成使用后，存放了3000多箱计23万多件金银玉石等国宝。楼的门窗均为双层，外层为铁门铁窗，用以防火防盗，保证文物安全。随着国家分次分批将文物调拨给各个相应的博物馆，现在楼内已经物去楼空。故宫方面对宝蕴楼进行了重新修缮，在2015年该楼落成百年之际，这里已重新做了功能置换，成为展示故宫博物院成立90年的院史陈列馆，向广大观众开放。

特别还要说明的是，呈现西洋风格的宝蕴楼是用美国退还的庚子赔款修建的，跟美国也有着一层关系。2017年，中美两国元首还曾在宝蕴楼会面茶叙。此次会面颇有寓意，很自然地把中美之间交往的历史联系了起来，起到了旧为新用的文化外交效果。

在宝蕴楼建造之前，清末宣统年间在延禧宫遗址院子里修建过西洋风格的钢结构建筑灵沼轩，俗称"水晶宫"，但后来没有建成，成了烂尾楼。1931年，故宫博物院在延禧宫遗址上修建了一座文物库房，为了让库房能和故宫其他明清建筑风格相协调，还在库房房顶上覆盖了一层黄色琉璃瓦。这两种建筑基本上是西洋风格，和宝蕴楼的年代前后相续，可算作同一个时代的建筑产物。

现在故宫里比宝蕴楼营建更晚的楼房，还有1975年在西华门南北两侧建成使用的一排五层楼。这一长排楼房像一道人工竖立起来的高高屏障，民间都叫它"屏风楼"或"影壁楼"。这排建筑现在成为主要存放故宫明清档案的中国第一历史档案馆。不得不说，它早已失去了当初建造时设想的功能，既影响了故宫内外环境和历史景观原貌，也损害了故宫明清建筑群的历史真实性与完整性。社会各界与故宫博物院方面一直在不断努力，呼吁早日拆除那个特殊年代的特殊建筑。

去故宫旅游参观的朋友，大多是走一条中轴线进出，即从午门进宫，经过太和门到太和殿、中和殿、保和殿三大殿，然后再去乾清宫到御花园，最后从神武门出宫。这条中轴线上看到的是明清时期的紫禁城，而我们说的元代考古遗址、近代建筑宝蕴楼和"水晶宫"以及现代建筑"影壁楼"，其实也可以打成一个包，做成一条故宫建筑发展史游线，那你能看到的就不只是明清建筑群了。

考古保护篇
守护文明的宝藏

文物是历史的见证，遗产是祖先的馈赠，承载着人类共同的记忆。它们来自过去，影响现在，启迪未来；它们不仅属于我们，更属于子孙后代。它们是如此珍贵，又是如此脆弱：千万年的风刀霜剑在它们身上刻下深深的印记，一个细小的失误，就可能造成不可挽回的损失。只有以敬畏的心对待，用温柔的手呵护，这些不可再生的国之宝藏才能赓续传承，那些无法再造的世之遗产才能焕发光彩。

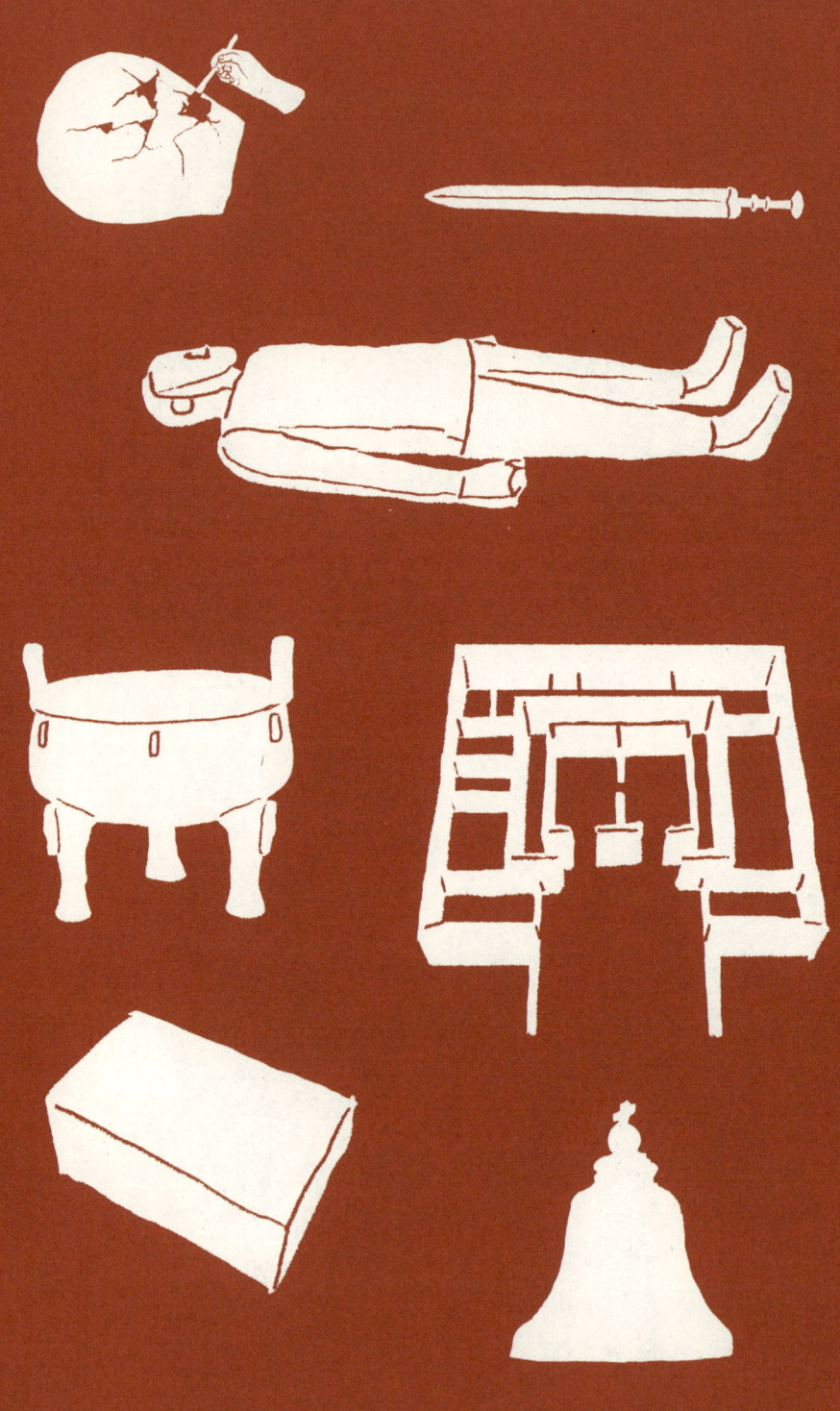

考古学不等于文物学

我做考古多年,免不了有亲戚朋友找上门来,叫我帮着看看他们收藏的文物,通常我会说看不太懂。这让他们好生奇怪:"你是考古学家呀,怎么会看不懂文物?"

其实,考古人看不太懂文物不是怪事,而是常事。

首先,考古学虽然算不上一个很大的学科,但内部的分门别类也是相当精细的。从大的时代上说,没有哪个考古人敢说,自己既懂石器时代考古,又懂铜器时代考古,还通晓铁器时代考古。我们中国的考古人才培养,一般按照旧石器时代考古、新石器时代考古、商周考古、战国秦汉考古、隋唐宋元考古、明清考古来划分专业方向,那就更细了。所以,学做商周考古的人不太会在宋元考古上发声,修习明清考古的人也不敢说看得懂战国秦汉的文物。这不是谦虚,而是实事求是,是术有专攻的专业分类使然。

其次,考古人看不太懂的文物,到了文物学者那里就会有所不同。这是因为文物学研究的对象,不同于考古学那样或按时代分或按地区分,而是按照材料属性,也就是质地来分,诸如陶器、玉器、漆器、瓷器、铜器、玻璃器、骨角牙器等。相对于考古学要研究某个时代所有质地的器物来说,专攻一类器物要简明得多,于是就产生了很多玉器专家、陶瓷器专家、青铜器专家等。比如 2021 年和我一起在中央电视台拍摄的《中国国宝大会》综艺节目上出镜的点评专家中,有的是专做书画鉴赏的行家,有的是专攻古籍版本的里手,而我则是以公众考古学者身份参加的。公众考古经常要服务于社会大众，那就要比通常的专业学者更善于回答一些宽泛、浅层的问题，而且要"破圈"涉足一些文物学的范畴，将考古学和文物学对接、跨界、融合起来，还要善于用深入浅出的传播方式与公众交流。所以我经常打比方说，考古专家是"打井"的，公众考古学者是"做扇面"的。

再次，考古发现的遗存都是调查或发掘的文物，有明确的出土地点和地层关系，都是真的，没有假的。按照法规，这些发掘品都归国家所有，不可能流传到社会上去，更不可以卖出买进。而民间爱好者收藏的文物都是长期流传在社会上的传世品，有的是祖传的，有的是在文物商店买的，有的是在拍卖会上拍的。难以确认它们是哪里生产和使用的，也不乏后人仿制甚或造假的赝品，信息缺损，真假难辨。因此，考古学研究不太会用传世品来做论据，考古人自然不太关注这类文物，看不懂也就不足为奇了。

发掘品是考古学研究对象，传世品是文物学鉴藏对象，考古学与文物学二者的目的不一样。

文物学首先需要辨伪，即辨识器物是真是假，是古代的真器，还是后人的伪作？其次需要断代，即哪个朝代的？再次，需要定级，究竟是普通文物还是珍贵文物？是珍贵文物的话，是其中的一级文物，还是二级文物或三级文物？最后还要鉴赏，即怎么欣赏文物，是有历史价值？还是有科技价值或艺术价值？甚至现在还要讨论它们对于当代的文化价值和社会价值，能不能直接或间接地为经济社会发展服务。

考古学一是研究发掘品所反映的古代的人与人之间的关系，比如合葬墓里的两个人到底是血缘关系还是姻亲关系？二是研究人与社会的关系，比如某座房屋的主人在社会上的身份和地位，是贵族还是平民？三是研究人与自然的关系，是适应自然还是改造自然？四是研究人与自身的关系，我是谁？我从哪里来？我到哪里去？

考古学追求的是以物见人，透人见事，以事论史，透史见道；即通过实物遗存来重建祖先的生存方式，继而复原历史，总结人类社会发展规律。而文物学则是以物论物，透物辨伪，循物识代，格物致知；即通过实物来辨识器物真假、年代、级别，赏鉴文物的历史、艺术、科技价值，了解文物之于现当代的社会、文化乃至经济价值。

要之，考古学追求科学求真和学术成果，偏重人文社会科学研究；文物学追求文化价值和社会效益，侧重为社会文化发展服务。从大的方面说，考古学与文物学其实都是一家子；细分的话，也可以比作两兄弟或两姐妹。如此而已。

考古人担惊受怕

常有人问我：你们考古挖到死人，害怕不害怕？我说，做这一行年头久了，见多不怕，早就习惯了。不但我不怕，就是我带过的女学生，在考古工地上也经常一两个人对着遗骨画图，甚至提取遗骨做标本，带回实验室做古DNA测试分析，我从没听她们说过"怕"这个字。

不怕死人的考古人，却时常因另外两桩事担惊受怕：一怕连天雨，二怕盗墓贼。

考古人怕阴雨连绵，是因为考古工地都在野外，没完没了

提取人骨标本

考古人经常要对着遗骨画图，甚至提取遗骨做标本，带回实验室做古DNA测试分析，因此，他们不怕死人。但考古人常因另外两桩事担惊受怕：一是连天雨，二是盗墓贼。

下起雨来，活就没法干了。像2010年前后，我们在2月中旬进入上海松江广富林工地去考古，不巧赶上阴雨连天，到了3月5号才算雨歇，窝工多达20天。2012年春季，甚至还曾有过长达一个月左右的纪录，考古队员们叫苦不迭："老天再不放晴，我们都闲得长毛发霉了！"

天公不作美，还好克服，顶多是误工，算不得太大的事。而且这些年里，考古的装备不断完善，各种防雨、防寒的野外工作大棚不断进入了工地，应当说这个顾虑正在逐步变小。可如果发掘的墓葬被盗墓贼"光顾"过，而且还不止一次被盗，那才叫人揪心。

像20世纪80年代，考古人员在陕西凤翔发掘秦始皇祖上秦景公的大墓，当不断向下清理时，竟然相继发现了247个盗洞。经过考古辨识，这些盗洞的年代居然从汉代一直延续到了唐宋以后，成为迄今为止中国发现盗洞最多的一个大型墓葬。即便这样，这座先秦时代中国最大的墓葬，还是出土了3 000多件随葬品。假以推想，它没有被盗的话，那该会出土多少有发现和研究价值乃至保护和传承价值的文物？！

从秦景公大墓所属的东周时代再往前推到商代，墓葬被盗情况之严重也着实令人痛心。我记得有位学者统计过，商代晚期都城安阳殷墟王陵区的14座商王大墓，均遭受过多次盗掘，几乎每座王陵都有十几甚至几十个盗洞或盗坑。其中，有不少是早在西周时期就被人破坏了的，有的墓里还发现了宋代盗墓贼遗留下的黑花白瓷灯，还有的墓葬光是近代的盗洞就有66个之多，甚至有的盗洞里面清理出了现代步枪的刺刀等。

可见，中国的帝王陵墓和贵族大墓中，有不少都遭受过不同朝代的盗墓贼的盗掘，待考古人员去做发掘时，墓中的遗物虽不能说都所剩无几，但这种人为破坏带来的也不仅仅是扼腕叹息了。所以，著名考古学家、吉林大学的林沄教授早就打过一个比方，他说考古学者很多时候都像侦探，但又是不幸的侦探。他这话的道理在于：侦探可以找到人证、物证以及即时保护下来的现场，可考古学者就不然了。首先，人证早已作古，不会再开口说话。其次，古代的物证本已因为经年累月变得残缺不全，再碰上被人盗掘，现场被破坏得乱七八糟，考古人员想要依靠这些残留的文物信息复原历史，辨识墓主人姓甚名谁，其难度之大，简直是堪比登天了。

话说回来，如果上面提到的商王大墓没有被盗会怎么样呢？以著名的安阳小屯村妇好墓为例。在这座极为罕见的未被盗掘、保存完好的墓葬里，考古人员一共清理出来1900多件器物，还有近7000枚海贝。更为重要的是，墓中出土的不少器物上都铸有"妇好"铭文，从而确定了墓主人是商王的配偶妇好。这使得该墓成为目前唯一能与甲骨文记载相印证的商王室成员的墓葬，其学术价值之高，遗产价值之重，毋庸赘言。换句话说，妇好作为商王配偶，其墓葬规模比商王的级别要低，随葬品已然如此众多，如果是一国之君的商王大墓没有被盗，那又该会有多少随葬品能助力我们复原历史？！

然而，正像历史不能假设一样，考古也更看重实证。往远了说，清代慈禧太后的陵墓在民国时期几番被盗，只残留下一点点衣被、头绳和棺椁残迹之类，考古人想要了解她的随葬品乃至与丧葬相关的葬俗情况，已无可能；往近了说，前些年河南安阳曹操高陵如果不是屡遭盗墓，考古人也不会去抢救性发掘，发掘的结果虽然初步证明了该墓的墓主人是一代枭雄曹操，但盗墓留下的已经不只是专业考古人的遗憾，而且是永远不能弥补的历史遗失了。

上交文物奖多少

中国每年的文物考古发现层出不穷，数不胜数，但绝大多数都是在文博考古的业内传播，能像2010年前后"曹操墓"被发现时那样引发社会广泛关注的少之又少。到了2014年岁末，有人拾到一把青铜剑上交后获得500元奖励一事，又一次引发了公众的热议。

那是2014年10月下旬的一天，在陕西省丹凤县的一处建筑工地上，小伙子李磊在施工中无意间发现了一把战国青铜剑。李磊平时常看法治类节目，知道地下出土的文物是国家的，于是就上交给了当地的文物部门，获得了500元的奖励和保护文物的荣誉证书。

没有料到的是，这事经媒体播出后，引发了巨大的社会反响，中央电视台和人民网等主流媒体也纷纷做了报道。大家议论的焦点是：奖励500元是不是太少了？

上海有家早报也就这事第一时间来采访我。我对记者说：首先，我国的土地是国有的，所以中国的文物法规定，地下、水下的文物都属于国家所有。一个公民捡到地下出土的文物，主动上交是尽了公民的义务；如果他私自匿藏，就违反了法规，国家有权追缴甚至罚款5 000~50 000元；如果他卖给了文物贩子，那就不仅违法，还是犯罪，要被追究刑事责任。

其次，无论从法律上讲，还是从国情上说，都应该奖励这位起到示范带头作用的年轻人，这样可以鼓励更多的人今后积极上交发现的文物。但问题是，到底该奖励多少？文物法上并未明确规定，只是笼统地规定"由国家给予精神鼓励或者物质奖励"。

我国没有出台过具体该奖励多少的实施细则，这是导致大家觉得奖励500元太少的一个原因。另一个原因更多地来自众人的日常印象：但凡涉及文物买卖，金额动辄以万元计，几十万元、上百万元、过千万元的也不在少数。很多人以为一把距今两三千年的青铜剑，怎么也值个十几万元到几十万元吧？！于是有人便说，只给500元太少，应该重奖才是。

说起来，我国对公众发现文物的奖励由来已久，有的是重奖，有的则是象征性的奖励。

早的不说，就说20世纪70年代初，陕西临潼的好几位农民打井时，偶然挖到了后来名闻天下的兵马俑，县里奖励了他们30元。他们不敢自己拿，回到生产队后上交，队里给每人记了5个工分。当时，壮劳力一天10个工分，合计2角6分，5个工分就是1角3分。

2003年，陕西宝鸡眉县杨家村五位村民烧砖取土时，发现了一个青铜器窖藏。五人当即商量，现场保护，并马上上报给政府部门。结果那里出土了27件西周大型青铜器，器上铭文多达3000余字。该发现遂被评为2003年度全国十大考古新发现之一。陕西省文物局局长当时评价说："农民们自觉爱护文物的行动与发现国宝本身具有同等的价值。"省、市、县各级政府联合召开"保护眉县杨家村窖藏文物有功人员和单位表彰大会"，奖励五位村民每人20 000元。他们还被评为"2003年度全国杰出文化人物"，得到在村中立碑永志的荣誉，连他们发现窖藏的铁镐也被收藏进博物馆，成了文物发现和保护的直接见证。

就在陕西小伙子发现青铜剑之前的 2014 年 10 月中旬，陕西宝鸡魏家崖村的一家村民在自家后院取土时，发现了 12 件青铜器。他们随后报告了文物部门，后来专家经进一步清理，又发现了 8 件铜器和一大批玉石器等。当时，这家人也得到当地政府表彰，获颁荣誉证书和 10 000 元奖金。

像这样的奖励，对于陕西这类文物发现大省来说，并不鲜见。据我所知，自 2003 年至 2014 年，陕西先后涌现出群众自觉保护文物的先进事例已有 26 起，保护文物上千件，颁发奖金近 60 万元。

我略算了一算，从上述奖项的平均数额看，奖金通常都在 500~1 000 元。所以，用 500 元奖励这次拾到青铜剑的小伙子，属常态，既不算太多，也不算太少。

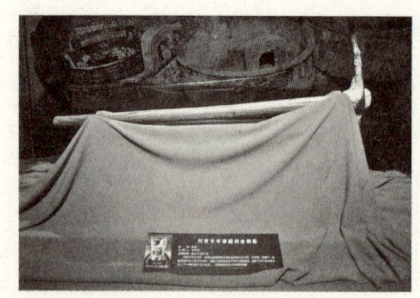

打开千年窖藏的金钥匙

陕西宝鸡眉县杨家村五位村民烧砖取土时，发现了一个青铜器窖藏。他们发现窖藏的铁镐被称作"打开千年窖藏的金钥匙"，现已被收藏进博物馆成为展品。

实验室考古上新了

2007年，山西省翼城县大河口村发现了一处不见于任何历史文献记载的西周诸侯国——"霸"国的国君级别的墓地。墓地规模之大、保存之好、时间之长、规格之高，在全国罕见，该发现后来入选2010年中国十大考古新发现。

这一发现填补了西周考古研究的一项空白。在考古发掘后期，考古人员还对漆木器等脆弱遗物做了现场应急处置，连土带物，套箱起取，运至北京中国社会科学院考古研究所。他们在环境可控的工作空间中和适宜的温湿度条件下，采取多学科结合的手段与形式，根据遗物的原始出土状态，仔细剥离，分析检测，获取准确数据，采取针对性方法措施加以合理处置，成功清理出了一批螺钿漆器等珍贵文物，而且复原成功，为文物长期保存和保护打下了基础，并在考古成果展上进行了展示，收到了在野外第一考古现场难以收到的成效。

考古上把这类在近年逐渐兴起的在第一考古现场以外继续对遗存进行发掘的做法，叫作实验室考古清理，简称实验室考古。

说起来，类似这种相当于开辟了第二考古现场的实验室考古的办法，早在20世纪30年代前后，河南安阳殷墟发掘时也曾做过。那就是对著名的编号为YH127甲骨坑的考古。当时，考古人员把几乎一整坑的甲骨堆积整体剥离出来，装入了大木箱，运往南京的室内，慢慢清理了约半年。考古人员先是仔细察看甲骨堆积情况，每发掘一层都拍照留影，把每一块甲骨的样子详细描绘出来编号。结果，共发现刻辞甲骨 17 096 片，占殷墟百年出土甲骨总量的 10%，被学界称为"打破纪录的一个奇迹"。

殷墟的这种做法当时并无国内外经验可循，而且那时的清理主要是为了获取甲骨，还不可能像今天这样有意识地运用多种科技保护手段，但它开启了中国考古的一个先河。

中华人民共和国成立以后，有些省市考古中对重要的易损遗存的清理，也不时地采取这类措施，一般称之为"实验室微型发掘"。由于过去技术手段还没有现在这样先进，发掘的经费有限，文物保护的意识还没有达到如今的高度，该方法并没有得到足够的重视和广泛应用。那时比较普遍的做法是在考古现场临时搭建简易大棚，一点点地进行清理。这种清理往往只能运用一些简单的技术手段，而且地处荒郊野外，用电用水、往来交通都存在困难不说，长时间的清理还存在每天昼夜的安全守护之忧，问题多多。

如今实验室考古清理与过去在现场搭建帐篷做考古发掘的区别在于，前者技术含量更高，信息提取更充分，文物保护更完善。具体来看：实验室考古具有环境可控、时间可控、节奏可控、干扰可控、安全可控、可全面运用各种仪器设备等优势，可使考古工作更细致，获得的信息更翔实，把田野考古发掘与实验室检测、保护处理三个基本工作要素融为一体，某种程度上延伸了考古现场的空间维度。

2011 年年初，正值天寒地冻时节，上海博物馆的考古人员为了避免在长时间低温潮湿的情况下工作，更好地保护和清理文物，也曾用这种办法整体搬迁了青浦区福泉山遗址的一座距今约 5 000 年的良渚文化 M207 号墓葬，运送到青浦区博物馆内清理，成功起取了包括刻纹象牙权杖在内的一批珍贵文物，获得了比在现场清理更多的遗存信息。我参加了"福泉山实验室考古"课题的验收，在鉴定意见书里写了一些意见和建议，它们或许有助于我们从更加具体的方面了解实验室考古的成效：

上海地区由于地下水位高，土壤条件多样，埋藏环境复杂，地下埋藏的有机质文物大多严重腐朽，保护难度大、成本高。该课题对福泉山遗址良渚文化 M207 号墓葬的实验室考古实践，为解决这一难题提供了思路，为将来的工作积累了数据和经验，具有较大的应用价值和现实意义。主要表现在以下四个方面：

第一，清理作业的精细化。实验室考古将野外考古发掘延伸到室内。由于室内工作不受天气、时间的限制，可以对清理对象进行全面、细致的发掘。例如，该课题组借助放大镜、无影灯等设备，对 M207 号墓进行了仔细观察和清理，最大限度地获取了有关文物保存现状和相邻关系的信息。

第二，信息记录的全面化。首先，精细的清理作业必然可以获取详细的遗存信息；其次，由于室内环境特别是光照条件是可控的，可以进行全过程的、全方位的、高质量的照相、摄像和绘图记录。所以，M207 号墓的信息记录比起现场采集和整理，显示了更多的全面性和高质量性。

第三，文物保护的科学化。实验室考古可以将清理作业和文物保护无缝对接，对于那些难以保存的有机质文物可以及时采取有效措施进行保护。该课题组从 M207 号墓中清理和修复了 300 余件文物；特别是利用纳米二氧化钛对 B‐72（丙烯酸树脂）进行改性，增强其耐光老化性能，从而更加有效地对 M207 号墓出土的象牙权杖等进行了加固保护。

第四，考古研究的综合化。实验室考古作业中获取的大量信息为考古学的综合研究提供了重要、全面的基础材料，为课题组通过 M207 号墓对良渚文化权贵墓葬的葬俗、良渚文化礼制系统、良渚玉器和骨器的制作方法等进行多学科综合研究打下了良好基础。

实验室考古目前仍处于起步和摸索阶段，课题组对套箱材料的选择、遗物处理时的湿度控制、清理作业的进度控制等方面，都进行了探索。这里还有以下两方面的建议：

第一，清理作业开始之前对遗物周边填质进行取样分析。文物出土前的保存状况与土壤环境的通气性、含水量、温湿度、电阻率、可溶性盐类的种类与数量、pH 值、有机质和微生物的存在等因素密切相关。文物在长期埋藏过程中已经与埋藏环境建立了一种平衡体系。有些文物特别是有机质文物在脱离原有土壤环境之后，其物理化学性能会很快发生改变，就与这种平衡体系被破坏有关。所以在清理之前对文物周边土壤填质进行取样分析，可以使之后的清理和保护工作更有针对性。

第二，应对室内清理作业所获信息进行数字化管理。实验室考古的作业方式、多学科研究使得信息量急剧膨胀，为了更好地保存和利用这些信息，应当充分利用数据库技术和网络技术，对这些信息进行数字化管理。

  在 2011 年我们对上海福泉山实验室考古的评价鉴定过去了 10 年以后，我国的实验室考古又有了新的进展：2021 年四川广汉三星堆遗址考古现场搭建起了现代化大棚，直接把考古实验室建在了发掘区的边上。这一全新做法显然进一步拉近了发掘和保护的时空关系，几乎实现了比实验室考古易地保护更优化的无缝对接，在工作环境、实施方式、操作规程上优势更加明显，为脆弱质出土文物的处理争取了最佳保护时机和最佳清理环境，实现了第一现场和第一时间的有机融合，适应了新时期中国考古发掘向精细化转化的新要求和新趋势，成为向世界展示中国特色考古的新亮点和新示范。

能移动的文物医院

近些年，考古界出现了一种名为"实验室考古"的新方式：在野外考古发掘中，为了更好地保护文物及信息，有时会在第一现场和第一时间将墓葬、房屋、水井甚至道路等重要遗迹整体或局部装箱打包，运回实验室。这样可以避免室外清理存在的风雨、安全、温控等问题，即时地对遗存加以保护，并通过室内具备的更多样的科技手段，可控性、针对性更强地一点点进行清理，以提取到更多的遗存信息，制定相应的保护措施。

这种新兴的实验室考古方式有值得称道之处，但也存在一定问题。譬如：一座墓葬被打包起运后，它在考古现场的本体就不存在了。如果日后要建一座遗址博物馆，墓葬却已在实验室被拆解，随葬文物也都被清理移位，无法再搬回遗址现场了。即便再复原一个墓葬，原真性却已归零，展示传播和现场参观的感知效果也自然会大打折扣。

那么有没有一种既可以保护遗迹本体，又不必将其运离现场，还可以快速精准地采集和分析处理遗存的更好方式呢？放在以前，这还是考古学者们的梦想。可在 2013 年春节前夕，我收到了时任四川考古研究院院长高大伦的短信，说他们全新设计建造的"文物移动医院"已正式在野外"开业就诊"了，并受到国家文物局领导和专家们的关注和好评。

说到"文物医院"的由来，最知名的就是曾任故宫博物院院长的单霁翔从人们去医院看病的现象中受到启发，提出了也可以给文物"看病"的理念，并在故宫文保科技部的基础上设立了故宫文物医院。它位于故宫西侧院墙内侧,建筑长度达361米,建筑面积1.3万平方米。故宫文物医院采用传统工艺与现代科技相结合的"中西医相结合"的方式保养修复文物,设立各种实验室,配备了世界上最先进的文物"诊疗"设备。国际文物修护学会在此设立了培训中心,为全世界培养了大量文物保护人才。

高大伦院长说的"文物移动医院",就是把过去只在实验室才有的各种设备,譬如X射线荧光分析仪、超景深显微系统、色差仪、空气成分检测仪、木材水分检测仪、红外测距仪、内窥镜、水质检测仪、激光清洗机、温湿度测量仪、高性能蒸汽清洗机……全都组装到一辆车里。这种车仿佛消防车和救护车,可以在第一时间赶到考古现场,对文物"现场诊断,现场治病,紧急处理"。

不少人都知道,有些考古发现要在第一时间提取气体、水样、土质等,有时还要防止在地下埋久了的文物大量接触日光、空气,原来稳定的微环境突然发生变异,导致文物颜色、质地、性状的变化和损失。"文物移动医院"上有很多设备就可以解决这样的老大难问题。我记得20世纪70年代发现湖南长沙马王堆汉墓时,从洞口里冒出的气体还能点着火,可能与沼气有关,但等文物工作者过了两天想要收集这种气体时,气体已经消失殆尽,留下了遗憾。而今,有了现场配备的全新设备,这样的遗憾将不会再重演了。

譬如,内窥镜可以通过导管把探头伸到墓葬里面去,如果探到丝绸品等有机文物,就可以在开墓前做好应对准备。再譬如，考古现场清理出了象牙，马上就用蒸馏水清洗，迅速给象牙涂抹丙烯酸加固，以防时间一长象牙成为粉状。还譬如，有些文物上带有肉眼看不清的微量粉状成分，像炭粉、金粉、银粉等。过去的做法是把它们打包带回实验室进行成分分析才能确定品性，但遗憾的是粉状物在离开埋藏环境后，常会很快发生变化。如今用上了车载X射线荧光光谱仪，即可在遗址现场当场检测出成分信息来。

这种把实验室前移至考古现场的"文物移动医院"，又叫"文物出土现场保护移动实验室"。早在"十一五"期间，北京、陕西等多家考古单位就在国家科技支撑计划的支持下，研发、设计和制造了两辆考古车，并已在多个省（直辖市）考古发掘现场开展工作。这种具有机动性、科技性和文物保护人员随车性等综合特点的考古车，等于将传统的实验室和保护修复室前置到考古发掘现场，使出土文物在第一时间就得到有效的检测分析、信息提取和及时保护，值得广泛使用和推广。

我国地理环境千差万别，野外考古形态各异，这种考古车的设计制造最好要因地制宜。像四川考古研究院的"文物移动医院"，就注重了西南地区考古工地大多地处偏远山区、地势险峭的地形特点，强化了考古车的动力性能、越野性能、载重性能等。譬如把车底盘提高，车体不能过大，以便它更适合高山弯路的野外作业。车上还配置了给排水系统、供电照明系统、环境控制系统、野外露宿设备和工作平台。车身阻燃保温，具有全天候野外作业能力。高院长告诉我，加上一部分从欧美进口的最新设备，他们这辆考古车的造价大概400多万元。

中国有了考古船

2014年9月初,中央电视台等国内各大媒体纷纷报道了我国自行设计建造的第一艘水下考古船在母港青岛首航的消息。

按说中国作为造船大国,每年建成下水的各种船只多多,为何一条考古船的首航,会引起如此这般的普遍关注呢?

这不由地叫我想起了2014年年初,我看过一家国内大报摘编的国际科技资讯,标题是"2014全球科研大国把钱投向哪里"。报道说,美国《科学》杂志也高度关注中国新一年的科学进展。这份全球顶级科学刊物在新年展望中说,中国首艘水下考古船今年将交付使用,这是中国大力推进的海洋考古计划的一部分。

由此可见,这艘考古船的下水,是中国考古从长期的陆地作业向江河湖海等水域延伸的新标志,是国家建设海洋强国和推进"21世纪海上丝绸之路"建设的组成部分,是足以写进中国考古学史和国家海洋文化发展史的里程碑式事件。

据我所知,国外早在150多年前就开展了水下考古活动。《剑桥插图考古史》中有幅水彩画,描绘的就是考古工作者在瑞士的湖水下对淹没的古代居民住址做考古的情形。只见下水者手持鹤嘴锄和捞网,头戴用锌片制作的、镶有一块玻璃面板的头盔,头盔用皮带紧缚在肩膀上。小船上,有人用绳索拉住下水者,有人用手动压缩机给下水者输送空气,但由于头盔和身体不能严丝合缝,气体从他颈部的缝隙漏出来,形成了大气泡。

我国水下考古工作比外国起步晚，自20世纪80年代后进展很快，但很长时间里只有专门机构和人员，却没有专用科考船，常常是借助渔船或打捞船作业，给水下工作带来很大不便。此次首航的考古船，长58米，排水量980吨，采用了全电力推进，时速为12海里（1海里＝1.85千米），最远能航行到距海岸线200千米的海域。船体造价6000多万元，如果再装配上水下调查、探测、发掘、打捞、展示的各种专业设备，总造价可达到8000多万元。这在亚洲大概可排第三，在中国则可谓是第一艘"武装到牙齿"的专业考古船了。

考古船有了，那它又是怎么工作的呢？

简要来说，船上配备有声呐等设备，在勘探到水下文物遗存时，船可以停在水面上，专业潜水员则潜入水下。其工作流程可主要分为：清理表层——布设基线——抽沙——布设探方——清理遗物——测绘——拍照录像——提取文物——包装入箱等多个步骤。船上有龙门吊、文物吊装口等专门设备用来打捞文物。例如，量身制作的液压折臂吊可像手臂一样伸出船舷，将水下的文物直接吊上船。

此外，我国这艘整体技术达到世界先进水平的考古船，还为水下考古专业人员提供了多个专业工作环境和良好生活平台：

第一，配置齐全，可续航一个月。船上设备是一般民用船的两倍，有厨房、餐厅、住宿仓等，可载30人。船上有食品储存间放置食物和淡水，可以满足30天续航需求。此外，还设计有减压舱，以帮助潜水的考古人员缓解水下压力造成的身体不适。

第二，稳定性强，能抗 8 级风浪。为增加船体的稳定性和适航性，船的重心被降低，专门设置了能让船更加平稳的自动减摇水舱。这样一来，船的吨位虽然只有近千吨，却能抵御 8 级风浪。

第三，保护文物，开放展示。水中文物长期与空气隔绝，为了更好地存放它们，船上专门设置了空气隔离舱，可对出水文物做初步处理和暂时保管，而以前只有将它们拉回陆地才能进行保护和研究。可见，这艘船和设备可第一时间及时妥善地保护文物，有利于最大限度地提取和保留文物的历史信息。同时，船上还辟有一定空间，可用于展示出水文物。

修复器物分几步

2016年中央电视台制作播出的纪录片《我在故宫修文物》，讲述了故宫稀世珍奇文物的修复过程和修复者的工作生活故事，引发了观众热捧。在考古发掘中，也有很多发掘出来的文物需要修复，这是田野工作中不可或缺的重要流程之一，属于出土资料整理的一项常态工作。

田野出土的器物，和博物馆里通常收藏的以完整器为主的情况不同，它们长埋于地下，大都是残破的，碎片更多，修复的工作量大，难度也高。加上材质各异，种类繁多，诸如金属器、玉石器、陶瓷器、骨角器、漆木器、纺织品、壁画等。再加上形状各异，大小不一，有的是浑圆的容器类，有的是扁平的工具类，还有的是造型多样的艺术类。凡此种种，使得修复它们的技术要求也就不太一样。

这里仅以常见的陶器里的容器为例：

首先，要进行器物碎片的清理。特别是有些破损处的碴口，要剔除泥土，清刷干净，以免拼接不严，出现缝隙，造成器物变形。

其次，是拼合器物碎片，即像现代游戏拼图那样把碎片一个个地对接起来。通常的游戏拼图都是平面的，而古代容器的结构却是立体的。所以，要根据器物各个部位的形状、颜色、质地、薄厚、纹饰等分门别类加以排列，再按照相近部分找寻相关结构造型上的部位，并注意弧度。对接得上的碎片都要在背面画上连接的记号，找到两三块就粘起来，不然很容易错乱。

再次，是器物的复原。复原的前提是必须有口、腹、底各部分都能连接起来的残片，只有这样才可以复原出一件完整的器物。复原时，先要将已经拼对好碎片的口、底、足等有特征性的关键部位挑出来，然后从器口修起，或者从器底修起，最后连接器物中间的腹部。

还有，就是器物修补。考古出土的陶器保存情况常有两种现象：如果是墓葬里出土的，器形一般比较完整，因残损缺失而要修补的部位不多；但像房址、地层等里面出土的陶器的破碎情况比较严重，需要修补复原的部位多多。不论哪种情况，对于器物缺失部分，多是用柔软的熟石膏慢慢地填入缺口补上，再用细砂纸轻轻摩擦，修整找平。如果有纹饰的，也要尽可能地原样复原出来。

最后，是器物的修旧如旧。复原后的器物，补上残缺部位的石膏多是白色的，与器物本身的色差较大。如果用于展示，则有些还要涂上颜料，把器物做旧。做旧的原则是既要修得像，又要修得不像。

修旧的颜料应选择与器物原色协调，但又不完全一致的色系，以显得器物的色差不是太大，远观不太看得出来，近看细瞧的话，修补的痕迹要能分辨得清。这样做的目的，是让观众能看出哪些部位是修补出来的、哪些部位是原真的。这既是对古代器物乃至历史真实的尊重，也是对现代博物馆伦理特别是广大观众的尊重。

最后要说的是，一般情况下，修复器物都不是文物研究者或考古工作者亲自来做的，而是术有专攻，技有专属，由专门的技工师傅来操作的。从他们化腐朽为神奇的修复工作中，每每能看到他们匠心独运的高超技艺和工匠精神。

抢救沉入水下的遗产

20世纪中叶,埃及发生了两件后来被记入世界水利史和考古史的大事件。一是在首都开罗以南阿斯旺附近的尼罗河干流上,设计修建一座大型水坝;二是为了最大限度地抢救水坝淹没区的文物古迹,联合国教科文组织牵头组织了人类有史以来最大规模的文化遗产抢救行动。

从1960年起,先后有20多个国家,用了大约20年时间,把20多处著名文物古迹迁移到了他处。其中,最难搬迁的是建于3000多年前的阿布辛拜尔神庙。这座神庙与其他古迹不同,它不是用可拆分的砖块垒砌成的,而是在岩石上刻凿成的,主体是4座30米高、35米宽的帝王坐像。

为了解决搬迁难题,人们在1959—1963年的5年里提出了各种建议,最后的方案是把神庙从岩石上切割下来,然后提升64米,搬迁到不被淹没的山崖上方后再照原样恢复。这个方案应用了前所未有的技术,共耗资3500万美元,从1963—1968年又耗时5年,才把拆卸的神庙重新安装完成。复原的神庙尽可能地保留了3000年前设计建造时的周边环境、结构和功能特征,譬如阳光照射在神像上的角度等。这成为当代保护利用文化遗产的标志性成果,至今吸引着数以万计的游客。

阿斯旺水坝建成约20年后的1994年,中国开始兴建长江三峡水利枢纽工程。淹没区涉及湖北、重庆的20个市、县、区,需要抢救的文物古迹近1100处。于是,三峡继阿斯旺之后,成为世界上最大的发掘工地和文物保护舞台,包括笔者在内的全国各地约百家考古单位的考古工作者，前前后后用了十多年时间，完成了这项跨世纪的文物古迹保护抢救工程。

在三峡的众多文物古迹中，石刻遗迹十分丰富，比如湖北瞿塘峡段就有南宋"皇宋中兴圣德颂"、抗日战争期间著名爱国将领冯玉祥的"踏出夔巫，打走倭寇"等石刻。

为了保护抢救三峡工程蓄水后将被淹没的石刻，从1997年起，文物考古工作者制定了大量测绘、翻刻、复制的方案。他们或将摩崖石刻拓下来在其他崖壁上进行复原，或采取类似于阿布辛拜尔神庙那样切割的办法迁移。

其中，"皇宋中兴圣德颂"石刻被整体切割，易地搬迁到重庆中国三峡博物馆内收藏展出。其他石刻采取了复刻办法，即把原石刻复制下来，上移安装在原址高出水位线的峡壁上，而将原石刻做防护处理、加固定位，并加钢网盖护后，在原址水下永久保护起来。

重庆涪陵江段的白鹤梁古代水文题刻，是三峡文物保护工程的"重中之重"。白鹤梁是长江中的一道天然石梁，长约1600米，宽约15米，几乎常年没于江中，只有枯水的年份才露出江面。

前人经过长期观察发现，可以根据石梁露出江面的高度确定长江枯水期的水位，于是采用了在石梁上题刻的方式，记录了唐宋至近代1200多年的70多个长江枯水年份，白鹤梁由此成为我国最早的保存完好的古代水文站。这些世界最早的水文题记，共有文字题刻165段，3万余字，楷、草、隶、篆各体齐全，还有白鹤、石鱼、观音等线刻图像，具有较高的艺术价值。

  三峡蓄水后，水文题刻将被淹没。为了使这一见证长江历史文明的遗址能供游人参观，国家投资 2 亿元修建了白鹤梁水文题刻水下保护工程，并建成了世界上唯一一座为保护一处单体文物古迹而修建的水下博物馆。目前该博物馆正在申报世界文化遗产。

青铜本色是金色

我们在博物馆里看到的青铜器绝大多数是青绿色的，这很容易给人造成青铜器原本就是青绿色的印象。更有甚者，在有的古装片里，剧中人物手执的酒爵之类的青铜器也是青色的，这与编导或演员不了解青铜器原本的颜色，没有请专家学者来把关有很大关系，以至于出了不该出的纰漏。

出现这样的硬伤，是由于大部分人都以为我们现在看到的文物是什么样的，那它们在古时候也是什么样的，所以就直接拿过来模仿成器，放到戏里做了道具。殊不知，古代器物在历时久远的流传过程中，有些是不太发生性状变化的，而更多的是会不断发生性状变化的。

哪些古代器物不易变呢？瓷器、玻璃器、金器、石器等便是，前代啥样，后代基本还是啥样。有机质的动物骨骼、植物种子发霉变黑却是常事，纸张、漆木器腐朽成灰也是常态，人的遗体或遗骨能保存下来的概率更是相当低。即便有些用无机材料制作的器物，也会锈蚀变色，青铜器就是这类易变性较强的器种之一，这就导致了我们现在看到的绝大多数青铜器都呈青绿色的状态。

青铜器呈青色，只是它呈现给我们的结果，并不代表它一直是青色的。实际上，青铜器刚制作出来和在当时使用的时候常呈现金色，这在考古上有证可循。例如：2003年陕西眉县杨家村发现了一个西周青铜器窖藏，出土的青铜器群中，有相当多的器物呈现金黄的颜色，基本上保持了原真性，为我们提供了青铜器原本是金色的直接证据。

其实,古代铜器的本色大多是金色的,所以古人把铜叫作"吉金",一方面是指它像金子一样贵重,另一方面它的确也有黄金般的色泽。严格说起来,青铜器是红铜、锡、铅等诸多金属形成的合金,因配料成分的不同,往往会呈现从金黄到银白等各种不同颜色。例如:含有一定比例锌的青铜器就呈现黄铜色,而含有一定比例镍的就呈现白铜色。锡的含量高的话,亮度较高;加了铅以后会变得灰暗些。很多非专业人员,特别是初入青铜器一行的收藏爱好者,常把呈银色的青铜器误认为是银器,把呈金色的青铜器看作金器,认为青铜器就是青色的也不乏见。

青铜器呈青色,原因是经过若干年的使用或流传后,铜就会氧化锈蚀变为氧化铜。另外还与制作合金的金属比例有关,时间长了,器物表面就会生成碱式碳酸铜,行业内常用"孔雀石"的那种青绿色来形容铜器的青色。青铜器由金黄色变成青

陕西眉县窖藏出土的西周鼎

青铜器刚制作出来和在当时使用的时候常呈金色。随着时间推移,铜发生氧化锈蚀,青铜器才由金色变成青绿色。陕西眉县西周青铜器窖藏出土的器物很多呈金色,为我们提供了青铜器原本是金色的直接证据。

绿色，与流传时间、土壤环境、气候干湿等内外因都不无干系。

铜器历时久远之后染上铜锈，氧化变青，只是其易变性的一个方面。如果这些青锈是无害锈，倒也平添了沧桑古朴之感，但一旦染上了有害锈，特别是粉状锈，那青铜器就会面临加剧腐蚀，甚至损毁的危险了。

无害锈是指在正常的环境中呈非活性状态，不再深入铜器本体的锈蚀物，例如氧化铜、碱式碳酸铜、硫化铜以及二氧化锡、四氧化三锡等；有害锈则是在正常的环境中，仍可深入本体腐蚀铜器的一类有活性的锈蚀物，其化学成分公认是碱式氯化铜。其锈蚀机理为环境中的氧气、氯离子、水分与铜器中的铜锈经过化学反应，先后在铜器表面生成氯化亚铜等，使整个器物表面加厚，呈青色且质地疏松并不断膨胀，最后导致铜器锈体疏松，溃烂穿孔，自行塌架，成为齑粉。

所以，青铜器的材料组成、锈蚀机理及其保护技术，一直是很多科研人员期盼早日解决的难题。一旦这个难题被攻克，世上那些难以计数的青铜器就有了可以"子子孙孙永宝用"的护身符了。

金缕玉衣
巧修复

2017年曾经有一则新闻：北方一家文物市场上有人出售一件"金缕玉衣"，声称祖传云云。此事被网友发到网上，引发各路围观。后来发现，"玉衣"上的"玉片"是用树脂和塑胶制成的，"金缕"也不是金丝，而是铜丝，顶多算是现代仿制的工艺品。

玉衣，是2000年前汉朝皇帝、皇后和贵族死后裹尸的玉质殓服，用各种形状的玉片和金属丝等编缀而成，包括玉头具、玉衣裤、玉手套、玉鞋履等。每片玉片通常长宽仅几厘米，大小不等，用直径只有0.5毫米的金线、银线或铜线连缀起来，从头顶包裹到脚底，形状酷似甲胄。

汉代人深信玉能寒尸，使尸体不朽。按汉制，玉衣只有位高权重的皇室和贵族才能使用，而且按照身份等级的高低之别，分为铜缕玉衣、银缕玉衣和金缕玉衣三种。

铜缕玉衣和银缕玉衣大多是与皇室有关的诸侯王或亲信大臣使用的，而金缕玉衣则是皇帝以及皇后专用的，其他有特殊军功或特别分封的诸侯王若要使用金缕，除非皇帝特许赏赐方可。像前两年发掘的江西南昌海昏侯墓，墓主人刘贺虽说曾贵为皇上，然而登基不久便被废黜，所以该墓并没出土玉衣，足见玉衣制度的严苛性。

考古迄今没有发掘过汉朝皇帝陵墓，所以尚不清楚皇家使用金缕玉衣的实况。但现已发掘的十几座诸侯王墓所出的玉衣，已使我们了解到不少信息，如：1968年发掘的河北满城汉墓，墓主人是西汉景帝刘启的儿子、被封为中山王的刘胜和其妻窦绾，墓中就出土了两套金缕玉衣。其中刘胜玉衣共使用玉片2498片，金丝约1100克；窦绾玉衣用玉片2160片，金丝约600克。

制作金缕玉衣，用的都是珍贵的白玉和金丝。一个熟练的工匠，按人体比例、高矮胖瘦，花费数年，才能把玉片一片片磨制出来；然后用金线连缀每一片玉片，用其裹尸，尸体作四肢并拢的仰身直肢状。

墓室里的金缕玉衣经过约2000年，真的能保持尸骨不朽吗？答案是否定的，遗体会腐烂，骨骼也会散架。据真实记录满城汉墓发掘情况的考古报告记载，玉衣出土时被埋压在棺椁朽灰和漆皮的堆积下，通体扁平，头部、手部、足部已严重变形。

考古总是这样，有重大发现不易，发现后的文物修复也相当复杂，像修复玉衣，就不下十多道工序：先要清洗脏污的玉片，粘接破碎的玉片；再反复测量、推敲、调配，从小散块到局部，从平面到立体，用铝合金片或塑料片做支撑框架，以丝带系结方式把袖筒、裤筒和上衣组合成通体人形；之后，再用金丝逐片地编缀、拧紧，这才算完成了玉殓遗体。其中手套的复原，因为小玉片长度仅为1厘米左右，加上手掌又呈握拳蜷曲状，加工与连缀起来更加费工费时。

总的来说，如果玉衣出土时保存情况尚可，几个月便能修复完成；如果散乱得严重，二三年才复原起来也不奇怪。修好的玉衣也不是万无一失，因为随着时间的推移，常会出现玉片断裂、残缺、错位、翘起、表面污渍及金丝断折、铜丝氧化变色、包边损坏等问题。像满城汉墓出土的刘胜金缕玉衣，就前前后后修复了三次。

是不是修复所用的所有玉片和金丝都是原物呢？不全是。有些玉片经长期埋藏，已被污染变色或折断碎裂，修复时要用仿制的玉片做旧补缺。如果遇到那些被盗的墓葬，盗墓贼常常是只抽走金丝，留下散乱的玉片，文物修复人员只能用现在的黄金重新打造金丝。顺便要说到的是，古代的盗墓贼之所以只取金丝，不取玉片，是因为玉衣当时是只有皇家贵族才能享有的，如果盗墓贼将盗走的玉片出手，显然就会被怀疑是盗墓所得，而玉衣上的金丝则可以重新熔铸，不会露出盗墓的马脚。

写到这里，再看本文开头说的文物市场上出售的那件所谓"玉衣"，就知道它是徒有虚名，其实难副了：第一，不太可能是盗墓所得的真品，因为玉衣修复技术难度高，一般盗墓贼难有这番能力。第二，也不太可能是祖传所有，因为一件用几千片玉片编缀的玉衣，能一直被完整地保留并一代代祖孙相传的概率极低；更何况玉衣是殓尸所用，藏之犯忌，避讳尤甚。所以，别说是看见，即便是听说，行家里手也便知是赝品了。

皇后头冠修复难

2013年，隋炀帝和萧皇后的合葬墓在江苏扬州一个建筑工地上被偶然发现。考古人员从中清理出隋炀帝墓志、萧皇后生前佩戴的冠饰等引人关注的遗物。

"考古发现"这几个字，说起来简单，实际上涉及很多层面，具体到专业操作上，我们通常都把它叫作"清理"。考古清理并不像很多人想象的或盗墓片演绎的那样，一打开墓室和棺椁，眼前便呈现一件件精美绝伦、完整如初的宝物，随你搬走运出。相反，文物刚被发现时的状况通常都很糟糕，像隋炀帝和萧皇后墓的随葬品已经在地下埋藏了大约1400年，且不说那些已经腐朽消失的，即便残留至今的，也都不可避免地发生了不同程度的破损性变化。

考古清理时发现，千年之前那顶花树摇曳、璀璨夺目的华贵萧后头冠，早已风华不再，就像一坨泥土，被放置在一个长约0.6米、宽约0.4米的木箱内。头冠呈一个大致的球状，但实际上已经变形、坍塌、移位，还存在破碎、缺损和粉化等现象，不同材料饰件劣化严重，而且完全和土夹裹在一起，保存状况极差。冠上的金钗花钿等饰件也大都发生了脱位、腐蚀、残断、破损，成为残断的铜丝、破碎的铜片、粉化的小珠等。有的部件即便小心翼翼地用木签清理，也会一碰就断掉。

清理这类脆弱至极的文物，保存冠饰的整体结构及零部件的相对位置至为重要：先要把冠表面的花蕊剔出来，然后再顺着花冠、花梗剔，直到把整个额箍、框架都清理出来。之后，再把冠上那些装饰用的花树一个个清理出来，还要尽可能弄清楚花树的结构，进而明确花树与框架的连接关系，等等。同时，遵照专业操作要求，在整个清理过程中，每层都要从不同角度拍照、绘图，还要做好详细的文字记录，然后才能将所有部件取出，再继续往下清理，直至所有部件被清理完毕为止。

所以，我们经常在考古纪录片中看到这样的镜头：专业人员使用小小的板刷子、细细的竹签子等工具，全神贯注地清理文物。这一方面是为了保证文物不再受到损坏，另一方面是要尽可能发现和保存器物残存的原真性信息。这么做的一个很重要的目的，就是为下一步的修复或复原做准备。

萧后冠和一般的出土文物不同，它的修复手段和复原过程，都准备和进行得相当充分。考古单位江苏省扬州市文物考古研究所与复原单位陕西省文物保护研究院，联合成立了隋炀帝萧后冠实验室考古与保护研究的多学科项目组。陕西省文物保护研究院曾经修复过唐高祖李渊的第五代后人李倕的冠饰，积累了相当多的经验。这次修复萧后冠工作中有个细节：扬州考古现场与西安的实验室相距千里之遥，萧后冠要经过千里的旅途。为了确保萧后冠不在旅途中遭到二次损坏，考古工作者在装箱、搬运之前，先用3D扫描仪将萧后冠的形状扫描下来，再进行照相记录，对散落的饰件进行收集、记录；对文物原始状态的信息进行过细致记录后，用保鲜膜裹住过滤好的细沙，用这种特制沙袋将萧后冠表面凹凸不平的地方填平；接着，再用保鲜膜将冠盖严实，起到隔离的作用；然后用有良好定形作用的石膏绷带将冠整体固定好；最后做一个石膏箱进行搬运。

最核心的工作还是对萧后冠结构的无损探查以及对饰件样品的科学检测与分析研究。项目组在实验室使用了超清显微镜、扫描电镜、X射线无损检测仪、光谱仪、CT、3D扫描仪等现代检测分析设备和多种科技手段来了解和复原萧后冠的头箍结构与隋唐礼冠的形制、花树数量和分布、饰件材质、铜钗和钿花等饰件的制作工艺等。

项目组经过两年多的工作，到2016年9月终于"化腐朽为神奇"，修复了萧后冠，并揭示出其重要的艺术价值、科技价值和历史价值。

在艺术价值上，萧后冠头箍由两个博鬓、呈十字交叉的两道梁和呈环带状的三道箍组成；其上连缀有13棵花树，每棵花树由花梗、花瓣和花蕊等构成；在萧后冠对应后脑的位置，有12块水滴形的饰件，呈上、中、下三层分布，十分精美。

在科技价值上，萧后冠使用了铜、金、铁、玻璃、汉白玉、珍珠、木、漆、棉、丝等10种材料，经过锤揲、焊接、掐丝、镶嵌、珠化、鎏金、贴金、錾刻、抛光、剪裁、髹漆等十多种工艺制作而成。

在历史价值上，萧后冠为研究隋唐时期皇后礼冠制度，以及探讨中国皇后凤冠的源流等，提供了重要的实证资料。

如此多重文物价值的实现，不仅体现了考古信息提取与保护修复的有机结合，还为展示利用打下了良好的基础。后来举办的"花树摇曳　钿钗生辉——萧后冠实验室考古与保护成果展",让观众在直观地看到萧后冠的华美的同时,还感受到了这一项目进行中的诸多不易和难点,以及萧后冠最终原貌问世过程中尽显的工匠技艺和精神。

不能出国的文物

我国这些年对外文化交流规模不断扩大，文物出境展览也日益增多。通常年份，光是国家文物局直属的中国文物交流中心，就会举办10个左右大型文物出国展览，这还不包括其他省（自治区、直辖市）的各种出国、出境展。其中，为配合中法建交50周年，两国政府共同策划的重要文化交流活动"汉风——中国汉代文物展"，于2014年10月在法国开幕，中国国家主席习近平和时任法国总统奥朗德不但共同为展览题写序言，还一起担任了展览监护人。

作为国家间文化交流展览中的习惯做法，国家首脑担任文化交流活动的监护人，一方面显示了这个展览的国家级规格，另一方面也表示监护人代表着各自国家相关法律规定的责权，要在国家层面上保障文物安全。

说起来，交流展览的文物安全措施涉及方方面面，这在《中华人民共和国文物保护法》及其相关的规定《文物出国（境）展览管理规定》中，也有许多具体的条文可依，比如：文物必须经过收藏单位注册、登记、确定级别，并已在国内发表或正式展出过；易损文物、一级文物中的孤品及元代以前绘画等，不得出国（境）展览；展品越多、越珍贵，需要审批的行政级别就越高，国家文物局只能批80件（组）以内的展品，文化部能批120件（组）以内，超过120件（组）则要国务院审批才行；所有文物外展都不能超过一年；一级文物不能超过展品总数的20%等。像2014年在美国举办的"中国陕西秦兵马俑：始皇帝的彩绘军阵"展，展出的118组265件展品中，一级文物只有18件。

我还记得，2002年发布《文物出国（境）展览管理规定》时，条文中还只是规定禁止历代出土古尸、宗教场所的主尊造像、象牙和犀角质地文物、元以前书画和缂丝作品、宋元时期有代表性的孤品瓷器等出境外展。但国家文物局随即印发了更为翔实的《首批禁止出国（境）展览文物目录》，规定64件（组）珍贵文物禁止外展。

到了这些年，文物外展更加频繁，加大了文物遭受损害的可能性，对文物的安全构成了潜在威胁。比如2018年前后，在美国费城富兰克林科学博物馆举办的"兵马俑：秦始皇帝的永恒守卫"展上，一件兵马俑的拇指就被人掰下盗走了，尽管事后拇指被追回，但文物的损失已经不可弥补。

为了适应文物出境展览的新形势和新要求，切实保证珍贵文物，尤其是一级文物中的孤品和易损品的安全，国家文物局在2012年发布了《第二批禁止出国（境）展览文物目录（书画类）》，其中37件（组）一级文物禁止外展。到2013年，国家文物局又发布了《第三批禁止出国（境）展览文物目录》，包括青铜器、陶瓷、玉器、杂项等四类共94件（组）一级文物，被列入了禁止出境展览名录。

就这样，前后三次"禁令"的数目加起来，已有近200件（组）珍贵文物被列入了不能外展名单。实际上，上面提到的每一个文物件（组）中，有不少还是多件器物组合而成的，如湖北出土的曾侯乙编钟全套共65件，只算作一组。再如南京出土的魏晋竹林七贤砖印模画，其实是由 300 多块古墓砖组成的。还有北京明十三陵中定陵出土的凤冠，共有 4 顶，孝端、孝靖两位皇后各 2 顶，也只算一件（组）。其中一顶六龙三凤冠上面，光是宝石就有 128 块，珍珠 5 449 颗。

  顺便还要强调的是，这些禁止外展的文物有一个共同的特点，即清一色都是一级文物。我国现行法规中，把文物分为一般文物和珍贵文物两类，珍贵文物又分一、二、三级。换句话说，一级文物是目前我国法定的最高等级的文物，而我们在媒体上常见的"国宝级"文物的说法，只是民间的俗称，并不规范，这在国家行政机关正式的文件和表述中，原则上是不太会出现的。但这也不妨碍媒体传播文物这种历史文化遗产之用，像 2021 年国家文物局与中央电视台就联合出品了一季 12 期知识竞答类综艺节目《中国国宝大会》，我忝列专家，与选手们做了很多交流。本文提到的不能出国展览的文物，也进入了不少答题的选项之中，实现了"从国宝读懂中国，为中华民族守根铸魂"的节目宗旨。

巴黎天幕上的补丁

2019年4月15日,正在维修保护中的巴黎圣母院突发大火,举世震惊。素以文物古迹著称于世的法国巴黎,遭遇前所未有的文化遗产保护危机。

法国是世界上最早对历史建筑遗产和古城街区进行保护的国家之一。早在1830年法国就建立了保护历史古迹的机构,任命了第一个历史建筑总督察;1840年开始列表登记历史文物建筑;1931年正式颁布了文物建筑法令;1943年设立了保护区;1962年制定了历史街区保护法;1980年组织了"爱护宝贵遗产年"活动,使法国的传统建筑保护活动达到了高潮,有3万多栋老建筑被列为古迹,对20万座建筑进行了调查。

凡此等等连续不断出台的法令和文物保护的举措,包括大作家雨果著名小说《巴黎圣母院》对以这座举世闻名的大教堂为代表的古建筑保护所起到的文化传播促进作用,使法国众多的古建筑精华、有价值的历史街区大多得以完好地保存了下来。另外,第二次世界大战期间法国战败的时间比较早,没有像英国伦敦那样遭遇过德国法西斯的大轰炸,巴黎市区的文物古迹几乎没有受到大规模的破坏。

但是,到了20世纪70年代初前后,得益于长期保护规划,甚至躲过了残酷战争浩劫的古都巴黎,却在市中心修建了一幢超大型的现代建筑——蒙帕纳斯大厦(Tour Montparnasse)。该大厦共有59层,高210米,虽然没有超过324米高的埃菲尔铁塔,但由于大厦的建筑材料、黑色玻璃幕墙的设计风格等与巴黎的传统城市轮廓和古典色调极不相称，因此成为传统城市保护的典型反面教材，一直饱受法国社会各界的屡屡争议和种种批评。

在大部分注重历史文化传统的法国人看来，蒙帕纳斯大厦既单调又突兀，简直就像一个大黑盒子，在巴黎市中心的传统城市景观中不得其所，不但是"巴黎的伤疤"，而且还被形容成"巴黎天幕上的一块补丁"。很多人鄙夷地称其为"幽灵楼"，甚或叫它"强横的纪念碑"。巴黎人中甚至还一直流传这样一句既吐槽又自嘲的玩笑话，说该大厦顶端提供了登高观赏巴黎的最美视野，因为那是全巴黎唯一看不见这栋大厦的地方。2008年在某旅游网站举办的投票中，蒙帕纳斯大厦排名全世界最丑建筑物次席。

由此教训，该大厦建成两年后，巴黎市政府不得不立法禁止在市中心再兴建摩天大楼。按照法律规定，巴黎的建筑不得高于121英尺（约合37米）。该大厦成为巴黎市中心第一座也是最后一座摩天大厦，在它之后就没再建过类似的超高建筑。

巴黎人乃至法国人几十年来因这座大厦而生的文物保护之痛，到了近几年终于遇到了解痛之机。2016年，备受争议的蒙帕纳斯大厦宣布举办国际竞赛，从全球700多家建筑事务所中选择最满意的设计团队，对该大厦进行外立面改造。

后来入选的"都市蜃楼"设计方案，根据光学凹镜原理，将这个巴黎市中心的巨大黑色方盒子，用镜像"倒挂"效果，改造成一个城市尺度的凹面镜。楼体所反射的周边景色被上下翻转，巴黎城市的诸多街区、建筑包括埃菲尔铁塔等，如同海市蜃楼一般，被反射并倒挂在大楼建筑立面上，产生一种亦幻亦真的黑科技感。

　　该设计方案负责人说："我们虽然不能真正让这座楼和它所带来的历史遗憾彻底消失，但我们应该建立一个新的审视角度，思考人类该如何与我们的内心以及周遭的环境相处。"

雨果为何写作《巴黎圣母院》

维克多·雨果在国内外辞书的人物词条中,几乎无一例外地被称作19世纪法国浪漫主义诗人、戏剧家、小说家。他描写吉卜赛少女艾丝美拉达和钟楼怪人卡西莫多等人物命运的代表作《巴黎圣母院》一书,一直被认为是反对教会和专制的浪漫主义经典文学作品。

鲜为人知的是,雨果还是世界文化遗产运动的先驱式人物。他写作《巴黎圣母院》这部世界经典文学名著另有初衷,那就是他想通过这样一部现实主义和浪漫主义相结合的文学作品,唤醒更多的人参与保护以巴黎圣母院为代表的法国历史建筑等文化遗产。他在《巴黎圣母院》一书开篇的序言和作者按语中,讲述了成书背景和写作缘由,但这些内容很少引起文学史家的关注和一般读者的兴趣。

雨果将巴黎圣母院作为小说故事发生的场景,既是偶然的又不是偶然的。他在大约500字的序言里,从他亲眼所见的一个细节开始,讲述了他写这部小说的缘起和因由:"数年前,本书作者参观——毋宁说是搜索——圣母院时,在一座尖顶钟楼的阴暗角落里,发现墙上有个手刻的字:ANARKH。这几个大写的希腊字母,经岁月侵蚀,黑黝黝的,深深凹陷在石头里面……自从作者参观以后,那面墙壁经过了粉刷和刮磨,字迹也就泯灭了。近两百年来,一座座巧夺天工的中世纪教堂,就是这样被糟蹋的,里里外外,受到来自四面八方的破坏。"

他在《巴黎圣母院》的作者按语中也明确宣告:"关于中

世纪的建筑艺术，有些人至今对这艺术珍宝一无所知，更糟的是另有一些人把这艺术珍品视如草芥，因此《巴黎圣母院》这本书也许为这建筑艺术开拓了某种真正的前景。"他希望读者不要"在《巴黎圣母院》书中只寻找戏剧冲突，只寻找故事情节"，而是建议大家"透过小说去探求小说的弦外之音"，那就是"让我们在期待新的宏伟建筑出现之前，先好好保护现存的古迹吧！如有可能，让我们激发全民族的热忱，去爱护民族建筑艺术吧！作者宣告，本书的主要意图之一就在于此，他一生的主要目标之一也在于此。"

雨果为什么要将"他一生的主要目标之一"定位在保护文物古迹上呢？这与法国是世界上最早对历史文化遗产进行保护的国家之一有关。

18世纪末，法国爆发了世界近代史上具有里程碑意义的大革命，推翻了封建统治，众多文物古迹遭到了破坏，其中也包括巴黎圣母院。当时，巴黎圣母院已经千疮百孔，到处是被移位的雕刻品和被砍了头的雕像。巴黎市民曾将门洞上方"国王廊"里的二十八尊以色列和犹太国历代国王的雕塑，误认为是法国国王的形象，拆下来当旧材料卖了。

为了保护和修缮包括巴黎圣母院在内的古迹，很多有识之士呼吁建立专门机构并立法。在随后若干年里，法国陆续成立了历史建筑委员会，任命了历史建筑总督察，筹集了记录、保护和修缮历史建筑的资金，列表登记历史文物建筑，1913年又通过了著名的《历史古迹法》等。在这个历史进程中，身为文化名流的雨果，也发挥了非常重要的作用。

雨果研究专家、法国卡昂大学的普香指出，1823年出现"文化遗产"一词的同年，年仅21岁的雨果，对一些投机者买下城堡和修道院后拆了卖建筑材料的做法，第一次表现出了保护文化遗产的意愿。他在《黑色地带》一诗中写道："噢，法国人！尊敬这些遗留下来的财富吧！"

在这之前影响他的，则是描写诺曼底的《旧法国的优美浪漫旅行》一书。书中写道："这些遗址风吹日晒地一天天衰败，这种损毁速度没能留给我们足够的时间好让我们的后代也看到。"该书对遗产的担忧，触动了年轻雨果的心门。从此，他萌生了一生致力于保护文化遗产的念头，并为此身体力行，大声地鼓与呼。他曾被任命为历史建筑委员会成员之一，一直为历史文化遗产保护奔走呼告。直到逝世一年多前，他还在论辩圣米歇尔山的保护价值和意义。

话说回来，雨果为保护历史建筑遗产做的毕生努力，成效有喜有忧。1831年《巴黎圣母院》出版后，引发巨大社会反响，许多人都希望修缮破败不堪的圣母院，发起了募捐计划，引起了政府关注。但令人遗憾的是，从1844年修复计划开始后，雨果却发现了"修复性破坏"问题。原因是修缮者用个人的判断取代了原物的真实，用"创作"代替了修复，这使得巴黎圣母院虽然"焕然一新"，却被抹去了很多古老的历史真迹。雨果愤怒斥之，说这是"用难看的石灰浆来涂抹巴黎圣母院"，"眼看中世纪建筑艺术已落入何人手里，眼看今日涂泥抹灰的庸手如何对待这一伟大艺术的遗迹，真叫人痛心！"

人们常说，法国是在现代国家建立的进程中文化遗产国家体系化的一个历史样板,如果说当代世界的文化遗产范式导源于欧洲,那么欧洲的文化遗产范式则导源于法国。世界各国保护文化遗产的许多做法,诸如颁布法律法规、登记造册、制定奖励制度、设立遗产日等等,其原型皆出自法国,这被称为"法国影响"。我们从这样的历史进程和时代背景中再来看《巴黎圣母院》一书,就能更容易、更深刻地理解和体会到雨果写作该书的用意和旨趣了。

俄国"钟王"和"炮王"

2016年暑假,我去俄罗斯旅游,在莫斯科克里姆林宫内的广场上,看到了俄国历史上的两件著名铜器——铜炮和铜钟。导游告诉我说,它们以体量巨大而闻名,被分别称作"炮王"和"钟王"。

"炮王"是由安德烈·乔赫夫设计建造的大炮。它从1540年开始造,一直到1586年伊凡四世之子费多尔沙皇时代才铸造完工,中间换了8个沙皇,已有400多年历史。该炮质量约为40吨,炮筒平均厚度为15厘米,炮长5.3米,可容三人同时爬进,炮口直径为0.9米,当时堪称世界直径最大的大炮。这尊大炮一开始是放置在莫斯科红场上的,后来被放到通往克里姆林宫内的斯巴斯克塔的路上。参观时我看到,在该炮前面还陈列着四个堆在一起的球形炮弹,说是每个都有上吨重。炮架上有精美的浮雕,有沙皇费多尔的像。有资料记载,这尊大

"炮王"和炮弹

"炮王"已有400多年历史。这尊大炮当初是作为大型仪仗器具来设计和铸造的,用以显示沙皇的威仪,从未用于实战发射。该炮前面还有四个堆在一起的球形炮弹,据说每个有上吨重。

炮当初是作为大型仪仗器具来设计和铸造的,用以显示沙皇的威仪,从未用于实战发射。

"钟王"铸造于 1735 年前后,历时两年铸成,已有 200 多年历史。钟高 6.1 米,钟口直径 6.6 米,质量约 200 吨。"钟王"不仅重量惊人,上面的浮雕铸造艺术也极为精湛,钟面上铸有沙皇阿列塞克·米哈伊诺维奇、女皇安娜·约翰诺夫娜等 5 个圣像浮雕图案以及记述制造情况的两段文字。这口大钟当时准备安放在伊凡大帝钟楼上,以便每天为沙皇报时奏鸣。然而遗憾的是,该钟曾遭遇莫斯科的一场火灾,被施救的人们泼了冷水,导致冷热不均炸裂开来,崩下一块 11 吨多的残片,因此变成了残钟,被埋在废墟之中。直到 100 年以后,沙皇尼古拉二世命令把它挖出来,运到克里姆林宫,安放在克里姆林宫伊凡诺夫斯基广场的石座上,石座上写着"1733 年献给女

"钟王"

"钟王"已有 200 多年历史。钟高 6.1 米,钟口直径 6.6 米,质量约 200 吨。它曾遭遇一场火灾,被施救的人们泼了冷水,钟体因冷热不均炸裂开来,崩下一块 11 吨多的残片。

皇安娜·约翰诺夫娜,103年后按照尼古拉二世命令于1836年8月4日安放于此纪念"。

听着导游的这些讲解,我不免对这两个被称"王"的庞然大物肃然起敬,它们虽然都没有被实际使用过,却显示出了数百年前俄罗斯工匠高超的铸造技艺。但做考古出身的我,还是不免想到了另外一个多少有点"职业病"的问题,那就是旅游传播中动辄把一些特殊的器物称"王"的说辞,与考古科研中对器物的务实求真研究,实在是有着很大差别呢。

在学术领域和专业范畴,通常很少会有所谓"炮王"和"钟王"的说法。即便偶尔使用,也会相当谨慎。例如,在一本专门研究古钟的书中,我上面提到的"钟王"被称作"莫斯科钟王",前面加上了限定词"莫斯科"。而且这么做,是为了与另一件叫作"莫斯科钟"的大钟相区别。

说起来,古钟也好,古炮也罢,专业研究它们时涉及的问题多种多样,诸如起源、国别、铸造时间、使用、流传、保护、展示等,像质量、形态结构、尺寸、材料配方、纹饰铭文等也都要翔实有据。比如悬挂结构,"莫斯科钟王"是"单U吊钩"式样,北京大钟寺的明代永乐大钟则是"双U穿钉"式样。再像声音设计,"莫斯科钟王"设计的声传半径是25千米,但由于钟体破裂,有一道裂缝,声传效果是失败的,故被《美国百科全书》称作"世界上从未敲响的钟",人们只能观赏它的设计和造型。而永乐大钟的质量虽然只有"莫斯科钟王"的四分之一左右(46吨),设计的声传半径是15千米,但实际声传效果是成功的,而且贵在它至今还能敲响。

显而易见，客观描述为主，原理探求为重，用数据来说话，靠实验去证明等，都是科学发现和研究的基本范式。而动辄对器物称"最"，把一件器物形容为最早、最大、最重、最高等，甚或索性升级到"称王"的地步，那就有违务实求真的科学精神，实际上也经不起推敲和考辨。比如美国在第二次世界大战末期制造的"小大卫（Little David）"火炮，其炮口直径为91.4厘米，就比"炮王"要大，一直被称作"史上最大口径的火炮"。

所以我们经常说，器物与器物之间的科学比较，要建立在同一个标准的原则下。相对来说，器物的高、重、长、短等由于可以量化，比较起来容易一些；但器物的大小就很难比较，因为什么是大，什么是小，实难界定；而称"王"的器物，范畴就更难把握了。

但事物多有两面性。虽然科研讲究的是学理性和实证性，但它毕竟是学术的、专业的、小众的，而旅游则是大众的、文化的、社会的。一个人文景观或一件器具展品，能大体上有个事实依据或时空、人物、事件等故事性的过程，也就具备了吸引游客的内涵。像"钟王"和"炮王"的说法，尽管形容得过头了一些，夸大得离谱了一点，考辨得也不那么翔实，其实都无可厚非，也易被接受，属于旅游文化的常态做法。

因此，有些情况下的求实与某种状况下的务虚不是相互矛盾的。同理，将科学研究的专业术语和学术理念转化为公众喜闻乐见的社会知识和文化常识，也是我们的长期追求。

故宫早年盗宝大案

1911年，辛亥革命推翻了清王朝，清朝末代皇帝溥仪及其遗老遗少被允许暂居紫禁城后半部分的"后寝"。紫禁城前半部分的"前朝"，于1914年被辟为古物陈列所。到了1924年，溥仪被逐出宫，1925年故宫博物院正式成立，易培基出任首任院长。

1933年11月13日，北平（今北京）各大报纸纷纷登载了一条爆炸性消息："故宫博物院院长易培基，伙同其女婿、该院秘书长李宗侗监守自盗，携卷故宫大量国宝逃匿无踪。"消息一出，轰动全国。

易培基是国民党元老，参加过武昌起义，曾担任孙中山多项顾问和全权代表、内阁教育总长、农矿部部长等职。1924年易培基参加故宫善后委员会工作，后来被南京国民政府任命为故宫博物院首任院长。李宗侗是清末重臣李鸿藻之孙，曾留学法国，回国后一度在北京大学任教，不久结识了易培基独生女并与之结婚，改任故宫博物院秘书长。

易培基担任院长后，在陈列展览、藏品保管、分类编目、文献整理及汇编出版、建立分类书库、鉴定版本等方面做了不少工作。但因财政部一直一文不发，院里的运营经费没有着落。为弥补维修破旧故宫的开支，他一方面发动蒋介石和张学良等要员捐款；另一方面，他听从了几位理事提出的建议：有相当数量的宫廷遗物并不是文物，没必要留存宫中，可以通过公开拍卖加以处置，比如金砂、银锭、茶叶、绸布、药品、火腿、山珍、皮货等，有的已在宫中存放了数十年、上百年，数量甚大，像茶叶就堆满 7 间大殿。

　　1931 年夏，故宫博物院聘请平津两地人士确定了处置无关文史物品原则，易培基督促李宗侗将故宫所藏的贵重皮货、药材等，先后三次作价处理。所得款项补充经费之不足，修建了受益至今的文物库房，后来抗日战争时的"文物南迁"，也受益于这笔款项。李宗侗处理这些物品时，依照规章，分批提出，登记整理，然后邀请北京的皮货、药材专家多人预先评定价值，公布定期标卖。当时为了鼓励多销，还规定了优惠价，凡购货 2000 元以上者七五折，3000 元以上者七折。李宗侗第一次买了两三百元的皮货，过了一段时间，又买了 2500 多元的物品，合于七五折的规定。有人建议他再购两三百元，连同上两次数目合算，超过 3000 元就可七折了。李宗侗为了贪图小利，真的这样做了。结果这一做不要紧，授人以柄，不但成为他枉法营私的罪名之一，还很快就牵扯到了院长易培基。1932 年 8 月，就职于故宫博物院的张继及其妻子崔振华，控告易培基侵占、盗卖古物，说他刚当上院长就要执意变卖故宫物品，是窃取国宝的大盗，消息传开后舆论哗然。

　　张继和崔振华是何许人也？他们为什么要控告易培基呢？这事说来话长。张继，字溥泉，早年也曾追随孙中山先生参加革命，是第一批同盟会会员，后来依附蒋介石，以"反共先知、党国元老"自命。他历任国民党南京政府司法院副院长、国民党中央监察委员、国史馆馆长等职。张继这人有个特点，平生以惧内闻名，凡事做不了主，都得听太太崔振华的。崔振华是华侨，赞助辛亥革命有功。孙中山改组国民党时，考虑不吸收女党员，崔振华大吵大闹，孙中山只好让步，破例请她做了中央监察委员，她方才罢休。

故宫博物院成立后，张继想谋求故宫博物院副院长职位，但易培基因其惧"内"，只给他做了故宫博物院内的文献馆馆长，理由是"溥泉神经，又要听神经太太的支配，不能让他当家"。副院长的梦落空，张继很不愉快，他们夫妇从此对易培基产生芥蒂，与易培基结下了梁子。

"九一八"事变爆发后，国民政府行政院决定将故宫宝物南迁。整理南迁文物时，职员萧襄沛要把一个凤冠装在箱内，但因箱小冠大，不能封盖。于是他便把冠上的珠子摘下，装入箱内，然后封钉。萧襄沛的这一做法，按说是违规操作，破坏了凤冠的原真性，一般要给以告诫或记过的行政处分。这个错误，恰巧被一直在找机会报复的张继发现了。他当时兼任司法院副院长，便找来一手提拔的检察署署长郑烈，给萧襄沛扣上了"破坏古物，以伪换真"的大罪名，提起诉讼。张继、崔振华、郑烈借机不但在报上大吹特吹，还夸大事情的严重性，嫁祸到易培基身上，说易培基指使萧襄沛盗宝，人赃俱获。结果，萧襄沛被判处有期徒刑数年，成为所谓"易培基故宫盗宝案"的替罪羊。

此后，事态发展对易培基越来越不利。检察官到库房检查时，凡认为不是真品的或者名不副实的，就指其为易培基指使他人盗换的。后来，法院还请来书画家黄宾虹帮助鉴定文物真伪，并将认定的赝品、伪作封存起来，共计62箱，作为易培基盗宝的罪证。法院认为，清宫古物中不应有赝品，因而赝品和伪作必是故宫博物院主管古物的人以伪易真，如有数量短缺就是被主管者盗走，而当时兼任古物馆馆长的正是易培基。由此，易培基案由最初的处置故宫部分遗物、打折购买遗物的鸡毛小案，演绎成了监守自盗的大案要案。他的女婿李宗侗因为当初贪小便宜，被人抓住了把柄，也只好辞职。

在这期间，五批南迁国宝运送完成后，易培基感到自己的使命已经完成，考虑到故宫博物院的影响和声誉，于是决定辞职。他觉得："如果我辞职能让故宫少一些纷争，又何乐不为呢！""国家体面，不可尚气。" 1933年10月14日，易培基正式辞去了故宫博物院院长职务。不过，易培基也曾一再表示：再等几年，政局稍微好转，只要自己一息尚存，便会申诉。但是，他的这一想法直到临终也未能实现。

1937年10月，易培基因肺病加剧，健康状况急剧恶化，在上海的私人公寓中与世长辞。后事由老友吴稚晖等人料理，吴稚晖在悲愤之中写了一副挽联："最毒悍妇心，沉冤纵雪公为死；误交卖友客，闲官相攘谋竟深。""悍妇心"说的是崔振华，"卖友客"便是张继了。毛泽东在延安得知易培基去世的消息后，极为悲痛，在与斯诺的谈话中表达过对易培基的深切怀念。易培基在任湖南省立第一师范学校校长时，曾经做过毛泽东的国文老师，并提拔毛泽东为国文教员。

故宫博物院最初成立后的这一次所谓"故宫盗宝案"，因张继、崔振华两人的私心私利，愈演愈烈，欲罢不能，甚至还牵扯出国民党内部不同派系的大人物——张继那边有汪精卫、何应钦、法院院长郑烈等，易培基这边有民国元老张静江、吴稚晖、李石曾等。双方搅成一团，连蒋介石、宋子文都退避三舍，懒得介入。张继一方由于手握司法权占了上风，易培基一方虽为民国元老，却虚有其名，掌中无权，始终被动挨打。其实，蒋介石对此案心中有数，他就曾说过："易是书生，岂可诬为盗，此案应慎重处理。"

中华人民共和国成立后，故宫从当年作为易培基盗宝案罪证的所谓赝品中，清点出文物真品多达 2876 件，其中一级品 501 件。这说明当年诬陷易培基盗宝的很多鉴定都是错误的，而非易培基作假。说起来，清宫藏品中历来就不乏赝品、伪作，也有真品被误认为是赝品的。当年法院那些所谓易培基用赝品调包的依据，是当时溥仪出宫时成立的善后委员会做的文物"点查报告"。做这项"点查报告"的专家，其实外行居多，加上鉴定时间仓促，有不少误断，比如将镀金的铜器定为金器，将料器定为玉石器，把铜鼎定为香炉。还有些当时被太监们盗去的不完整的珍珠宝石等，也都算在了易培基的所谓监守自盗上。但这些事情都是在中华人民共和国成立后才真相大白的，没有对当时的易培基案起到任何帮助作用。

后来有人评价说："易培基的前半生是很风光的，多数时间都是在高官位置上……但后半生很凄凉，直到死都不清不白。"他为创办和发展故宫博物院呕心沥血，是那一代保护故宫文物的知识分子的杰出代表，最后却被小人所害，在 57 岁的年龄就忧郁而死，实在让人痛心。

造个假墓来防盗

中国自古以来几乎从没断过厚葬之风,尤其是那些王室皇家成员或达官显贵去世后,常把大量的奇珍异宝和生前之物作为陪葬品埋藏到逝者的墓葬中。古文献上称此为"事死如事生",意思是墓主人虽然去世了,但其在阳间的生活方式以及身份和地位还可以带进幽冥世界中去,到了阴间依然可以继续享用,以示人生不朽。

如此丧葬观念和厚葬之俗,直接导致中国的盗墓风气历朝不衰,屡禁不止。于是,又形成了一个"道高一尺,魔高一丈"的反作用现象。那就是下葬的一方为了避免墓葬遭遇不测,被倒逼着采取了各种各样的防盗措施。其中,在墓葬结构的设计上采取设置假墓的方式,以保真墓太平无事,便成为一个重要的手段,而这在考古发现中也不乏见。

20世纪末的1998年,在四川成都东北郊的龙潭乡保平村,考古人员发现了一座营建于北宋徽宗宣和六年的古墓。根据出土的墓志记载,墓主人宋京曾考取进士,是宋代蜀地一位有名的地方官员,还曾任太府卿、枢密院编修文字、陕西转运副使等官职,终年才46岁。宋京还是北宋后期著名的诗人之一,在诗歌艺术领域颇有成就,像《全宋诗》《宋诗纪事》《全宋文》等著名的文献中,都有关于他的一些记载。

名人之墓自有名人之累。宋京墓先是挖到深5米的地下,如此深埋显然是为了防盗。这还不算,在结构形制上,该墓也采用了特殊之法,即用长方形砖砌成了一上一下两层墓室。在上层底部，平铺架放了9块约半米宽、近2米长的青石板，用来隔出上、下两层。在青石板上涂抹石灰层，再铺青砖，当作上层墓室的地面。通往地面出口的斜坡墓道，也只挖到与这层地面青砖平齐的深度，形成貌似完整的砖券墓葬形式。这就是一个假墓。

没想到就是这样一个借以防盗的假墓，还真被盗墓贼"光顾"过。考古时发现，这个假墓上有一个直径约0.7米的盗洞，墓室内的淤土被严重扰乱，考古只发现了残存的14件陶器，盗墓贼可能觉得不太贵重，所以弃之未取，而此外的随葬品是否已被盗走，大都不得而知了。可以与此印证的是：在后来发掘的下层真正的墓室内，发现了一方墓志。这方墓志上说，本来上层墓室也放置了一方墓志的。但考古发掘时在上层墓室中没有发现墓志，显然已经被盗墓贼盗走。

可见，宋京墓葬采用"上虚下实"的设疑之法，除了墓室结构做成真墓那样以外，还在随葬品上做足了"伪证"，即除了放置上面提到的那些不太重要的陶器以外，当时还放置了一方墓志，让盗墓者以为得手，不做他想，真正做到了以假乱真，乱假成真。

于是，盗墓贼只盗掘了上层的假墓，得手走人，并没有发现在墓室地面的青石板底下还有一个密室，那才是真正的实用墓。埋藏在该墓室内的宋京葬具和重要随葬品都幸免于难，得以完整保存。其中，尽管棺木已朽，只剩下残留痕迹，但出土了陶质的武士俑、文人俑、动物俑以及釉陶罐、铜镜、锡器、石质墓志等45件随葬品。

其实，在真墓上营建假墓以求乱真，除了以防盗为主的目的以外，还有一个原因是防止被毁。北宋时期，政治阶层斗争异常残酷，失败者不仅会遭贬职流放，死后还有被毁墓焚尸的可能。宋京身为官场之人，深知这种官场人生的风险，为了迷惑毁墓者，无奈出此奇招，倒还真的收到了奇效。

考古还发现过和宋京同样生活在北宋的另一位名家吕大临的墓，该墓也曾营造假墓以防盗，而且手段比宋京墓有过之而无不及。

吕大临出身于北宋时期陕西素有"蓝田吕氏"之称的名门望族，他一生致力于学术，在理学、金石学、古器物学领域颇有建树，《宋史》上都立有他的传记。吕大临于1092年编撰的《考古图》一书，系统记录了当时宫廷和民间所藏234件古代青铜器和玉器，是我国最早的、系统的古器物图录，奠定了中国古器物学的基础，成为宋代兴起的以收藏、著录、研究青铜器和石刻等古物为代表的金石学的代表性著作。

《考古图》一书对后世的最大影响，莫过于这本书名的"考古"一词，成了中国现代考古学的学科名称。但吕大临所用的"考古"一词，当时主要是对宋代及其以前的古代器物的收集、著录和考证，与现代考古学通过田野考古方法来发现和研究发掘品，有非常大的差别。换句话说：金石学著录的传世品，缺少明确的出土地点信息，长期流转于世，其中不乏作伪的赝品；而发掘品都是经过严格的考古流程科学出土的，出土地点明确，鲜有作假的伪器，科学研究价值和文化遗产价值更大。一般认为，金石学不是中国考古学的直接源头，而是中国考古学的前身。所以,当西方考古学 20 世纪初前后传到日本,日本学者将"archaeology"一词翻译成汉字时,便使用了"考古"一词。后来考古学进入中国,中国学者也用了"考古"来命名。

作为北宋时期的金石学名家,吕大临的墓葬防盗做法也是极尽能事:

首先,吕大临墓采用了深埋的办法来防盗,其深度超过 15 米,而宋京墓深度只有 5 米左右。其次,宋京墓只在真墓上做了一个假墓室,而吕大临墓是在真墓室之上,造了上下叠压的两个假墓用来防盗,足见其防盗意识之强。具体来看,吕大临墓中的墓室做法,是先向地下深挖一个十几米的竖井,然后再在竖井的一侧横向挖出土洞式的墓室。其中,自上向下依次营造了两座假墓,竖井底下最深处才是真墓。

最上面的一座假墓距地面仅 3 米左右,下距真墓有 12 米之遥。考古时发现,这个假墓的顶部有一个从地表垂直挖下来的椭圆形、直径半米多的盗洞,墓室内的淤土有翻动迹象,残留在室内的有一些瓷片和残砖等。显然,这座假墓已经被盗贼"光顾"过,但盗墓贼没有向下深究,从而一时保全了下面深埋的真墓,起到了预期的防盗作用。

第二座假墓在上面那座假墓之下约 2 米处,结构与上一座假墓相似。它没有被盗痕迹,考古只发现了墓室内有石块、陶瓷残片、漆皮、木炭碎渣、1 枚铁钱等,没有发现葬具痕迹。

这座假墓之下是吕大临的真墓,但遗憾的是,考古发现这座墓居然已经被盗了。那盗墓贼究竟是如何进入的呢?原来,盗墓贼不是从这座墓的地表直接向下挖的盗洞，而是在盗掘了这座墓葬隔壁2.6米处的另一座墓葬后，从该墓室侧面横向挖通了吕大临的墓室。从墓室中很多瓷器都残留下来的情况来看，盗墓贼虽然进入了吕大临的真墓，但造成的破坏并不太大。换言之，虽然吕大临墓极尽营造假墓设施以防盗之能事，但终究还是没有逃脱被盗的命运。

古墓防盗 始于深埋

盗墓是古今社会的一种文化现象,直接或间接地影响到人类的生死观和丧葬观。过去,盗墓是图书影视中常见的一种题材类型,这些年也开始进入学者的研究范畴,盗墓史方面的书籍和文章时有出现。

然而,与影视剧主要表现现代人的盗墓故事不同,盗墓史研究主要是收集历史上的各种盗墓资料,梳理古今盗墓行径的发生原因,总结这一历史现象与丧葬习俗、丧葬制度的相互关系等。其中,盗墓与反盗墓也是研究者关注的问题之一。

那么,古墓防盗作为古人反盗墓的一种防范方式,究竟是从什么时候开始的呢?这还要从古人最初有了埋葬逝者的做法说起。

众所周知,人类已有长达二三百万年的历史,但人类有意识地安葬去世者的遗体,还是晚近的事情。比如中国目前所知的最早实例,是距今二三万年的山顶洞人。考古发现了人骨及其身边散布着红色的赤铁矿粉末及一些介壳、穿孔的狐狸犬齿等装饰性质的随葬品,但尚无迹象表明当时已出现了挖坑建墓来埋葬逝者的做法,就地覆盖掩埋的可能性比较大。

大约到了距今1万年以后,挖掘坑穴安葬死者的方式逐渐出现。那时的墓葬,多是向地下挖一个长方形的坑穴,把遗体用柴草或木棺装殓,再摆放一些随葬品。这种墓葬,小的仅能容尸,大的也就15~20平方米,墓口距地面大多一两米深。按理说,如此浅埋的墓葬,几无防范效果可言,可是从考古发现的成千上万座史前墓葬看，却极少有被盗现象，大多保存得比较好。

　　撮举两个目前发现的史前时代最大的墓葬来看：山东泰安大汶口墓地10号墓，墓口长4.2米，宽3.2米，墓葬中是一位50多岁的女性，随葬了将近300件器物，盛装入殓，无一被盗。再比如，河南省灵宝西坡27号大墓，墓口长约5米，宽约3.4米，其底部距墓葬开口处约1.5米。墓圹内全以青灰色草拌泥封填，共有16块木板横跨墓室。墓主人为一成年男性，墓葬脚坑中放置9件陶器，包括一对大口缸、一对簋形器、一套釜灶、一壶、一钵和一杯，也没有被盗。这都间接地说明了在漫长的史前时代，还不太有后来那些盗墓之风。

　　可是，这种很少有盗墓的情况到了三四千年前的夏商时代，发生了比较大的变化。其标志之一，就是人们已有目的地增强了防盗意识，并采取了一定的墓葬防护措施。其中最突出的一点，就是盗墓史研究者们一般都没太注意到的深埋，换句话说，就是深挖坑、填厚土。这种葬法，一是盗墓贼难找，二是找到了也难挖，可以看作中国最早的古墓防盗方式之一。

　　深埋的做法以河南偃师二里头宫殿遗址内发现的夏商时代的大型墓葬为最。这座墓葬的主人很可能是王室成员，比起史前来，该墓葬已经向地下深挖到了6.1米。到了商周时代，河南安阳、陕西周原一带的商代王臣以及相当于周王级别的大墓挖得更深，不少都超过了10米。像安阳殷墟编号M1001号的商王墓，规模之大，堪列商墓之最，南北长18.9米，东西宽13.7米，深达10.5米。另外，陕西凤翔发掘的秦始皇祖上的秦景公的大墓，墓室长约60米，宽近40米，深度甚至达到了24米，令人震惊。如此深埋，显然要花费极多的人力、物力、财力以及时间。这一方面是为了彰显墓主人的身份、等级、地位、权力，另一方面也是为了防止墓葬遭受破坏。

那么，是不是深埋后就可以万无一失呢？实际情况也不尽然，甚至多数情况下反而与墓主人的愿望相反。比如上面提到的秦景公大墓，考古人员揭开墓表的耕土后，发现有247个盗洞。经过考古辨识，这些盗洞的年代居然从汉代一直延续到了唐宋以后。秦景公大墓由此成为我国迄今为止发现盗洞最多的一个古墓葬。

但考古上也发现过没有被盗的王室贵族墓，像著名的河南安阳小屯村5号墓，南北长5.6米，东西宽4米，墓主人是商王武丁的配偶妇好。在这座殷墟遗址罕见的没被盗掘、保存完好的墓葬里，考古人员一共清理出近2000件随葬品。这应该与它埋在殷墟宫殿宗庙区而不是容易被盗墓贼盯上的商王王陵区，又深埋在约8米的地下，不无关系。

慈禧被下葬三次

在古今中外的丧葬文化中，人死亡之后被一次埋葬的现象比较普遍，只有极少数做二次葬。

所谓二次葬，凡指一次葬后将棺木或尸骨取出来再埋葬一次的葬俗，这在我国中原地区距今六七千年的仰韶文化时期就已出现。二次葬的原因各异，比如因合葬需要——氏族或家族成员先亡先葬，后来有人亡故，再移骨合葬；再比如客死他乡，先就地瘗埋，后迁回故里重新安葬；又比如子孙发迹，另择风水宝地再行厚葬先祖；还比如因水土侵蚀、工程兴建而危及墓地坟茔，只得挖坟开棺，拾骨迁葬等。

一次葬常见，二次葬鲜有，而像清代慈禧太后那样，人死一次，被葬三回，实在是前所未闻，举世罕见。

慈禧生于1835年，1852年入宫，是咸丰皇帝的嫔妃、同治皇帝的生母，1908年去世，享年74岁，葬于今河北省遵化市菩陀峪清朝皇家陵区的定东陵。作为清朝晚期的实际统治者，慈禧死后也极尽哀荣。比如，根据她一生的德行和事迹，追加给她的谥号"孝钦慈禧端佑康颐昭豫庄诚寿恭钦献崇熙配天兴圣显"皇后，多达23字，长度几乎与皇帝的谥号相当，并且超过所有清代皇后17字的平均数，成为中国古代谥号最长的女人。

除了名义上的哀荣，慈禧陵寝的营建也极尽奢华。人称清朝"无冕女皇"的慈禧统治清朝近50年，仅次于康熙和乾隆皇帝。她在世时间长，主政时间久，把自己死后陵寝的隆恩殿修建成了清东陵建筑群中最奢华的一座大殿，整体的工艺水平和豪华程度，都达到了清朝帝后之最，被后人称为"金、木、石三绝"。

"金绝"是指大殿天顶、墙壁、殿柱上的各种图案几乎都用金子贴饰。"木绝"是指所有梁枋架木、门窗隔扇，全部采用名贵的黄花梨木制作。"石绝"是指隆恩殿四周的石栏一律采用上好的汉白玉雕刻。而且大殿前面台阶正中的一块丹陛石上雕刻的"龙凤戏珠"图案，按清宫规制，应该是龙在上，凤在下，象征皇天后土，天地结合；但大权在握的慈禧却反其道而行之，诏令臣工刻成了"凤引龙"图案，即凤在上，龙在下，显示自己是天，皇帝是地，自己为上，皇帝为下。

慈禧的丧葬活动也堪谓清朝帝后皇妃之最，大太监李莲英侄孙在《爱月轩笔记》中估算，光是随葬品就值白银五千万两。如果这个数据靠谱，那就大体相当于清朝普通年景的年均财政收入了。所以书中说道："慈禧葬物，若均追回，足以富国。"

生前极尽奢华修陵寝，死后如此厚葬入地宫，为她的二次葬埋下了祸根。但慈禧被二次葬，与前文说过的那些二次迁葬的原因大相径庭。

1928年夏，慈禧葬后不到20年，河南军阀孙殿英打起了盗掘河北遵化清东陵中乾隆皇帝裕陵和慈禧定东陵的主意。他率部以剿匪为名进入陵区，探到慈禧陵寝入口，动用工兵炸开封墓的金刚墙，撞开地宫石门，闯进墓室，劈开外椁，撬开内棺，开始疯狂盗宝。孙殿英后来回忆："老佛爷像睡着了一样，只是见了风，脸才发黑了，衣服也上不了手了。"当时为了便于盗宝，兵痞们把慈禧遗体抬出棺外，扔在撬开的棺盖上。他们不放过可能贴身的珍宝，把慈禧的龙袍和上衣都扒了下来，还用刀撬开了她的嘴，说是慈禧口中可能含有夜明珠云云。

清皇室末代皇帝溥仪一个多月后才得到东陵被盗的消息，急忙派人前往东陵盗墓现场。他们赶到东陵，发现地宫内一片狼藉：慈禧遗体被一块椁板压着，脸朝下趴着，两颊塌陷，眼成黑洞，花白头发上扎着一根红头绳，袜子被脱下一半，绣花鞋扔在地上。因为潮湿，加上暴尸日久，半裸的上身已长出白毛。溥仪派去的人看到内棺没被劈坏，还能将就使用，就把慈禧遗体重新装殓，放回棺内，盖棺封口。然后关上地宫大门，重新封好被炸开的金刚墙，算是将慈禧做了第二次装殓，完成了所谓的"二次葬"。

盗案发生，举国震惊，中外哗然，四方声讨，呼吁严惩。国民政府也下令缉拿盗墓贼，还成立了专门法庭。可这些都不过是走走形式，逢场作戏，最后不了了之。主犯孙殿英也成了漏网之鱼，后来在解放战争中被解放军俘获，最后死在了河南汤阴的监狱里。

孙殿英他们盗掘的珍宝也不知去向，有人说用来行贿了，有人说变卖后换了军火，有人说偷运去了国外，有人说埋藏在国内某地。总之，这批珍宝去向何方，无人能说清道明。只有一点可以肯定，那就是要想把慈禧陵寝中的随葬珍宝再聚合在一起已经是不可能的了。

到了 1980 年前后，国家有关部门开放清东陵旅游，决定清理慈禧陵。清理小组进入地宫，发现了当年没有被孙殿英兵痞盗净的织金被褥、荷花枕套、佛字龙袍、福字夹衣、寿字夹裤，檀香木制评价慈禧一生的谥册、谥号印等。开棺后，看到基本还是当年溥仪派人装殓的原状，还有当年收拾起来包在一个小黄包中的慈禧生前剪下的指甲和掉的牙齿。慈禧遗体也算完整，只是肌肉已经无存，只剩下皮骨相连，像一具干尸。这次还测量了慈禧身高是 153 厘米，推测她生前不应低于 160 厘米。

清理小组小心翼翼地将慈禧的遗体抬出来，在棺内喷洒了防腐消毒液等。再将慈禧抬入棺内，头北脚南，仰身直卧。还修好了被盗墓贼劈坏的外椁，套在了内棺之外，盖上椁盖，将一切遗物都恢复了原位。至此，完成了慈禧死后第三次安葬。一个人死后入殓同一口棺内 3 次，古今中外恐怕再没有第二例。但最后的这次清理和前两次不同，不但重新做了保护，还科学地获取了诸多信息，对慈禧本人及其陵墓有了更多的了解。

最后还要说到的是，包括慈禧陵在内的清东陵不但早在 1961 年就被我国列为第一批全国重点文物保护单位，还于 2000 年以其重要的历史、艺术和科学价值被列入世界文化遗产名录。换言之，就连被葬三次的慈禧遗骸，现在也都成了人类共同的遗产。

考古不挖帝王陵

"考古不挖帝王陵"是我做公众考古讲座时常用的一个话题,挺受大家欢迎。然而,这个话题在考古行业内却是没必要讲的,因为不挖帝王陵墓是考古这一行业的基本常识,凡是学过考古专业或受过培训者,几乎人人都知道。要是有谁打个申请报告,说要去挖某某帝王陵云云,那不但会被吐槽,甚至还会成为笑料,简直就是外行了。

考古行业之所以不挖帝王陵,是有前车之鉴的。20世纪50年代,我国第一次主动发掘帝王陵即明代万历皇帝的定陵,结果出土的丝织品等有机质随葬品变质损坏严重,甚至连帝王、皇后的遗骨以及很多出土品等都没有得到妥善保护,造成了自然和人为原因所导致的重大损失。正是汲取了这次惨痛教训,我国才形成了不主动发掘帝王陵墓的文物保护理念,并逐步出台了相应的法规和政策。

比如,1987年,国务院下发了《关于进一步加强文物工作的通知》,特别提出,"对不妨碍基建的重要古墓葬、古遗址,在当前出土文物保护技术还没有完全过关的情况下,一般不进行发掘"。通知中关于不去主动发掘重要古墓葬的规定,实际上已明确了对帝王陵寝不主动发掘的基本思想。后来到了1997年,国务院《关于加强和改善文物工作的通知》进一步明确规定:"由于文物保护方面的科学技术、手段等条件尚不具备,对大型帝王陵寝暂不进行主动发掘。"

除了这些,我在讲座上还常与公众交流以下关于"考古不挖帝王陵"的看法：

第一，在社会伦理上，很多帝王陵墓的墓主人的后人还在，考古挖人家的祖坟，有悖中国传统文化伦理。

第二，在国家政治上，帝王都是各个朝代治国理政的代表性人物，是国家传承永续的纽带和象征。考古挖帝王陵墓，有损国家形象。

第三，在遗产保护上，不主动挖掘帝王陵墓，已经越来越成为国内外的通则。而且很多帝王陵墓早已被列入世界文化遗产名录，不是考古部门随便想挖就能挖的。

第四，在发掘投入上，挖掘帝王陵墓既受到越来越严格的政策法规的制约，又关乎人力、物力、财力等的统筹、协调、审批流程，还牵扯发掘之后的保护、利用、建设等工程，不是我们所想象的挖一个墓那么简单。

第五，在考古伦理上，莫说帝王陵墓的发掘既特殊又复杂，即便普通百姓的墓葬也应该被一视同仁对待，那就是力求做到能不挖就不挖。死者为大，自古有之，敬畏逝者，国之大事，我们后人都要担起保护、传承的责任和义务。

应当说，正是有了上述认识和理念，我国才有了"保护为主，抢救第一，合理利用，加强管理"的"十六字"文物工作方针，而且，"保护"是放在第一位的。我们理解的"保护"，就是能不动土就不动土，能推后挖掘就推后挖掘。我记得定陵发掘30多年后，当年主持定陵发掘的考古队领队夏鼐先生说过一句既带遗憾又不无警示的话："如果现在挖，后果会好些，再推迟三十年也许更好。"

"考古不挖帝王陵"作为公众考古讲座的话题，其实也不严谨。照理说，全称应该是"考古不主动挖掘帝王陵墓"，需要强调"不主动"三个字，因为再完善的理念、政策和法规也有遇到极端特殊情况之时，比如陵墓被盗了，或者在基建中偶然出土了，那该清理还是要清理的。考古上把这种做法叫作"抢救性考古发掘"。

就近些年来说，2011年江西省考古部门接报，南昌郊区有古墓遭盗掘，清理后发现原来竟然是做了27天皇帝的西汉废帝海昏侯刘贺的墓葬。2013年，江苏扬州的一处房地产项目在施工中，无意中发现了隋炀帝杨广和萧皇后的陵墓。这两例

海昏侯墓

西汉海昏侯墓自2011年发掘以来，已出土了1万余件（套）珍贵文物，包括数量惊人的黄金、玉器、铜钱，还有超过5000枚竹简等。当时因为该墓遭到盗掘，考古人员紧急启动了抢救性考古发掘。

都属于抢救性考古发掘，不但做到了不使墓葬遭受进一步的破坏，而且后来两处陵墓还都筹建了考古遗址公园和遗址博物馆。

至于民国时期发掘河南安阳殷墟商王陵墓，是带着寻找甲骨文以及商代首都等学术目的而主动开展的考古工作。这种做法搁现在叫作"主动性考古发掘"。民国那时的法规还没有严格规定不能主动发掘帝王陵墓，挖也就挖了。这要放在当代是不可能发生的，国务院早在1997年就曾发文规定："为科学研究而进行的考古发掘，要充分考虑保护工作的需要，加强统一管理，严格审批制度。"可见，想要主动发掘商王陵墓，即便带有重要学术目标，那也可以肯定是实难获批的。

有时候，我会在讲座上半开玩笑说，"我今生恐怕是看不到主动发掘的了，你们也看不到"，经常是引来哄堂大笑，这说明大家都认可了我讲述的道理和说法。但是因自然原因或人为破坏，只好被动地去做抢救性发掘的，兴许我们都可能遇到，这叫可遇不可求。说到这里，大家都会露出期盼的神情，点头者众，乃至还会有朋友跟我互动："高老师，真有这一天可得带我们去看啊！"

考古利用篇
焕发遗产的活力

曾经,考古被视作冷门学科,隔绝于普通百姓;如今,考古已经走出学术象牙塔,融入了社会文化生活。打开考古盲盒,体验"动手动脚找东西"的发现乐趣;参加考古研学,直接与古代的遗物和遗迹对话;观赏考古影视综艺,了解文物前世今生的故事;跟着考古去旅游,穿越历史来时之路——原来,文物会说话;原来,考古真好玩。

半坡遗址是公众考古殿堂

人类从1万年前开始逐渐告别了逐水草而居的时代,学会了定居生活。但人类早期居住的村落到底是什么样的,连汉代司马迁那样的大史学家撰写的《史记》中都没有像样的记载。但是,古文献上破解不了的谜面,却可以通过考古发现来揭开谜底。

中华人民共和国成立后不久的1955年前后,考古人员在西安半坡发现了史前村落遗址,并进行了大规模的考古发掘,全面揭露出一个黄河流域距今约6000年的大型史前聚落,引发了广泛的社会关注。当时《人民日报》曾经用整版篇幅予以介绍,成为前所未有的全国性的考古发现传播现象,产生了持久的公共文化影响力。

半坡考古成果的重要性使得它在1957年就被列为陕西省第一批省级重点文物保护单位,1961年又被国务院公布为第一批全国重点文物保护单位。2001年全国评选20世纪中国100项考古大发现,半坡遗址的考古成果也赫然在列,足见半坡遗址考古在中国百年考古史上所具有的学术地位。而由学术价值引发的文化价值和社会价值,半坡遗址考古也在中国诸多考古发现中独树一帜,堪称示范。

首先,半坡考古成果多年来一直被写进各种教科书,成为向青少年普及中国史前文化并进行爱国主义教育的重要内容,影响了一代又一代的青少年。其次,除了通常的大众报刊和教科书等平面媒体的传播弘扬之外,还有多种面向社会公众的公众考古实践形态，其中建立遗址博物馆进行展览展示就足以称道，值得一书。

主持半坡考古发掘的石兴邦所著的《叩访远古的村落》一书中记述道：当年北大考古专业同学"张忠培他们在半坡搞实习，这个时候房址、墓葬什么的都出来了，并开了展览会，大约有十几万人参加。那些北大学生的热情很高，不管来个什么样的人，他们都给大家一个一个地讲，还提出一个建设性的意见，为后来建馆起到了很好的提醒"。

石先生提到的参加过半坡发掘实习的张忠培，后来成为故宫博物院院长，我读研时忝列其门下。他告诉我说，半坡遗址博物馆不仅在中国，甚至在世界上都是最早的考古遗址博物馆之一，因为他在20世纪50年代所能阅读到的国内外考古书刊中，几未见过这种类型博物馆的信息。

说到半坡博物馆的建设，还与1956年时任副总理陈毅率团进藏，路经西安到发掘现场参观有关。当时国家文物局局长郑振铎对陈毅提出，要为半坡遗址建立一座博物馆。陈毅说："就建一个博物馆吧。把它保存起来，向人民群众宣传教育嘛！" 1958年半坡博物馆正式建成对外开放，郭沫若题写了馆名。石兴邦后来回忆说，在20世纪70年代秦兵马俑面世以前，凡中央领导、世界名人来西安时，必看半坡博物馆。

凡此等等，半坡考古可以说全面集成了公众考古的实践形态，既有考古发现、研究、保护、利用、传承诸环节，又有政府、单位、领导、群众、师生等的支持和参与，从自发到自觉，从业内到业外，做到了互为联动、社会共享。这在早期的中国考古,特别是公众考古中实属罕见,具有创新意义。

　　半坡公众考古带给我们的启示是多方面的:第一,他们在从事公众考古活动中,始终秉持学术是社会公器的理念,乐于把考古发现和研究的学术成果转换为社会文化成果,而且几十年如一日,锲而不舍,坚持不懈;第二,他们善于将考古研究,特别是公众考古研究作为公众考古传播、考古教育、考古活动、考古展示的基础和前提,深知只有高质量的研究才能带动高水平的公众考古。这恰如张忠培先生所指出的:"大众考古的追求,是以考古启迪大众之智,应实行提高前提下的普及。'提高'是源,'普及'是流,源不竭,流长流。"

　　半坡考古及其成果在构建中华早期文化标识性体系和传播乃至传承中华早期文化的价值性体系上,一直具有领先之范、贡献之功、教化之道、影响之力。所以,说半坡考古是中国考古史上的经典范例、半坡遗址是中国公众考古圣地上的殿堂,皆非言过其实,而是实至名归。

复原"上海第一人"

2004年春,上海博物馆的考古人员已在沪西青浦崧泽遗址发掘了2个多月,他们清理的史前文化地层,也挖到最深的马家浜文化时期的堆积。按以往经验,野外工作再过几天便可结束了。就在这时,他们却出人意料地发现了一个迄今已知最早的上海人的头骨。

略微了解上海考古的人都知道,崧泽遗址是上海最早有人类活动并留下了遗存的地方,早在1957年就有了考古发现。考古人员先后做过多次发掘,可从来都没有发现过保存如此完整的距今约6000年的马家浜文化时期人头骨。所以,这个新发现的头骨就有了特殊价值。它属于一位最早在上海地区生存的人类先祖,是研究上海最早的先民体质特征的重要资料。兴奋的考古队员们把头骨的主人称作"上海第一人"。

最初鉴定结果显示,"上海第一人"是男性,年龄25~30

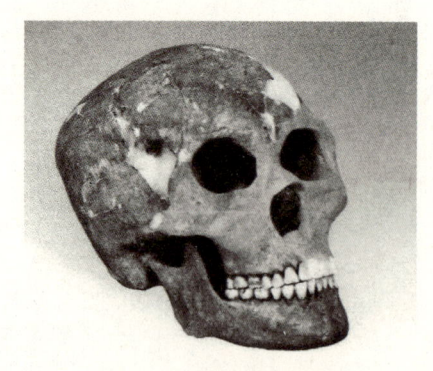

"上海第一人"头骨

2004年,考古人员在上海青浦崧泽遗址发现了一个马家浜文化时期的人类头骨。头骨的主人是一名青年男子,他生活在约6000年前,是上海最早的先民。

岁。可他到底长什么样呢？上海博物馆考古部和吉林大学边疆考古研究中心的研究人员一道，对他做了详细的检测分析，更接近真实地复原了他的模样。

参观过博物馆的朋友大都记得，考古发现的古人复原像，要么是画像，要么是雕像。这些复原方式虽然不乏体质人类学的鉴定依据，但多多少少带有后期艺术创作的元素。而这次对"上海第一人"头像的复原，研究人员则利用了计算机三维容貌复原这样的新技术手段。

该技术是以苏联人类学家格拉西莫夫的《从颅骨复原面貌的原理》一书中的方法为理论依据，结合人类学、考古学、解剖学、计算机技术等，将头骨立体扫描进电脑里，再虚拟复原出头骨的生前容貌。其复原工作主要分为两大步骤：第一步是根据"格氏复原理论"对颅骨进行全面观察、测量和科学分析，总结出颅骨生前容貌的各部特征和细节，如面部软组织、眼部、鼻部、嘴部、耳朵以及毛发、皮肤等特点；第二步是应用计算机及三维制作软件将其生动、科学地展示出来。

据主持这次复原的吉林大学边疆考古研究中心人类学实验室的林雪川先生介绍，其主要复原步骤不下十个环节，具体来看：

第一步：人类学观察。根据颅骨反映出的性别、年龄特征以及鼻骨高低、眼眶长宽、乳突大小等，发现该头骨面部略显低矮，眼眶低宽，鼻根低平，鼻型较宽，前额较为丰满，颅型颇高，吻部前突，颅后部明显膨隆。总的容貌特征与现代东亚蒙古人种华南类型较为接近。

第二步：矫正骨骼。将颅骨按"人类学精度"做复原，把骨骼上各个"零部件"矫正到解剖学的准确位置,单位精确至毫米。

第三步:三维建模。将颅骨放在立方定颅器上,测出各项复原相关数据,用数码相机对颅骨各面拍照,将得到的图像输入电脑,应用相关图像处理软件将颅骨图像调整成实际大小,在统一的坐标系中制作一个三维颅骨。

第四步:填肉成形。传统的原型雕塑法是用泥等材料完成的,雕塑家用泥塑形,力道不均,难免会差出许多。3D计算机复原技术则是将网状面部三维建模调入计算机并套在颅骨上,测算出发际点、额中点、眉间点等15处软组织厚度,以0.1毫米精度,将面部软组织贴附在面部建模上。

第五步,复原五官。根据骨面肌理的细节特征,从数据库中挑出最适合的眼、鼻、嘴、耳等器官,缝合在面部上,最后根据这一人种的毛发浓密度贴上头发、眉毛、胡须。

就这样,"上海第一人"头像便"克隆"出来了。据林雪

计算机三维容貌复原技术步骤

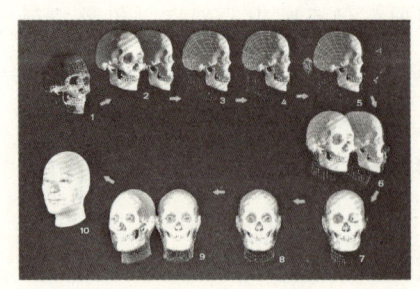

研究人员以苏联人类学家格拉西莫夫通过颅骨复原面貌的原理为理论依据,利用计算机三维容貌复原技术对"上海第一人"头像进行了复原。这种技术可以使复原出的头像与实际真人的误差不超过10%。

川先生说,这种复原技术可以使复原出的头像与实际真人的误差不超过10%,原真性远远超过手绘、雕塑等通过传统艺术手段来复原人像的结果,具有复原效果生动直观、复原工作周期短、复原过程完全数字化的特点。

尽管计算机三维容貌复原技术十分了得,却也存在从骨头上尚难复原的问题。比如:"上海第一人"是单眼皮还是双眼皮呢?脸上有没有皱纹和斑痣呢?皮肤是什么颜色呢?在这次复原中,我们也和林雪川先生等进行了讨论。大家觉得"上海第一人"生活的环境在南方,崧泽遗址又是村落,他可能常年从事体力劳动,皮肤不能太白太细嫩,面呈褐色、略显粗壮,可能更符合当时的历史实况。

"上海第一人"复原像早已在2014年开馆的崧泽遗址博物馆与广大观众见面,实现了考古学复原历史所追求的"透物见人"的目标。

"上海第一人"复原像

"上海第一人"总的容貌特征与现代东亚蒙古人种华南类型较为接近。计算机三维容貌复原的原真性远远超过手绘、雕塑等通过传统艺术手段来复原人像的结果。

首座考古博物馆

2019年9月8日,陕西西安举行陕西考古博物馆开工仪式,我们作为陈列大纲编制团队,参加了这一具有中国考古学史和中国博物馆学史意义的重要活动。

陕西考古博物馆选址于西安市长安区,南依秦岭,东邻千年古刹香积寺,总建筑面积3.6万平方米,估算总投资5.4亿元。馆舍建筑由设计过陕西历史博物馆的著名建筑大师张锦秋院士及其团队设计,采用唐风建筑、园林化设计。计划三年建成后,成为继原有的陕西三大博物馆——陕西历史博物馆、西安碑林博物馆和秦始皇兵马俑博物馆之后的又一个文化地标性建筑。

中国各地每年要新建或改建二三百座博物馆,为什么说陕西考古博物馆的建设具有考古学史和博物馆学史的意义呢?因为它大概率是中国乃至世界上的首座考古专题性博物馆。我带团队从2015年前后就参与最初的策划和筹备,据时任陕西省考古研究院院长王炜林讲,目前在世界范围内也很难找到同类

陕西考古博物馆正面设计效果图

陕西考古博物馆是中国乃至世界上首座考古专题性博物馆。和常规博物馆不同,它是专门展示"什么是考古学"的博物馆。

型的范例。所以,他在国外交流时谈到这种类型的考古博物馆,引起了美国大都会博物馆馆长等世界知名大馆馆长们的赞誉和羡慕,他们纷纷表示关注和支持,说当今中国在博物馆类型的创新发展上走在了世界前列。

何谓考古专题性博物馆?可用一句话来简单概括,即这是一种专门展示"什么是考古学"的博物馆。这样的博物馆与以往常见的以介绍中国通史为主的历史类博物馆不同,与秦始皇兵马俑那样的建造在考古现场上的遗址类博物馆也不一样,与上海博物馆那样从艺术史角度展示中国古代文物类的博物馆更不相同。

陕西考古博物馆作为全国首座以展示考古工作和考古学科本身发展为主题的博物馆,实际上还有一个特别之处,即它是与陕西省考古研究院一同建设的一体化大型科研文化设施。其内部按照科研和展示相结合的原则,分设四个中心和一个展馆,即考古研究中心、资料信息中心、科技保护中心、公众教育中心和考古博物馆。换言之,这是一座集考古科研、文物保护、教育展示、文化产业为一体的院馆一体、前馆后院的创新性工程项目,既是中国考古强省陕西的首创,也可视为世界考古大国中国的原创。

在考古博物馆的内容设计中,我们初步将展示主题定为"中国陕西,考古圣地",这也是 2014 年我跟随中国考古学会理事长张忠培先生在陕西考察时,他给陕西省考古研究院的题词,表达了他对陕西考古多年来工作的高度评价。所以,陕西考古博物馆一方面立足陕西考古发现,突出展现三秦大地考古成就；另一方面着重强调陕西在中华文明起源和发展过程中的突出地位，特别是通过考古工作实证的文明价值和成就。将三秦考古放入中华文明总体视野，两者有机融合，展现陕西考古独一无二的重要地位和贡献。

陕西考古博物馆的展陈设计，要满足不同人群的参观需求，既有面向社会公众的学科性、阐释性展示，又有面向科研人员的资料性、专业性展示，还有面向不同行业领域人群的成就性、业绩性展示。

首先，我们设计了考古科学厅，面向公众普及各种考古学知识，结合陕西考古工作的细节案例，传播考古学的理念、理论、方法和技术。在保证严肃性、专业性与科学性的基础上，打造展示亮点，采用适当的多媒体手段进行互动式展示。

其次，我们筹划了陕西考古发现展，面向专业人士、考古文博专业学生和高层次业余爱好者，立足陕西多年来进行的考古工作，突出展示重大考古成果及工作过程中理念、方法、技术和研究思路的变迁。

另外，我们还打造了考古成就展，向国内外同行或普通观众全面介绍陕西考古的发展历程、工作模式和成就贡献，彰显陕西考古工作的悠久历史与辉煌成果，体现陕西省考古研究院在行业领域内的示范引领地位，以及陕西考古对经济文化繁荣的推动作用，还有与国外进行的文明交流互鉴的考古成果。

中国第一条铁路已成遗址

20世纪90年代前后,我曾长住上海虹口区的车站北路,与它相邻的还有车站南路和车站西路。照理说,这样的路名不是凭空而来的,这一带该有个很大的车站才是,可我从来没见过什么车站,只是骑车去复旦大学上下班,要路过江湾镇附近一条老旧的火车道口,偶尔还会有运货的火车缓缓驶过。

没有车站,却把几条马路都叫车站某路,这个心存许久的疑惑,直到前几年,因这里新建了淞沪铁路江湾站旧址陈列馆才算解开。原来在一百多年前,这里何止有车站,而且还是中国第一条铁路的主要站点,见证了西方先进交通科技传入中国之初,与封建中国传统积习旧俗相互碰撞的那段历史。

说到中国最早的铁路,可能不少人都会想到小学高年级课本上的"中国铁路之父"詹天佑,课文中说他是我国杰出的爱国工程师,最早主持修建了第一条由我国工程技术人员自主设计施工的京张铁路。说起来,詹天佑修建的铁路始于1905年,而早在这之前30年,也就是他在美国耶鲁大学开始选学铁路工程专业之际,上海就已经建成了中国第一条铁路。

中国的第一条铁路是由美国人勘测设计、英国怡和洋行投资建的。说起来,英美等国在华洋人欲在上海修建铁路的想法由来已久,其中很重要的原因是黄浦江航道的水位较浅,码头不便装卸货物,难以从吴淞口直接把货物运到市区的租界,而火车却可以节省成本和时间,还能客运营利。要想把铁路从长江边的吴淞口修进上海租界,这得经过清政府和上海府衙的允许,然而几番提出,几番被拒。于是英国驻上海副领事奥立维·布拉特福发起修建一条从吴淞码头到上海租界的窄轨铁路。他们未经清政府同意,就于同治十一年(1873年)组织了"吴淞道路公司",谎称修建一条"寻常马路",骗得了上海道台沈秉成的同意,中国的第一条铁路就这样在诡诈中得以动工兴建。与此同时,从英国购进的火车机车、车厢和铁轨等,也被他们谎称是"供车路之用的铁器",骗过了尚不识火车为何物的上海海关。

可火车毕竟不是马车、汽车,更不是人力车,上海府衙最后还是发现了这事,遂加以制止,要求暂停筑路,请总理衙门与英国公使交涉,还上奏到了北洋大臣、直隶总督李鸿章那里。但由于中国当时积贫积弱,英方处处挟制清廷,虽然交涉多次,但英国人还是照建不误。1876年7月初,全长14.5千米的吴淞铁路上海江湾段先期通车,全线设旅客乘降车站3

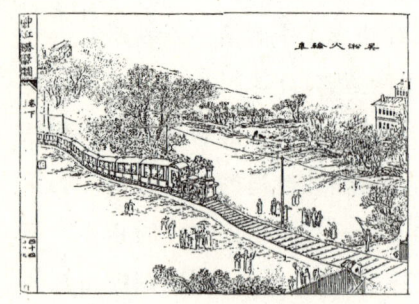

近代上海风景图画中的吴淞铁路

吴淞铁路是外国人擅自在华修筑和经营的第一条铁路。它全长14.5千米,1876年建成通车,运营仅一年后就被清政府赎回并拆除。后来,清政府按吴淞铁路原线路走向再建淞沪铁路。

处，即上海站、江湾站和吴淞站。这里说到的江湾，就是我前面提到的我家住处附近那几条纵横交错的车站某路一带。显然，这里在当时既是火车起点，又是终点，设有三股并道用的轨道，算是一处大站，难怪会以车站某路来命名周边的马路呢。

为了修建这条铁路，当时没少拆除沿途建筑和坟墓，惹过多起纠纷。一些乡民感到土地受损，道路受阻，原有生活和生产也受到影响，不断与铁路公司发生冲突。运营一个月后，火车在江湾一带轧死了一名中国行人，引发更大民愤。在造铁路之初就被欺骗过的朝廷方面，本来就积怨日久，不但认为修铁路坏了"祖宗成法"，现在更担心火车轰鸣，惊扰神灵，破坏风水，祸乱民心。于是在1877年用了近30万两白银，赎回了才运营一年的铁路，然后拆除，把铁轨和器材都远远地运去了台湾岛，拟于台北敷设铁路之用，后由于无力筹款，运至高雄的吴淞铁路钢轨长期搁置，日久锈蚀，难再堪用。

英国人建的铁路被拆除之后约20年，到了1896年，在洋务运动中已认识到铁路价值的清政府，批准了时任铁路大臣盛宣怀的奏请，允准并批示以官款"先修淞沪，后筑沪宁"。据此，这条铁路得以再建，设上海、江湾、张华浜、蕰藻浜、炮台湾等5个车站。就这样，这条中国最早的铁路几经波折，到了20世纪60年代中期才告别了客运功能，变为单纯的货运支线，中途只设江湾站。到90年代中后期，因上海地铁三号线的兴建，才算退出了历史舞台。

如今，中国第一条铁路已成为历史陈迹，但当年的几个重要车站旧址却陆续被保护了下来,恢复重建为几处铁路遗址陈列馆。那些复旧如旧的候车室、隔离木栅栏、老火车头、铁路人物雕像等,虽然多不是当年旧物,但那些真实的地点,还有那些可能在地下存留的遗迹,无不向人们陈述着100多年来,以上海为代表的近代中国逐步与西方接触,开放,碰撞,兼容,发展,并走向现代化的文明进程。

淞沪铁路江湾站遗址

淞沪铁路在20世纪60年代中期变为单纯的货运支线,后于20世纪90年代退出了历史舞台。几个重要的车站旧址陆续被保护下来,恢复重建为铁路遗址陈列馆。

沉在水下的战舰纪念馆

白居易的《长恨歌》中有一句"上穷碧落下黄泉,两处茫茫皆不见",诗人采用浪漫主义的手法,写出了上天入地、遍寻不见的意境。

后来中国考古学诞生之初,创办中央研究院历史语言研究所的傅斯年先生借用这句诗,对考古组提出了"上穷碧落下黄泉,动手动脚找东西"的学术要求。再后来,我们很多学考古的同仁又把傅斯年先生的这句名言更直接地演绎成了"脸朝黄土背朝天,动手动脚找东西"。

有点绕地说了这些,是想告诉大家,最初的考古工作大都是在田野大地上做调查和发掘的,即便到了现在依旧如此,因为人类的生产和生活绝大多数情况下都发生在陆地上。那么,人类自古以来在水上的活动包括留下的遗存,是不是考古学的工作目标呢?答案是肯定的。但只有到了第二次世界大战前后,随着潜水技术和设备的进步,考古工作者到水下进行考古的能力才大大增强,出现了"水下考古学"或"海洋考古学"等新概念和新领域,像入选中国 2015 年度十大考古新发现的清朝北洋水师致远舰考古,就是水下考古的成果。

不少人以为,水下考古就是到水下去找古船、捞文物。这没错,但不全面。水下考古不但要发现和研究水下文物,还要保护和展示具有重要历史纪念价值的建筑或沉船等。美国夏威夷亚利桑那号战舰纪念馆(Arizona Memorial),就是一个典型例子。

亚利桑那号战舰曾是美军太平洋舰队的主力战舰之一,第二次世界大战期间日本偷袭珍珠港时，该舰被鱼雷击中，沉入海底。除了330多人幸存外，包括舰长在内的1170多名官兵阵亡，约占珍珠港事件阵亡的2400多名美军官兵的半数。如此悲壮地告别战场的亚利桑那号战舰，从此在太平洋舰队注销。

我在2015年曾去该纪念馆参观。馆方人员介绍，1941年12月7日珍珠港被轰炸之后，美军第一时间营救受伤的生命，考虑哪些船只应该优先打捞修补，但是亚利桑那号被鱼雷直接击中，受损严重，牺牲官兵的遗体在爆炸后已经难以分辨身份，于是官方决定在原舰位的水下原样保留被炸毁的亚利桑那号，包括长眠在舰体内的官兵遗骸，只是部分拆除了甲板上高高的塔台和桅杆以及火炮等。

鉴于该舰在珍珠港事件中极具代表性，美国决定以独特的方式来纪念该舰和阵亡的官兵。1962年，约翰·肯尼迪总统指定亚利桑那号沉没处为国家历史纪念地，开始筹建纪念馆。

纪念馆设计创意很有特色。水面之下，舰体被保留在原位的水下12米处，水面上可见的残骸仅有舰体后部第三号主炮炮塔的圆形基座。水面之上，是一座白色的通体建筑，横跨在水下舰骸的上方，与水下的舰体纵横交错，组成了一个象征性的十字架。这座极具创意的建筑，既像一具横架在亚利桑那号残骸之上的白色棺木，庄严肃穆，供人缅怀；又仿佛是建立在海面上的一座独特的纪念碑，给世人以教育和警示。

纪念馆由三个部分组成：入口区、主纪念馆以及阵亡将士名录墙（也被称为圣地 shrine，有祠堂之意，我看见许多人手持鲜花和花环在此致意凭吊）。主纪念馆坐落在亚利桑那号的遗骸上，两边和天花板上分别开了 7 扇大窗户，代表亚利桑那号沉没于 12 月 7 日，总共 21 扇窗户则代表 21 声礼炮的至高礼遇，象征对亚利桑那号和珍珠港阵亡将士的最高致意。在纪念馆中部矗立着一根旗杆。旗杆下端并非连接在纪念馆的结构上，而是连接在沉睡于海底的亚利桑那号主桅杆上。每天早晚，海军士兵都会仪式性地升降星条旗。

站在纪念馆栏杆边上，可以透过清澈的海水看见已经沉没的战舰。从舰骸里不断渗出的滴滴燃油，漂浮在海面上，被称作"亚利桑那之泪"。纪念馆内的白色大理石纪念墙上，镌刻着所有牺牲官兵的名字。

而今，当年的幸存者大都过了耄耋之年。参观中，我有幸见到了已 96 岁高龄的老兵阿尔（Uncle Al）。他告诉我们，珍珠港事件发生那天，他刚下班走在岸上。7 点半，他正准备吃早餐，哪承想盘子刚上桌，警报就响了！他很快看见了成群结队的军机呼啸而至，低到能看见机翼上的红圈和飞行员的脸。他随手操起老式来复枪，向敌机射击。但敌机俯冲下来，速度快，火力猛，他根本打不到，只能退守仓库，才得以幸存。

作为健在的老兵，阿尔多年来一直在珍珠港历史景区做义工。他还说，亚利桑那号战舰上的幸存者中，有不少人都提出自己去世后，要归葬在水下的舰体里，和昔日的战友们同眠。而每到这个时候，都要举行隆重庄严的潜水落葬仪式。

在亚利桑那号战舰纪念馆不远，停泊着也已成为纪念馆的当年举行美军接受日本无条件投降仪式的密苏里号战舰。这两艘战舰标志着美国参加第二次世界大战的开始与结束，象征着美国最初的屈辱和最后的荣光。当年在具体设计这两艘著名战舰的展陈方案时，还有个细节：原本密苏里号战舰停靠时，船尾朝向不远处的亚利桑那号纪念馆。由于船尾的空地上常举办各种庆祝活动，与沉没的亚利桑那号战舰气氛不符，后来设计者们将战舰头尾方向进行了调换，将密苏里号改成舰首朝向亚利桑那号，寓意密苏里号仍然守卫或守望着亚利桑那号和水下官兵的遗骸。

在密苏里号的甲板上，当年签字仪式所在的位置现在用一块圆形铜制纪念牌做了醒目的标注。纪念牌上用英语写着：1945年9月2号，在此，日本向同盟国宣布正式投降，第二次世界大战宣告结束。

做个考古策展人

考古是一种社会职业，在中国已经有百年历史。近些年，这个职业中又衍生出"新新人类"——考古策展人。他们的工作和许多人印象中的考古，可能就有点不一样了。

许多人对考古的印象是什么样的呢？很可能就是些"挖宝""挖墓"之类的标签。为了配合基建工程或研究课题，到广阔大地中去发掘那些地下的古代遗址和遗迹废墟的田野考古学，确实是考古学的一个核心内涵和方法。

但是发掘出来以后怎么办呢？很多人可能并不了解，发掘出土的一个个新发现，都需要进行研究，考古人员才能知晓那些出土物或发掘品的历史价值、科技价值和艺术价值。有重要价值的考古发现，除了可以用来更好地复原历史之外，还能为如何保护遗址和遗迹提供学术依据：有的被评定为国家级或省市级的重点文物保护单位，有的还能申报世界文化遗产。像秦始皇陵兵马俑坑、殷墟遗址、三星堆、良渚古城等考古大发现，不但要重点保护起来，还要向社会公众进行展示传播，乃至在考古发掘现场建造遗址博物馆或考古遗址公园，成为满足广大人民群众观光需求的旅游目的地。这样的考古工作过程，是后来特别是改革开放以后逐步形成的。现在，考古不再像当初那样只是"脸朝黄土背朝天"地挖，也不再是只坐在书斋里闷头研究的"沙发考古"了。当代的考古已经是边发现、边研究、边保护、边利用、边传承的"五边考古"同时进行的基本模式了。

"五边考古"中的考古成果的展览由来已久。过去做考古展览,主要是把出土器物摆放到博物馆的玻璃展柜里去,展览设计师在考古人员指导下,给器物配上有关名称、年代和出土地点的说明牌,再做些灯光照明等,观众就可以参观了。这样的展览现在仍有,今后还会存续。与此同时,考古遗址博物馆和考古遗址公园等新的博物馆类型出现了,并催生了"考古策展人"这一全新职业。

这些新的博物馆类型和以往只展览出土器物的博物馆有个最大的不同,那就是既要展示出土器物,还要展示遗迹或遗址本体,比如房屋、墓葬、道路、桥梁、城址等,以及由它们组成的几十甚至上百平方千米的考古遗址公园园区。

可想而知,只展览出土器物与全面展览考古现场,对专业的要求是完全不一样的,因为考古现场情况要复杂得多,对信息解读的专业性要求也要高得多。如果不是考古出身,想要说清楚那些遗迹的内涵、功能和相互关系,难度是非常大的。所以,越来越多的展览内容文本(也就是陈列大纲)的撰写,由过去的历史学家或博物馆学家起稿,改为考古人亲自参与了。可考古人毕竟不太熟知展览传播之道,形式设计师也很难把那么专业的展览内容直接转换成展项,施工布展人员如何呈现考古成果才能不出专业"硬伤",这些成为一系列新问题。于是,具有一定考古专业背景的考古策展人,因为能够综合解决这类新问题而"新登场"了——首先,在策展伊始的内容策划环节,他们了解发掘成果的内涵、意义、价值和展览目标,能亲自编撰展览大纲;其次,在中间的形式设计环节,他们熟悉展示技术手段，能指导设计师理解专业内涵并创新表现形式，企划展场空间及参观路线；而在后期的施工布展环节，他们具有协调与管理多工种合作的能力。

总而言之，考古策展人是具有跨学科、复合型、综合性能力的"斜杠型多能选手"，能够为新型的考古展览提供从内容策划到形式设计，再到施工布展的"一站式、全流程"的服务。

我在良渚做策展

良渚博物院位于浙江杭州西北距今约 5000 年的良渚遗址内，是一座集收藏、研究、展示良渚遗址、良渚文化和良渚文明等考古成果于一体的考古遗址博物院。早在 2008 年，良渚博物院业已建成开放。当时，我有幸参与了策展，并撰写了主题为"良渚文化——实证中华五千年文明"的陈列大纲。该展览曾获第八届（2007—2008 年度）全国博物馆十大陈列展览精品奖。

良渚遗址发现于 1936 年，1959 年被命名为良渚文化，20 世纪 80 年代中期起至今，陆续发现了王陵区、宫殿区、作坊区、仓储区等重要的遗迹，特别是 2006 年发现的良渚古城遗址和 2015 年前后发现的古城遗址外围的大型水利工程，不断刷新着世人对中国文明起源和早期国家形成的认识。国内外著名学者对此不吝赞誉之词，如中国考古学会前理事长张忠培就指出："从目前的考古发现和研究来看，如果我们要谈中华五千年文明，只有良渚文化的良渚遗址能拿出来。"

良渚文化距今 5300~4300 年，文化分布范围遍及环太湖流域。良渚遗址是良渚文化的国都所在地，是良渚古国的都城。它以山环水抱的选址特征、垫石堆筑的营城技术、内外环通的水系格局、发达的稻作农业、大型营建工程和精美玉礼器所代表的权力与信仰，成为实证中华五千年文明的圣地。良渚文明还以一般文化所罕见的跨时空的交流传播方式，影响了当时中国的很多区域，后世的中国文明发展也传承了很多良渚文明的基因。良渚文明和黄河流域的早期文明所代表的中华文明,与尼罗河流域的古埃及文明、两河流域的苏美尔文明和印度河流域的哈拉帕文明,共同处于世界早期文明诞生和城市兴起的重要时代,被称作四大古文明。

如何将2008年良渚博物院建成之后取得的全新的良渚考古成果更好、更快、更全面地公之于世?如何用新技术、新材料、新设计将这些成果呈现给社会公众?2017年起,良渚博物院配合良渚古城遗址申报世界文化遗产工作,以迎接联合国教科文组织有关国际专家来良渚古城遗址实地考察的第一站为目标,全面立足良渚古城遗址考古发掘、研究、保护、利用成果,对原有各个展厅的基本陈列体系、内容、展线、形式、艺术品、设计风格、展示设备等进行了全面升级改造。我有幸作为总策展人,带领策展团队与其他的设计和施工团队合作,在良渚遗址管理委员会等各方领导、专家以及同道的大力支持下,大家经过一年多的共同努力,全面完成了良渚博物院的改造升级工作,展览再获第十六届(2018年度)全国博物馆十大陈列展览精品奖。

改造升级后的良渚博物院的展览主题是"良渚遗址是实证中华五千年文明史的圣地"。它通过"水乡泽国""良渚古城""玉魂国魄"三个展厅,真实地展示和诠释了:良渚遗址以其规模宏大的遗址、功能复杂的水利系统、等级分明的墓地、象征权力与信仰的玉器、原始的文字等,揭示了良渚文化时期在长江下游的环太湖流域地区,曾经存在过一个以稻作农业为经济支撑的、出现明显社会分化、城乡分野,具有统一信仰的早期国家,展现出长江流域对中华文明起源和形成的突出贡献，在人类文明发展史上堪称早期城市文明的杰出范例。

过去我们在包括展览展示在内的遗产传播过程中，经常遇到内容、价值、形式、创意"何者为王"的问题。从我参与良渚博物院两次策展的实践体会看，这四者之间不是对立关系，而是相互融合的结构。考古成果的展览展示首先要立足"内容为王"的原则，这已经成为大家的共识甚至是常识。接下来就要看价值引领、形式出新和创意制胜的综合效应如何实现了。一切的目标是做到"观众为王"，这才是王道。

换言之，以呈现考古发现、研究以及保护、利用成果为策划的导向，方为正选。良渚遗存只有被发现了，我们方知它是长江下游史前时代的一个重要的考古学文化；良渚遗存只有被研究了，我们才知晓它具有研究中国文明起源和国家形成以及实证中华五千年文明史的重要价值。否则对良渚遗址应该一般保护还是重点保护，或者只是公布为"国保"单位还是申报世界文化遗产，也就无从着手；做好良渚国家考古遗址公园和良渚博物院等让良渚文物活起来的合理利用，也只能是无本之木、无源之水。

没有良渚考古的务实求真之路，就没有良渚博物院的展陈求新之道。没有良渚考古的发现创新、研究创新、保护创新、利用创新、传承创新，就没有而今焕然一新的良渚博物院，也不会有以联合国教科文组织考察专家为代表的诸多国外专家的肯定和评价："博物馆需要设计得有趣、通俗易懂，让普通老百姓知道博物馆不仅仅是学者们的研究之地"；"良渚博物院代表了我们建立文化遗产交流过程中一个重要里程碑，向我们展示了跨文明文化交流传播的新方式"。

考古登场 进博会

2019年，在上海举办的第二届中国国际进口博览会（以下简称"进博会"）上，当年新进入世界文化遗产名录的浙江良渚古城遗址，作为中国国家馆"美丽中国"展区的核心展项之一，得到了莅临开幕式的各国领导人和广大观展群众的纷纷赞誉。

良渚古城遗址因其考古发现的规模宏伟的古城、世上最早的大型水利工程、玉礼器象征的权力和信仰、各种墓地反映的社会等级秩序、代表中国史前最高成就的稻作文明等成果，实证了中华五千年文明史，改写了过去中国文明起源于3 500年前的商代的认识，于2019年被列入世界文化遗产名录。

良渚古城遗址在进博会上登场亮相，反映出在经济社会快速发展的今天，考古成果所呈现的中华文明延绵不绝、多元一

良渚古城遗址展项

良渚古城遗址展项位于"美丽中国"展区。考古成果亮相以进口为主题的大型国际展会，并被用来象征中国国家的悠久历史形象，这表明考古这一长期被视为冷门的学科，已经走出"象牙塔"。

体、兼收并蓄的历史发展脉络，也能相得益彰地融入全球经济开放交流的时代潮流中，为各个国家之间加强文明交流互鉴、推动构建人类命运共同体做出考古学的贡献。

进博会的展览分为两个部分，一是企业展，二是国家展。国家展部分，主要展示国家形象、经贸发展成就和特色优势产品，共有包括中国在内的 60 多个国家参展。其中，中国国家馆分为"创新中国""开放中国""美丽中国""幸福中国"四大单元以及港澳台展区，陈列了中国商飞大型客机、高铁、单口径射电望远镜"中国天眼"和"深海勇士"号载人潜水器等模型，以及上海自贸试验区、"一带一路"建设、5G 技术、智慧支付、脱贫攻坚等展项。

以上展项集中反映了中华人民共和国成立 70 年特别是改革开放以来我国发生的翻天覆地的变化，展示了新时代我国经济社会发展成就。虚拟现实、人工智能、刷脸支付、裸眼 3D 等各种高科技元素，令人耳目一新；而素有"中华第一城"之誉的良渚古城遗址陈列独具一格，呈现的则是中华文明源远流长的重大考古成果。

考古成果亮相以进口为主题的大型国际展会，并被用来象征中国国家的悠久历史形象，这表明考古这一长期被视为冷门的学科，已经走出"象牙塔"的传统窠臼，在过去只是以发掘和研究为核心的基础上，扩展到保护和利用领域，与当代经济社会发展紧密地结合了起来，乃至在中外经济文化交流中也扮演起越来越重要的角色。这是我几十年前学习考古学之初，无论如何也想象不到的。而且，我更不曾想到，自己还能带领团队直接参与这类重大经济文化活动的策展，因此也颇为感慨时代变迁带给我们的理念更新和实践机遇。

早在2008年，我在长江下游从事多年良渚文化研究的同时，开始探索把专业的学术研究成果向社会文化成果方面转化，受邀参与了新建良渚博物院的展览策划工作，该展览曾获得全国博物馆十大陈列展览精品奖。良渚古城遗址申报世界文化遗产工作启动以后，我于2018年再次应邀担任良渚博物院改陈升级工程的总策展人，与大家一道再次上新了良渚考古成果，为良渚古城遗址申遗成功做出了自己应该做的一份贡献。在申遗成功后，我又策展了良渚玉器在故宫的首展"良渚与古代中国"，献礼中华人民共和国70周年华诞。

一系列良渚考古策展的实践历程，为我们这次在进博会上做策展奠定了基础。在接到办展的任务后，在策展中，我们确立了"良渚是实证中华五千多年文明史的圣地"这一主题，

良渚古城遗址展项近景

展项围绕"良渚是实证中华五千多年文明史的圣地"这一主题，重点展示了代表良渚文明统一信仰的神人兽面神徽，良渚文明典型的玉器——琮、璧、钺，并通过视频播放良渚古城遗址申遗成功的时刻、解读其遗产内涵与价值。

采用视频播放良渚古城遗址申遗成功的时刻、解读其遗产内涵与价值，通过展板展示代表良渚文明统一信仰的神徽，用实物展现良渚文明最典型的琮、璧、钺三件玉礼器，从而全面展示良渚古城遗址的考古成果和遗产价值。

把考古和遗产成果用作国家馆展项，在本届进博会上不是个例，如印度馆将泰姬陵和航天发射并列展示，意大利馆则呈现了比萨斜塔、古罗马圆形大剧场、米兰教堂、圣马可广场等展项。这些都表明在经济和文化博览会上，展示推广自己国家的历史文化形象，越来越成为国际交流中的一种流行做法。

良渚考古成果这次在进博会登场，扩大了良渚古城遗址在国内外的知名度和美誉度，让更多观众了解了古代中国和当代中国，实现了"让世界了解良渚，让良渚走向世界"的展示目的。

考古公园三阶段

国家考古遗址公园是我国近些年为保护、展示、利用古代大遗址而推出的一种有效手段和创新方式。国家文物局自2010年公布第一批12个国家考古遗址公园以来,到2020年已先后公布了3批共36处国家考古遗址公园(另有67处遗址被列入国家考古遗址公园立项名单)。我曾忝为专家参加了第二批评审,对国家文物部门推动的这项促进地方经济和社会发展的重大举措,感受也略多一些。

说起来,我国早在1961年就公布了第一批全国重点文物保护单位,1982年颁布了《中华人民共和国文物保护法》,逐步形成了具有原则性和指导性的"保护为主、抢救第一、合理利用、加强管理"的"十六字"文物工作方针。从中不难看出,保护包括遗址在内的可移动和不可移动文物是排在首位的。这用业内的俗话来说,叫作"死保",也就是划定保护区域先保下来再说,以免遗址的真实性和完整性再遭到进一步的侵扰破坏。到2019年,国务院已先后公布了8批共5058处全国重点文物保护单位(俗称"国保"),并形成了数以万计的省、市、区各级文物保护单位。尽管如此,如何更好地对这些文物加以利用并没有完全纳入日程,甚至在某种程度上,合理利用还需要强有力的"破冰"之举。

2010年前后,在"保护为主"的工作取得重要成果的基础上,国家文物部门创新性地提出了"国家考古遗址公园"的概念,开始把保护和利用有机结合起来,将具有厚重历史信息和丰富文化内涵的重要考古遗址及其背景环境，建设成为集科研、教育、休闲等功能于一体的特定公共空间，以满足广大人民群众日益增长的公共文化消费需求，把遗址保护融入所在地经济社会发展中，实现文物保护、展示利用、公共服务、文化传承的相互协调，使陈列在广阔大地上的遗产真正活起来。

我在与国家文物局时任局长单霁翔的交谈中了解到，"国家考古遗址公园"概念提出的过程，也是一个理论探索和理念更新的过程。当时曾有过不少的争议，最主要的焦点是考古遗址与公园到底是什么关系。按照传统的理解，考古遗址应该是科学研究的专属区域，怎么可以办成公园那样向社会开放呢？后来，时任中国考古学会理事长张忠培先生等提出了考古遗址公园建设要坚持"遗址定性公园，公园展现遗址，切忌公园化遗址"基本原则，有力地推动了国家考古遗址公园建设的步伐。

时至今日，我国的国家考古遗址公园发展经历了三个阶段：第一个是"保起来"的阶段，算是1.0版。像北京的圆明园遗址、西安的大明宫遗址等，将保护起来的考古遗址通过有效管理方式利用起来。第二个是"美起来"的阶段，可谓2.0版。即秉承单霁翔先生提出的"让大遗址像公园般美丽"的理念，像杭州良渚古城遗址、成都金沙遗址等，都成为美丽的文化休闲地、打卡地。目前开始进入第三个"活起来"的阶段，到了3.0版。像正在筹备申报国家考古遗址公园的北京房山琉璃河遗址等，就提出了通过互动性、体验性、参与性等手段来创新第三代考古遗址公园建设的新主张。

从"保起来",到"美起来",再到"活起来",中国的考古遗址公园建设逐渐走到了世界前列。2015年在阿曼苏丹国塞拉莱举行的国际古迹遗址理事会(ICOMOS)考古遗址公园第一次国际会议,提出了关于"为公众参观、休闲和教育而设的保护区"即考古遗址公园的《塞拉莱建议》,并参考了中国的一些成功的经验。我们相信,中国国家考古遗址公园的建设已经并还将继续为国际文化遗产的保护利用,提供中国案例和中国经验。

良渚国家考古遗址公园
(陈明辉 摄)

我国已有36处遗址被列入国家考古遗址公园名单,67处遗址被列入国家考古遗址公园立项名单。36家挂牌单位规划总面积超5万公顷,涉及洞穴遗址、聚落遗址、城市遗址、建筑群遗址、园林遗址、工程遗址、手工业遗址、陵墓等八大类型。

第一部考古纪录片

在我国，用影片向社会公众传播考古发现的成果，可以追溯到1958年中央新闻纪录电影制片厂（简称"新影厂"）摄制的纪录片《地下宫殿》。该片拍摄了我国考古发掘的第一座皇帝陵墓——北京明十三陵万历皇帝明神宗朱翊钧的陵寝定陵考古的主要过程，这也标志着我国第一部考古纪录片的诞生。

考古纪录片是具有一般纪录片属性的，以考古中的真人真事为表现对象的，并对考古成果进行编辑、制作、传播的电影或电视形式。《地下宫殿》纪录片的拍摄，与当年主持定陵发掘工作的中国科学院考古研究所副所长夏鼐先生不无关系。据该片摄影师沈杰回忆：

1957年初，夏鼐先生陪同外宾参观十三陵的长陵后，低声对沈杰说："经国务院周恩来总理批准，定陵考古发掘工作正在进行，希望你们能拍一部电影片为好。"沈杰感到这是一个很新颖的题材，观众会产生浓厚的兴趣，回厂后立即向领导汇报。新影厂领导得知后都非常兴奋，当即决定拍摄一部彩色纪录片。

为了拍摄好中国第一部考古纪录片，新影厂组成了以张庆鸿为导演、沈杰为摄影师的二十多人的摄制组，动用了各种公共资源以及当时最先进的设备和手段。定陵墓道入口的发掘很多时候都是在深沟甚至隧道中进行的，摄影空间狭小，现场亮度不够，更没有可连接的照明电源，加上使用的阿克发彩色底片感光度低，拍出来的样片雾蒙蒙一片。于是厂方想尽一切办法，打破当时美国对我国的封锁禁运，通过在香港的关系，搞到了2000英尺（约600米）美国柯达彩色底片，并调用来厂里全部4台发电车上工地，以400米长的粗大电源线，点亮了20万瓦强烈灯光，解决了彩色底片感光度低的问题。

在纪录片惯用的叙事方式中，长镜头和同期声是至为重要的手段。在拍摄十三陵的石人、石兽等大移动长镜头时，尽管厂方没有专门的摄影车，却调用了国家机关事务局供中央领导和外国元首乘坐的高级敞篷轿车。而拍摄从长陵眺望定陵的镜头时，用的是我国刚从法国进口的安琴4倍变焦距镜头。当开启汉白玉墓门时，摄影师和录音师录下了具有历史价值的画面和声响，给观众营造出身临其境之感。倡议定陵考古发掘的著名历史学家郭沫若先生对摄影师沈杰说："你是第一位进宫给皇帝拍电影的人，真伟大！"

就这样，拍摄团队长驻定陵的简易工棚，历时4个多月，完成了影片的现场摄制和编辑制作，详细地记录了定陵考古发掘的全过程，片长约20分钟，取名为《地下宫殿》，有力地配合了新华社1958年对国内外发表定陵考古的消息报道。

《地下宫殿》在全国电影院放映时，几乎场场爆满。新影厂顾问、荷兰出生的纪录片电影大师尤里斯·伊文思看后评价说，影片题材选得好，拍得好，镜头运用得很活，引人入胜。他将影片带到法国，大受欢迎。该片在新加坡、菲律宾、日本等国家也引起轰动，产生了相当大的国际影响。

《地下宫殿》的拍摄和放映成功，带动了我国早期考古纪录片的发展。到改革开放之前，我国考古纪录片的种类、主题、内容、摄制、风格、手法、数量、传播都不断发生变化，参与制作的考古人员日益增多，传播方式更加多样化，专业和社会文化吸引力逐渐增强，已初步形成了中国考古纪录片的自身特色，其中有两部影片还产生了比较大的国际影响。

1971年，国家文物局和故宫博物院联合举办"全国文化大革命期间出土文物展"。为配合此次展览，新影厂拍摄了《文化大革命期间的出土文物》，重启考古纪录片的摄制工作。该工作得到了周恩来总理的亲自关心，他作出了"影片予以通过，在国内外公开发行、放映"的批示，并指示有关部门安排各国驻华使节观看影片，以便他们更多地了解中国的历史文化。

这部影片带动了其他电影厂参与文物考古发现的影片拍摄。1971年，北京科学教育电影制片厂拍摄了记录长沙马王堆一号汉墓考古的《2100年前的古墓发掘记》。影片讲述了发掘情况，展现了对马王堆女尸进行解剖手术等过程，采用了多机环绕的拍摄方式。该片不但在社会文化方面产生了比较大的国内外影响，还在世界纪录片史上占有一席之地，受到了美国电影纪录片编年史家埃里克·巴尔诺的赞誉，他称其代表同时代世界同类纪录片的最高成就。

从《地下宫殿》伊始的中国早期拍摄的考古纪录片，基本上都是新闻化的纪录片。一方面，它们多采用以新闻属性为特征的"报道"方式，样式单一。影片多以记录比较重大的考古发现为动机，现场拍摄，抓紧制作。影片时长一般10~20分钟，在影院播出，时效性强，常常是在故事片放映之前，作为展现祖国大好形势的宣传片插映,时代烙印非常明显。另一方面,影片追求记录内容和资料运用的绝对真实,对历史考古信息的深入探索不足,不太讲究知识传输。表现方式往往为面面俱到的内容叙述,画面语言的运用处在"画面配解说"阶段,缺少对考古发现资料的二度创作,更没有"再现""重演""模拟"等后来特别是现在流行的各种传播理念和技术创作手段。

  而今,尽管考古纪录片这种早期传播形式,早已被电视台以及各种新兴传媒的考古新闻甚至考古直播所迭代更新了,但在文物考古发现类题材进入纪录片领域的历史发展过程中,作为文物考古资源大国的中国还是走在了世界的前列。前述早于《2100年前的古墓发掘记》完成的《地下宫殿》,看来已不仅仅是中国第一部彩色考古纪录片,还为中国纪录片增添了新的题材和类型,开启了中国考古纪录片拍摄、制作和传播的先河,更在中国公众考古传媒史乃至世界纪录片史上,具有探索性和引领性的地位。换句话说,尽管外国的纪录片编年史作者可能并不知晓中国还有《地下宫殿》这样更早期的影片,但这并不影响该片在世界纪录片发展史上应该占有一席的重要地位。我更想说的是,由这类考古纪录片开启的传播考古成果的新途径,为而今中国公众了解考古、共享考古甚至喜欢上考古,打下了基础,奠定了基盘。

考古跨界
综艺片

世界遗产通常指全人类公认的世所罕见、无法替代的文物古迹和自然景观,主要包括文化遗产、自然遗产以及文化和自然双重遗产三大类。截止到2021年,联合国教科文组织已在170多个国家和地区评选出1120多项世界遗产,其中中国已拥有56项世界遗产,成为拥有世界遗产最多的国家之一。这些遗产中也包括不少考古类遗产地,比如我国的北京周口店遗址、浙江良渚古城遗址、河南殷墟遗址、陕西秦兵马俑坑遗址、陕西汉魏洛阳城遗址、吉林高句丽遗址、内蒙古元大都遗址等。

我们每个人穷其一生,别说走遍全世界的遗产地,即便中国的56个遗产地(包括考古遗址类遗产地),想要每处都去也不那么容易。那么我们除了身临其境地前往探访以外,还有什么办法了解它们呢?说起来,大概主要是从书籍报刊和广播影视中去感知了。其中,前者是平面传媒,受众靠视觉感官接

世界遗产标志

世界遗产标志由外圆内方的连续线条构成,方形代表人类创造物,圆形代表自然赋予物。中国拥有56项世界遗产,成为拥有世界遗产最多的国家之一。

受信息；后者特别是影视属于电子传媒，在视觉的基础上又叠加了以听觉获取信息的新方式。

影视作品与书籍报刊等印刷品相比，是用图像符号特别是流动的图像符号代替了文字。换句话说，印刷品需要受众具有一定的阅读能力和知识储备。但影视作品就不同了，它以生动、逼真、直观、浅白、快捷、流畅等特点，几乎能满足所有受众的需要，受众不再受自身语言文字水平和文化知识的限制，只需具备一般的视觉感知能力即可，于是观影成为男女老幼都可以参与的文化活动甚至生活方式。

相对而言，看电视这种居家观影模式比到影院去看电影的观影模式更加便捷，因此电视在普及之后，成为大众的主要观影设备，电视媒体当然也成为传播世界遗产的主要渠道。

过去电视台传播世界遗产的主要方式是制作和播放纪录片，像国外的探索频道、中央电视台的纪录片频道、上海电视台的纪实频道等都拍摄过大量有影响力的世界遗产类纪录片。这些纪录片往往会请世界遗产界的权威学者、领军人物参与系列节目的策划、采访，围绕世界遗产申报原则，拍摄世界遗产地的丰富影像，以高清拍摄、优美配乐、现代剪辑、情景再现、丰富特效、时尚动画等多种方式完成制作，注重学术严谨性与节目可看性结合，对传播世界遗产发挥了巨大的作用，影响了一代又一代青少年。

但毋庸讳言，世界遗产类纪录片比起大众更喜闻乐见的影视剧和综艺片来，还是偏小众化的。如何改变这种局面，让更多的受众了解和关注世界遗产呢？近些年，国内很多电视媒体都进行了有益探索和积极尝试。

比如：前几年，中央电视台将纪录片和综艺片这两种片型相结合，拣选各大博物馆收藏的有代表性的珍贵文物，请文物专家学者、工艺传人、著名演员等加盟，把科学性、艺术性、故事性、知识性、趣味性等融合起来，讲好每一件文物的前世和今生的故事，拍摄出了脍炙人口的《国家宝藏》节目。2021年，我还参与了中央电视台的《中国考古大会》前期策划活动，并担任了《中国国宝大会》的解读嘉宾，与更多的人交流和分享了中国考古文博成果。

2020年底，浙江卫视《美好中国》栏目开播的《万里走单骑——遗产里的中国》，则是一档推广中国世界遗产的文化遗产类综艺节目，我也忝为专家参与了这档综艺节目的策划。其中，第一站第一期就录制播出了2019年新晋世界遗产地浙江良渚古城遗址。该节目以具有中国原创色彩的大型户外真人秀方式，融题材的重大性、专家的权威性、人物的代表性、情节的综艺性于一体，为的是让更多的人了解世界遗产，爱上世界遗产。为此，这档综艺节目专门邀请了故宫博物院前院长单霁翔领衔。他和影视演员组成"布鞋男团"，去良渚古城、鼓浪屿、武当山等一个个世界遗产地，与保护者、研究者、居住者、见证者、体验者进行对话交流、互动体验，用平民化的方式解读文化遗产保护和传承的意义，以大众喜闻乐见的方式进行传播，满足观众日益形成的全新的观影需求，使世界遗产通过全新的文化综艺方式走进民众的现实生活。

跟着考古去旅游

旅游已经成为中国人的一种美好生活方式,考古旅游则是这一生活方式中的一个新生现象。

2019年暑期8月,在全国文旅融合发展的新形势下,围绕长三角区域一体化建设,为进一步凸显文旅融合的溢出效应,以文促旅,以旅彰文,沪苏浙皖三省一市的文旅部门先行先试,串联长三角地区的文化资源、旅游资源、考古资源,联合主办了以"跟着考古去旅游"为主题的大型文旅活动,参加的游客约为300人。我作为考古学嘉宾,也应邀去做了《跟着考古去旅游》的主题演讲。

这次考古旅游活动以长三角地区的考古遗址为主线,以华夏文明为主题,开发了将上海广富林考古遗址公园作为考古旅游原点,然后分头出发的三条考古特色文化旅游线路:以南京大报恩寺遗址为主的江苏线、以河姆渡遗址和良渚古城遗址为主的浙江线、以含山凌家滩遗址为主的安徽线。

中国考古学长期被社会大众认为是"冷门学科"或"象牙塔里的专业",在相当长的时间里,一直处在以发现和研究为主体的纯粹的科研状态下。就是这样一门小众的学问,却在考古诞生的这一百年来,经过几代考古人的筚路蓝缕和辛勤耕耘,为实现以复原中国历史为主旨的考古学科研目标做出了重要贡献,建立了"延绵不绝、多元一体、兼收并蓄"的中华文明历史发展标识体系。改革开放后,在经济社会建设迅猛发展的过程中,加强文物保护的责任、意识和使命,成为政府和大众越来越重视的社会发展问题。

把考古遗址作为保护对象，过去很多。比如，截止到2019年，国务院审核公布的全国重点文物保护单位已有8批，总数为5058处，其中不乏大量的考古遗址。如果再加上各省市级、区县级的重点文物保护单位，说数不胜数也非虚言。然而，这些考古遗址大部分处于文物保护的状态之中，有标志牌，有分布范围，有档案记录，有专门的安全监控和巡视，但要么没有发掘，要么发掘后已经回填，或复耕为农田，或绿植为公园。游客去了感觉既不太好看，又不太好玩，文物价值的解读不够，遗址现场感的体验不足。

把考古遗址做成旅游目的地，以往鲜有涉及。党的十八大以来，习近平总书记就传承和弘扬中华优秀传统文化做出了一系列重要论述，强调"让收藏在博物馆里的文物、陈列在广阔大地上的遗产、书写在古籍里的文字都活起来"，为文化遗产保护特别是利用工作指明了方向。但是，像北京周口店猿人遗址、西安半坡原始社会遗址、杭州良渚古城遗址、安阳商代殷墟遗址、西安秦始皇兵马俑遗址、南昌西汉海昏侯遗址、西安唐代大明宫遗址、北京明代十三陵遗址等过去知名的旅游目的地，还是不多。这次"跟着考古去旅游"主题文旅活动，开启了新一轮的活化利用考古资源、拉动考古旅游的创新发展模式。

我常把现阶段的文化旅游分为三种方式：普通观光游、休闲体验游和深度研学游。考古旅游这样一种新类型与这些旅游方式相结合，会产生什么样的效应？换句话说，考古旅游究竟游什么？这不仅是广大游客会提出的问题，更是文旅组织者要回答的问题。

　　中国考古学会前理事长、故宫博物院原院长张忠培先生曾经这样形容考古学的历史复原目标：以物论史，透物见人，替死人说话，把死人说活。我想，素以真实性、客观性为特征的考古遗址和文物古迹，还要在考古学者发现研究的科研基础上，实现专业向学术、学术向文化、文化向社会的三个转化，才能满足不同层次游客的需求，才能真正实现文物考古资源被活化利用的文旅融合目的，才能惠及广大人民群众，满足人们对包括文旅在内的美好生活方式的向往。

　　文化是旅游的灵魂，旅游是文化的载体；文化使旅游的品质得到提升，旅游使文化的价值得到传播。考古旅游作为一种高层次的旅游方式，将考古资源活化为旅游线路，令人欣喜，前景可期。跟着考古去旅游，既是考古之旅，又是重走历史之路；既是文明之行，又是传承中华精神之道。

让我们考古研学去

研学是什么？考古研学又做何解？说起来，这既是一个老话题，又是一个新概念。

说它是老话题，是因为早在20世纪60年代，国际科学理事会和联合国教科文组织就在世界范围内推动"探究式科学教育"改革项目了。这一项目的核心，就是让少年儿童走出校园，到社会上去直接观察和亲身体验科学探究的学习过程。

这种探究式学习的内容，主要是围绕生命科学、地球和环境科学、物理和物质科学、设计和技术等四大自然科学领域。美国以"动手做"的方式率先进行了这种教育改革，后来法国等发达国家也以"动手和面团"（法国推行的科学教育实验计划）等做法相继开展起来。

我国从21世纪初引进了这种有别于传统课堂上课的理念和方式。让学生在实践中去发现问题，在探究中去分析问题，在互动中去解决问题，名之为"做中学"，即引导学生在动手做的实践过程中，学习科学精神、探究科学方法、掌握科学知识，从而为国家培养符合时代需要的合格公民。

说它是新概念，是因为在我国近年兴起的研学活动中，素来被认为是冷门学科的考古学，前所未有地扮演起了不可或缺的角色，素来被圈围起来的很多考古遗址，再也不是门可罗雀，而是成了研学的目的地。考古研学以文物考古遗存为对象，除了过去那种组织学生到博物馆去观展的方式外，还会让孩子们扮小小讲解员，做小小策展人，当小小志愿者；或者到考古工作站的实验室和库房去，到考古发掘一线去，到考古遗址公园的现场去，直接面对古代的遗物和遗迹，体验田野考古工作"上穷碧落下黄泉，动手动脚找东西"的发现过程，体会考古学带来的神秘感、新奇感、发现感、参与感、获得感。

过去，研学活动多是由学校有组织地安排进行的。后来，越来越多的社会民间团体也在节假日组织起这样的活动项目，并通过社会化的运营手段，使得这类活动更加丰富多彩起来。到了这两年，情况又发生了新的变化，那就是更多的家长亲自带着孩子出行研学。在博物馆中，节假日家长牵着娃儿的手、推着婴儿车的研学场景已成常态，形成了家庭化的亲子考古研学现象。

以往，作为学校素质教育的主要形式之一，研学的主体是中小学生。现在，研学在向低龄和大龄两端伸展。譬如：我们在参与策划西安唐代大明宫遗址考古探索中心的考古研学时，将低龄段的学龄前小朋友的需求考虑了进去。长假期间，有的博物馆还打出了"甩娃"的做法：家长早上把孩子送到博物馆参加馆方组织的研学活动，晚上再来把孩子接回家去。在考古公园里，时常可以见到搞团建的中青年。到考古展览地"打卡"，也已成为不少年轻人的文化休闲方式。

一直以来，我没少听人跟我说，当初他们考大学时，本打算报文物考古专业，虽然后来未能如愿，但依然关注考古。他们过去关注考古，主要是看考古，即从影视上收看考古成果，单向输入，形式单一，无法交流；后来变成听考古，听考古专家做讲座，可以接触到考古亲历者，面对面提问题，产生了互动效果；而现在发展出来的可以参与考古活动的研学方式，增加了互动和体验过程，成为"探究式科学教育"开展以来的一种新兴研学方式。

回顾起来，记得30年前我和大学的同事们曾经合写过一篇《旅游文化学发凡》的文章，之后我还写过《历史文化旅游的几个问题》一文，都探讨了考古资源作为旅游资源的可能性和可行性问题。但当时还处在提出概念和倡导阶段，考古资源还没有也不可能像现在这样成为旅游的对象。

如果我们把视线聚焦回当下还会注意到，2016年教育部等11部门印发了《关于推进中小学生研学旅行的意见》，明确将研学旅行纳入中小学教学计划。2020年教育部、国家文物局又发布了《关于利用博物馆资源开展中小学教育教学的意见》，提出各地文物部门和博物馆要会同教育部门和学校，结合中小学生认知规律和学校教育教学需要，充分挖掘博物馆资源，研究开发各类系列活动课程。可以说，以半坡博物馆"史前工场"为代表的教育活动项目正逢其时。从这个意义上说，每一次每一类考古研学教育活动，集小于大，集大于成，都具有更大的时代背景、文化价值和社会意义。

时光荏苒，日月如梭，时代赓续，考古研学的新时代说来就来了——那就让我们考古研学去吧。

考古科普那些书

考古科普即考古学的科学普及，它的形态多种多样：一是传媒考古，即通过各种传媒（包括图书、报刊等印刷媒介和广播、影视、互联网等电子媒介）进行科普；二是活动考古，即开展夏令营、发布会、纪念日活动等；三是教育考古，即面向一般非专业人士开设通识课程，举办读书会、讲座等；四是展示考古，也就是在博物馆、遗址公园等举办各种展览等。

在各种考古科普形态中，出版考古科普图书是历史最长、延续最久、受众面最大、影响力最广泛的一种。即便到了当今电子媒介盛行的时代，图书仍是最为普遍的考古传播媒介。

考古科普图书可以分为普及知识型、通识学术型和通俗文学型三大类。

普及知识型的特点是：普及考古学基础知识，为考古学零起点的读者铺设"从无到有"之路。这类图书的写作，语言较为通俗活泼，尽量避免使用专业术语，编写体例灵活丰富，章节篇目多用启发式的设问标题，常常结合考古发现、考古故事来满足读者对考古学的好奇、解答他们的疑问。这类图书既有专门为青少年编写的科普读物，也有适合普通读者阅读以增长考古知识的读本，如《青少年科普故事大本营：考古故事总动员》《考古百问》《趣味考古》等。

通识学术型的特点是：有别于专业性非常强的考古报告、考古论文、学术专著，但具有较高的学术含量，比较适合对考古学有一定认知基础的读者阅读。这类"准学术"图书一般都会避免太过专业的叙述方式，写作体例也不一定严格遵从学术规范。有的以一个专题为题材写作，如《中华文明起源新探》《面向大地的求索——20世纪的中国考古学》等；有的对考古学理论方法、发现研究、学科发展等进行全面系统的综述性介绍，如《剑桥插图考古学史》《考古好玩》等。

通俗文学型的特点是：以随笔、传记、纪实文学的形式出现，以专业学者的回忆、记录的文本为主，强调真实性，能满足人们了解考古工作的过程、考古学家的人生经历的愿望。这类书适合专业内外的读者阅读，像"考古人手记"丛书、"三峡考古记"丛书、《我的父亲苏秉琦》等。还有一些偏向文学创作，但有一定的纪实性，可读性强，如《风雪定陵：地下玄宫洞开之谜》等报告文学作品。需要特别指出的是，那些不是考古却又和考古沾边的以盗墓为题材或背景的小说，可不算是科普书。为什么呢？大家一想就知道，那种书显然不具有纪实性，没有真实感，猎奇玄幻的内容连科幻都算不上，更别提科普了。

各种考古科普图书在普及考古学中发挥的重要作用，从其出版和发行情况上可见一斑。比如：2000年中国考古学会前理事长苏秉琦为大众撰写的《中国文明起源新探》，第一版第一次印刷1万册很快售罄，第二次加印5000册，依旧畅销，豆瓣读书评分8.3，位列各类考古科普图书首位。人民教育出版社把此书列入中学历史教学参考书目，此书还被国外转译成多种文字出版，扩大了中国考古学的国际影响力和美誉度。

再比如：20世纪中期出版的"中国历史小丛书"通俗历史

读物中就收录了很多考古科普专题。后来该丛书又将《蓝田人》《北京人》《仰韶文化》《半坡村遗址》《龙山文化》《夏代文化》《郑州商代城遗址》《安阳殷墟》等编入合订本《中国历史的童年》，至2000年印刷发行了不下十几万册。其传播力广、影响力大，为几代中国人开启了考古之门，使数以亿万计的读者了解了考古学在复原历史、传承文明、增强文化自信上所取得的成就。

日本有座世上最大陵墓

早就听说日本有座世界上占地面积最大的陵墓，和埃及的胡夫金字塔、中国的秦始皇陵并称为世界三大陵墓。这座大墓就是位于大阪南部堺市大仙町的仁德天皇陵。我2013年到日本和歌山大学做访问学者，回国从大阪关西机场起飞，顺便转过去参观了一次。

仁德天皇据说是日本历史上颇有作为的一位天皇，公元四五世纪之交在位。有日本正史之称的《日本书纪》上说，这座陵墓于仁德天皇67年开始修建，20年后仁德天皇去世用于下葬。

仁德天皇墓全长约486米，陵墓前方后圆。后圆部分直径约249米，高度约35米；前方部分宽度约305米，高度约33米。环绕陵墓周围还有贮满水的三道围壕。如此巨大的规模，占地面积达到了令人吃惊的46万平方米，超过约25万平方米的中国秦始皇陵近一倍，更是远远大于5万多平方米的埃及胡夫金字塔。

有关这座陵墓的建造过程，在日本有多个工程用工量的计算方式，其中的一种算法是：如果按照每天动用1000个劳力，大约要4年时间才能造好这座总土方140多万立方米的陵墓。

那年，我一边参观这座被日本人称作"大仙陵"的大墓，一边听当地的志愿者讲解，一边也生出些不解或疑惑来：为什么要建造这样规模的超级大墓呢？志愿者说，当时的日本处在一个王室贵族相互攀比建造大坟墓的古坟时代，像仁德天皇陵这样的大型陵墓光是随葬用的明器就不下 20000 件，目的是供墓主人到阴间享用、流芳百世、福荫子孙云云。我一边听得半信半疑，一边想：既然是世界上面积最大的古代陵墓，那为什么不是世界文化遗产呢？这是后话。

天皇陵寝作为不可亵渎的禁地，从 1850 年前后开始，100 多年来不断得到日本各级政府的严格保护，不但学术性的现场考察不被允许，就是考古人员也不能随便到里面做调查和发掘工作。1872 年，坟丘的方形部分坍塌，露出了横穴式石室，内有石棺，棺外有鎏金铜甲胄、刀、玻璃器等，但为了保护皇家圣物，只是绘制了一些器物图，马上又把它们都回埋了进去。

学术考察明令禁止，普通民众更是严禁进入陵区观光，一律被拒于陵墓外壕的栅栏之外。我见栅栏旁边的木牌告示上明确地写着不得擅入域内、不得捕鱼鸟、不得伐竹木等禁令。我们参观时，从地面只能看到眼前高墙一样的成荫绿树，根本无法看到陵墓区域的全景，包括高大的墓冢。

日本头些年已开始将仁德天皇陵列入申报世界文化遗产名单，2013 年我去参观时，看到栅栏外的沿街步道上就插着不少申遗的彩旗。当时我想，一旦申遗成功，皇家陵墓成为人类共同的历史遗产，那可就不能再像禁地那样禁止游人参观了，可这毕竟是后话。有意思的是，我去参观那年，仁德天皇陵所在地堺市的市长为了促进申遗，以及满足市民游客日见增长的观光需求，提议讨论：是不是可以借鉴柬埔寨吴哥古迹等参观游览经验，让游客登上气球，上升 100 米，"不仅只能看见周围的树林，也希望能够看到锁孔状的古坟"。

令人欣慰的是，日本的努力终于收获了成果。在2019年阿塞拜疆巴库举行的第43届世界遗产委员会会议上，日本政府将包括仁德天皇陵在内的大阪府南部"百舌鸟及古市古坟群"共49座古坟作为了解古代日本政治、文化及建筑技术的宝贵遗产进行了申遗并获得成功。仁德天皇陵等被列入了世界遗产名录。

《日本书纪》虽说带有日本官方史书色彩，但成书较晚，有的记载甚至不完全是史书笔法，而带有一定的文学色彩。因此，不少学者对它记载的史实，基本上秉持不能不信但又不可尽信的审慎态度，再加上之前一直不能进行考古，缺少直接的一手资料证据，乃至于有些考古学家和历史学家质疑：这座陵墓的主人有没有可能不是仁德天皇？所以他们反对用"仁德天皇陵"这个名字来直指这座大墓，这也不能说没有道理。时间到了2018年，为了收集包围坟丘的围壕护岸工程的资料，同时为了申报世界文化遗产，日本政府和考古工作者终于破天荒地对仁德天皇陵进行了首次考古，对最内侧堤坝进行了发掘，出土了5世纪的石柱和石墩。但毕竟是陵墓外围的初次发掘，并没有取得结论性的进展，更没有探明这座陵墓到底是不是皇陵和陵墓的真正墓主。

由此看来，现在被认为是仁德天皇陵的这座世界上最大面积的陵墓，纵然已经成为世界文化遗产，尽管考古工作者已经对它开始了初步的考古调查和发掘，但有关它的谜面依旧还是远比谜底要多得多呢。

古人夏天巧用冰

在2008年北京奥运会开幕式上,张艺谋领衔的导演团队创意设计的第一个出场节目,是2008名演员表演的"击缶而歌"。这个节目气势恢弘,场面壮观,令人震撼。

乍看上去,演员们所击打的缶,似乎并不是一般人理解的罐子的形状,倒像是个硕大的方鼓,这其实是仿自湖北随州曾侯乙墓中出土的一种东周青铜方鉴的造型。铜鉴在古代的功能有三:一是可以作镜鉴,即在鉴里盛水,可以正衣冠、化妆容;二是可以用来洗浴,即进行各种礼仪活动时供沐浴之用;三是用来盛冰。由此可见,铜鉴与奥运会开幕式上的打击乐器没有什么直接关系。

曾侯乙墓考古出土的铜鉴,设计得极具巧思。它是由方鉴和方缶两件铜器套合而成的,鉴在外,缶在内,都有盖,还配有舀酒的勺子。鉴高约60厘米,边长约75厘米。使用的时候,盛了酒的缶可以直接放进鉴里,在缶和鉴之间的空隙放上冰块,就可以起到冰镇的作用了,有人戏称这是中国古代的"冰箱"。

方鉴没有乐器的打击演奏功能,但作为酒器的缶,在先秦时代却常用于"击缶而歌"时打节拍,而且一般多用陶缶,流行于民间,难登大雅之堂。也正是因为如此,张艺谋团队借铜鉴之形加以转化,将其当作鼓进行表演,还曾引来不少诟病,说这是张冠李戴,品位不高云云,可谓仁者见仁,智者见智。

这里想要说的是另外一个问题:在炎炎的夏日,冰鉴里用的冰又是从哪里来的呢？答案可在古代文献和考古发现中找到，那就是古代早已发明了相当于现代冷库的冰窖。

冰窖在古代被称作"凌阴"，像先秦和汉代的一些文献上就说："积冰曰凌。""阴，通窨。窨，地窖也。""凌室，藏冰之房也。"与这些文献相印证的实物建筑，考古中也不断发现，其中很有代表性的是陕西凤翔的东周秦都雍城凌阴遗址。

这处遗址的凌阴建筑，是在中间部位挖一个边长约 10 米的窖穴，其四壁为斜坡，坑底铺有沙石板材，板上面可以放置冰块。坑底的四周铺有导水管和排水沟，直通附近的一条河。这样做是由于冰块在保存过程中，日消月失，难免要融化，因此必须有排水设施才行。

考古学家还发现，排水沟两侧还有好几道闸槽的遗迹，估计它们既可以排疏融冰之水，又可防止河水倒灌，漫入冰窖。通过测算了解到，冰窖的容积为 190 立方米左右。按照文献《周礼》上的说法，冬天贮藏的冰，到夏天会融化掉三分之二左右，剩下的约三分之一可供夏用。

无独有偶，在河南新郑的战国"郑韩故城"遗址，还发现过一种地下室结构的冷藏建筑遗迹。室内出土了大量的兽骨，估计这里是储藏肉类的冷库。这个冷库高约 3 米，面积约为 25 平方米，建筑装饰相当考究，也很实用，贴有类似于当今瓷砖的大方砖。室内还有几口深井，冰水融化可就地入井自渗，使冰块不至于因室底积水而浸泡在水里。前些年，在陕西省千阳县还发现过战国秦汉时期更讲究的冰井。陶井圈每个单体直径 1.1 米，使用时若干个井圈套叠在一起成为井筒状，井下为一排水管通往河谷低洼处。

  冰鉴和凌阴这类冰镇低温贮藏技术，历史相当悠久。早期的文献如《诗经·豳风·七月》中说："二之日凿冰冲冲，三之日纳于凌阴。"晚期的文献如清代富察敦崇《燕京岁时记·打冰》上说："周成王命凌人掌冰，岁十二月，敕令斩冰纳于凌阴。凌阴者，今之冰窖也。"目前考古所知最早的一处凌阴遗迹位于河南安阳殷墟的大司空商代遗址。据发掘者说，当时的人在一个深达二三米的窖穴底部，再向下挖一个长方形坑，坑深达 6 米左右，坑底的温度比地面低 6~10 ℃。据说这种供夏天用冰解暑或贮藏易腐物品的方式，自打商代被发明出来以后，一直沿用至晚清冰箱出现以前。

  上面这些冷藏设备和设施，或出于都城宫殿，或发现于贵族大墓，皆非一般百姓所能享用，乃至古代一直都有赐冰制度，如宋人有云，"颁冰论官职""职重冰则多"。这样的做法一直延续到清代。而普通百姓用冰要到唐宋以后，那时夏冰才成为商品，在市场上有得买卖了。前些年，北京故宫博物院将皇家用的清代冰窖进行了活化利用，开辟了冰窖餐厅。普通游客在这里餐饮之时，也可以感受到历史的凉热，这不失为文物保护与历史传承相结合的有益尝试。

乾隆皇帝猜玉琮

2019年上半年，我带着策展团队在故宫主持"良渚与古代中国——玉器显示的五千年文明"特展。该展览通过展示浙江良渚遗址以及从全国各地调集来的与良渚文化相关的玉器，迎接中华人民共和国成立70周年，并为那年良渚古城遗址申报世界文化遗产鼓与呼。

良渚文化是5 000年前中国早期文明代表性的史前文化，主要分布在江南地区的太湖流域，其中心是杭州西北部的良渚遗址群，面积达100多平方千米，由300多个遗址点组成。在遗址群的核心地带发现了面积约9平方千米、相当于十几个故宫大小、呈三重城格局的大型古城遗址，还出土了大量以高等级玉器为典型特征的、代表中国史前玉器发展高峰的标识性文物，闻名中外。在故宫筹办特展，原因有二：一是良渚遗址中的良渚古城遗址是迄今所知中国第一个王都所在地，而故宫则是中国最后一个封建王朝的宫城，把这两个代表中华文明五千年一头一尾、一前一后的历史遗产做对比性展览，其传播首尾相续、延绵不绝的中华文明的立意自不待言；二是故宫作为曾经的皇家之所，收藏了大量良渚玉器，其中清代乾隆皇帝对良渚玉器还青睐有加，痴迷不已，每有考订，关系密切，也是特展的一大看点。

乾隆皇帝世称"玉痴"，他爱玉、藏玉、赏玉，甚至还钦定玉器设计图稿，使清代宫廷玉器达到古代制玉的最高水平，素有"乾隆玉"之誉。据说故宫3万多件藏玉中，约有半数是乾隆时期所存。他还留下了800多首咏玉的诗文，其中有些还是咏颂良渚玉器中极有代表性的玉琮的。

玉琮是一种通体中空的内圆外方的柱形体，柱体上的横刻纹饰把柱体分出数量不等的节，少的1节，多的5节、10节等。现藏于中国国家博物馆的一件玉琮有19节，高49.7厘米，是目前所见最高的一件多节琮。而良渚遗址反山墓地出土的一件二节琮，高度只有8.8厘米，外径却达17.6厘米，重

最高的玉琮

玉琮是古代重要的礼器，其造型内圆外方，通体中空，表面常刻有纹饰。目前所见最高的玉琮有19节，高49.7厘米，现藏于中国国家博物馆。这件玉琮属于良渚文化，它由碧玉制成，上粗下细，柱体上刻有高度符号化的兽面纹和日月纹图案。

达13斤,是现知最重的一件,人称"琮王"。不论是细长高挑的多节琮,还是粗短矮胖的少节琮,它们在先秦史籍中都不乏记载,比如《周礼》上就说:"以玉作六器,以礼天地四方:以苍璧礼天,以黄琮礼地……"可见,琮是一种祭祀天地用的礼器,从5 000年前的良渚时期传到周代还有记载。

可是,有记载不一定代表还在使用。实际上,商周时期的玉琮非常少见,即便像河南安阳殷墟和四川广汉三星堆那么重要的遗址出土的玉琮,也早已变得不再像良渚文化时期那么精雕细琢,有的就是素面,连纹饰都不再雕刻,反映出与良渚文化完全不可同日而语的已趋没落的局面。到春秋战国时代,玉琮更加难得一见。到了汉代,玉琮渐渐变少,考古发现也不多见,仿佛已经退出了历史舞台,消失殆尽。东汉许慎著《说文解字》已难解玉琮的功能,只说玉琮是"瑞玉","似车釭",把琮当成车轮上用以穿轴的圈状物件。在汉代以后,人们对琮的名称、时代、用途渐渐感到迷惑,连文献中说的琮具体是什么形状都已不甚了了。没承想,代代相传终失传,琮最后真就被当成车轱辘上的装饰物件了,真让人哭笑不得。

到了清代,"内府最多,不可屈指数"的玉琮,引起了爱玉成癖的乾隆皇帝的关注。他先后写了17首诗,考订玉琮的称谓和用途以及年代。在《咏古玉捆头瓶》等诗中,他把琮叫作"捆(gāng)头""辋头",推测它们是古时套在车辇或乐鼓前横木上做装饰用的玉器。不过,这个推测困扰了他约50年。他在最后一首《再题旧玉捆头瓶》诗中,也觉得横木端头如果套装捆头,抬举者肩部会感到不舒服。

乾隆皇帝对玉琮的年代也有思忖："呼为辋头者，不知起于何时？"他的17首诗，题为"汉玉"的15首，题为"古玉"和"旧玉"的各1首。从他赋写的"远当虞夏近称周，曰汉还应贬一筹""辋头曰汉古于汉，入土出土沧桑更"等诗句看，他已意识到玉琮的年代不仅可以上溯到汉代，早到夏商周时代或更远古时期也不是不可能，"为古器无疑"。

5000年前祭天礼地的良渚玉琮，到了乾隆时期，不但作为古物被收藏，改作他用如案头清供的也不在少数。有的用作文房笔筒，有的配置珐琅和铜质内胆用来簪插花卉，或者作为熏香用具。乾隆皇帝还喜欢为珍爱的古物赋诗作文，他时常命造办处的工匠将御制诗文加刻于器物表面或专门配制的木座、铜胎等配件上，在玉琮上题刻也不乏其例。

直到清末光绪年间，文人吴大澂《古玉图考》才考辨出所谓辋头原来就是古文献上说的玉琮。至此，乾隆皇帝、官宦文人对于玉琮的误读和考订，才算有了正解。但玉琮究竟是什么时代的玉器呢？直到20世纪70年代，考古工作者在江苏吴县

乾隆收藏的玉琮

汉代以后，人们对琮的名称、时代、用途都已不甚了了。到了乾隆时期，玉琮不但作为古物被收藏，改作他用的也不在少数。图为乾隆题刻玉琮（右）和可套在琮中插笔或插花用的珐琅内胆（左）。

（今属苏州市工业园区）的草鞋山遗址第一次发掘出玉琮，世人这才明白，玉琮原来是出自江南地区的一种被大量制作和使用的史前时代良渚文化的典型玉器。乾隆皇帝当年的疑惑，终于被考古成果揭开了谜底。

乘法口诀古传今

2015年曾有报道说,时任英国首相卡梅伦在视察一所学校,就提高数学教学水平发表演讲时,回答不出"9乘以8等于多少"的提问。报道还说,英国政府已要求所有儿童在小学毕业前,都应该学会12以内的乘法表,借此加强数学教育,提高孩子们长大后的就业机会乃至英国在全球化经济角逐中的竞争力。

另有报道还说,2013年,一个由英国中小学校长组成的交流团到浙江考察交流。在一堂小学三年级数学观摩课上,英国老师对中国学生能用乘法口诀马上得出答案赞叹不已。有趣的是,他们也试着学习背诵九九口诀表,但中文四五个字的口诀,译成英文却句子过长,发音也不合辙,效果很不理想。

上述报道或许不乏夸大的成分,但中国乘法口诀的确具有朗朗上口、好背易记等特点,而且早在二三千年前就已经发明并且流行了。这在战国秦汉时代的文献中多有记载,随手检索就能查到,已属于数学史常识。

我这里更想说的是:近年来国内外一些相关文物的考古发现,进一步实证了中国乘法口诀的发明和传播过程。

先是2002年,在湖南省龙山县里耶镇的一口秦代古井中,发现了书写在一枚简牍上的九九乘法口诀表。这枚简牍长22厘米,宽4.5厘米,上部虽有残损,但文字基本清晰,缺字部分也可以推定出来。口诀内容共38句,依次排列,规律有序,分为6栏。按古代书写和阅读自上而下、自右至左的习惯,依次为:

九九八十一　八九七十二　七九六十三　六九五十四　五
九四十五　四九卅六　三九廿七　二九十八　八八六十四　七
八五十六　六八四十八　五八四十　四八卅二　三八廿四　二
八十六　七七四十九　六七四十二　五七卅五　四七廿八　三
七廿一　二七十四　六六卅六　五六卅　四六廿四　三六十八
二六十二　五五廿五　四五廿　三五十五　二五而十　四四
十六　三四十二　二四而八　三三而九　二三而六　二二而四
　一二而二　二半而一　凡千一百一十三字

　　作为目前发现的年代最早的实物，里耶秦代乘法口诀从"九九八十一"开始，而不像现在是从"一一得一"起读的。这实证了中国乘法口诀表不叫"一一乘法口诀表"，而是叫"九九乘法口诀表"的由来。另外口诀表中的最后一句"二半而一"，反映了早在2 000多年以前，古人就掌握了非整数的计算规律。末尾一句"凡千一百一十三字"，则表示各项乘积之和。

　　2014年初，清华大学还发现了年代更早的战国实用算具——算表。算表由21支竹简组成，通过竹简交叉构成21行、20列，分为乘数和被乘数个位、十位区。利用算表既能对含有分数1/2的两位数进行乘法运算，还能够快速计算100以内的两个任意整数的乘除，功能超过了里耶乘法口诀表和古代其他乘法表。这不但填补了我国先秦数学文献实物的空白，在当时世界范围内也是相当先进的算具，是中国数学史乃至世界数学史上的一项重要发明。

　　说起来，我国出土的古代乘法口诀或算法的文物，还不止以上两件。早年在楼兰文书中的残纸上，近年在湖南张家界古人堤汉代遗址的简牍上，也都有过发现。它们证明了早在战国秦汉时期，我国的乘法运算方式已经达到了非常高的水平，并有了相当程度的普及。

我国的乘法口诀还传播到国外。前几年，在日本奈良市公元8世纪（相当于中国唐代）即日本奈良时代前后的平城宫遗址，首次出土了记载中国乘法口诀的木简，上面写着"二九十八、一九如九"等。这实证了中国发明的乘法口诀算法向外传播的历史过程。

说到对外传播，还不能不提的是：2012年9月，面向国内外发行的《里耶秦简》特种邮票首发式，在里耶秦简博物馆广场隆重举行。这套特种邮票一套2枚：一枚以"乘法九九口诀"简牍为图案，一枚以"秦历日"简牍为图案。众所周知，邮票素来具有"国家名片"意义，很多国家都会将自己国家的历史文化、风景名胜、著名人物等，优先列入邮票选题，尽呈在邮票图案上。这类邮票就像名片一样会在世界各国传播，无不促进了各国各地区之间的文化交流，增进了各国各地区人民之间的友谊。

什么东西算文物

我们在日常生活中，常会看到文物，比如去参观博物馆；也常会接触到文物，比如家里有祖传的老古董等。那么，什么东西才能算文物呢？是不是老旧的物件都是文物呢？

什么是文物？用一般面向社会大众的字典概念来解读，比用那些专业小众的辞书定义去释义，容易理解一些。比如，低年级小朋友常用的《新华字典》讲得最简单：文物是"指有艺术价值和历史意义的东西"。再比如，高年级大朋友常用的《现代汉语词典》虽然用了长句式，但说得也还易解：文物是"历史遗留下来的在文化发展史上有价值的东西"。尽管二者的表述因读者的年龄段不同略有差异，但都强调了三个关键词：历史、价值和"东西"。

"东西"是什么？其实就是实物。"实物"一词，对中小学生而言，理解起来不如"东西"那么直白，可见字典编写者在面对中小读者时之用心良苦。这是题外话，不多说了。

文物有些是可以移动的，如史前仰韶文化彩陶盆、商代司母戊鼎、唐三彩陶俑、明青花瓷器等，术语叫"遗物"；还有些是不可以移动的，如秦始皇陵、天安门城楼、酒泉卫星发射场旧址等，术语叫"遗迹"。以往一般人说到文物多数想到的是遗物，实际上，还应该包括遗迹。遗物和遗迹共同构成了文物的第一个属性，即物质性，术语叫"遗存"。换言之，文物是具有实体性的，是古代留存下来既看得见又摸得着的有形物体。

判定一件东西是否为文物，还需和人类发展也就是和历史相联系。还没有发生的未来的物品不是文物。人类诞生于二三百万年前，文物便是人类有史以来进行各种活动所遗留下来的实物，现在的研究者们尤其重视在人类进化的过程中和文化发展史乃至文明史上由人类创造并遗留下来的实物。换句话说，具有历史性是文物的第二个属性。

在上述字典或词典的定义中，还有一个关键词是价值。价值如何理解呢？是值多少钱吗？是能吃能用吗？显然都不是。我们再仔细辨析那两个定义，一个指出"有艺术价值和历史意义"，一个强调"在文化发展史上有价值"。可以看出，其表述的含义就是人们通过对这类实物的研究，有助于解决文化发展史的问题，有助于解决艺术的和历史的问题。所以这里的价值指的既不是交易价格，也不是实用价值，而是研究价值，还必须是以认识人类自身历史为目的的研究。

讲到这里，我们就从"文物"的定义当中总结出文物的三个基本属性，即物质性、历史性和价值性。其实，文物还有在字典和词典的定义中没有表述出来第四种基本属性，那就是不可再生性。

怎么理解文物的不可再生性呢？可以从两个方面来说：一个方面是本体的不可再生，意思是一旦受到破坏，就无法恢复原状。比如，一座古墓葬遭到盗掘，那么被盗墓贼破坏的部分就再也无法恢复原状了。另一个方面是价值的不可再生，意思是这件文物所包含的历史信息和研究价值，不可能再产生或再被赋予。不但实物不再生产，不再使用，连设计、生产技能和技术都即将消失或已濒临失传，特别是那些古老技能的发明者和创造者皆已故去，不可能再生，可谓"前有古人，后无来者"。比如，某位历史名人生前所用的一支笔，即使成千上万同样的笔还在生产和使用，但是见证那位名人历史而具有研究价值的，只有那一支笔。

古往今来，每件人工产物都包含着人类行为的各种信息，但并非所有实物都可以进入文物范畴。即便可以成为文物，也还因价值不同，被分为一般文物和珍贵文物，并且要从是否具有历史价值、科技价值、艺术价值以及文化价值、社会价值等方面来具体衡量它们具有的突出普遍价值。

总之，具不具备结构形态，有没有历史价值，是不是人工物品，能不能反映人类生存和发展历史，这"四要素"便成为我们界定什么是文物的标准：文物是有价值的人类历史的见证物。

下面，我们来讨论几个从文物的四个基本属性中派生出来的问题。

说文物具有物质性，但并不等于所有具备实物属性的都是文物，否则文物也就不成其为文物，而变成世间万物了。说到世间万物，起码可以分为两类，一类是自然物，一类是人造物。目前我们所说的文物，一般指的是后者，原则上不包括前者，除非前者与人类活动有某种关联，比如参与人类生产生活等活动的动植物、参与制作陶瓷或冶炼金属的矿物等。甚至人类本身，诸如北京猿人头盖骨化石、西汉马王堆女尸等，也都是文物。

说到化石,《中华人民共和国文物保护法》规定:"古脊椎动物化石和古人类化石同文物一样受国家保护。"而一些国际公约划定的文物范围更广泛,常把具有古生物学意义的动物和植物群落遗存乃至矿物,甚至天文学标本都看作文物,如三叶虫化石、恐龙化石、陨石等,并普遍收藏于自然博物馆、科技博物馆中。它们是不是也算文物呢?显然不是,否则也不会特别规定"化石与文物一样"了。人类诞生于二三百万年前,而这些标本有的形成于数亿年前,有的甚至和宇宙诞生有关。它们在人类出现前就已经形成,存在过程也与人类无关。因此,只有它们参与了人类的生产生活等活动,后人在研究前人的这些活动时,才会将它们视作文物。

如果说判定文物的时间上限与人类诞生相关,那么下限又止于何时呢?一般来讲,就是现当代,甚至夸张一点说,就是昨天乃至今天。比如:已经返回地球的太空舱便会被收藏起来,成为文物。太空舱能成为文物,而"波音787""空客380"飞机却未必能成为文物,因为前者具有存世的稀缺性,而后者不断量产,广泛商用。

既然文物的价值并不等于价格,那么是不是一块普通陶片与王羲之《兰亭序》书卷具有同等价值呢?也不能这么说。虽然每件文物都蕴含着人类行为的各种信息,但是,由于认识水平和科技发展程度所限,人们从不同文物身上提取到的信息,从数量到重要性都不一样。因此在保护条件不足的情况下,文物也就被分为三六九等,根据不同的等级,采取不同的保护措施。目前,我国的文物被分为一般文物和珍贵文物两大等级,划分标准主要体现在文物的历史价值、科技价值和艺术价值三个方面。

根据文物的四个基本属性,还可以派生出更多问题。比如说:如果古尸算文物,那么活着的生物算不算文物?如果名人使用过的物品算文物,那么普通老百姓用过的东西算不算文物?如果商周青铜器算文物,那么它们在宋代算不算文物?如果分级是为了保护文物,那么为何以价值而不是其面临危害的紧迫性为标准?如果文物的价值在于历史研究,那么人们为何提出"为了未来保护过去"?上述提问仅是举例,或者有答案,或者没答案,总是见仁见智,欢迎读者朋友们一起思考、交流。

考古观器五要素

考古上观察分析一件器物，通常要从器形、纹饰、颜色、质地、制法等五个要素入手。

根据结构，器物常常可分为容器和非容器两类。非容器类器物以扁平状、块状、管状的用具为主，如工具、武器、装饰品等；而容器则是可容纳物料或盛放液体的壳体或容积体，如锅、碗、瓢、盆等，在日常生活中使用广泛。下面主要以陶容器为例，来交流一下如何观察器物。

先看器形。容器在结构上常由三个部分构成，像陶罐，包括口部、腹部和底部。其中口部又分为直口、敛口（向内收）和侈口（向外撇）。腹部也有直腹、鼓腹、束腹、折腹和垂腹之别。底部细化为平底、凹底、圜底、尖底等。有些器底下还有支撑性的足，分立足、圈足和饼足。像鼎、鬲等还分实足和空足。鼎又分三足和个别的四足。鬲则有尖锥足和肥硕的袋足之别。另外，有些陶器上还有很多附件，如盖、钮、把手、流等。

其次看纹饰，主要是彩陶纹、拍印纹和刻画纹等。彩陶主要流行于约6000年前的史前时代的黄河流域及其周边地区，用毛笔在陶器上涂绘出黑彩和红彩的色块和线条，题材以动植物和几何图案为主，由鱼、鸟、花瓣、弧线、三角、旋涡等纹饰组成母题，也见人物造型，但不是很普遍。而且不同时代、不同地区所创造的彩陶纹饰也有很大不同，相反亦然。像中国的彩陶和邻近的中亚地区的彩陶风格比较接近，过去还曾有过中国彩陶文化"西来说"，后来这一观点被中原彩陶"西去说"所否定。

拍印纹和刻画纹是把各种几何形的纹饰拍印或刻画在陶器上形成的纹饰，主要包括刻画纹、绳文、篮纹和方格纹等。这类纹饰，有些年代早，有些年代晚。像刻画纹可早到8000年前的新石器时代早期；而篮纹和方格纹则是到了5000年前才多起来，常见于中原地区。绳纹是普遍存在的一种纹饰，贯穿于先秦时代始终，遍及全国各地。

再次看颜色。陶器颜色常见红、灰、黑，也有时代或地域之别。比如：灰陶越到新石器时代中晚期以后越多见，直至秦汉时期；黑陶主要见于东南沿海，尤其是山东龙山文化的蛋壳陶和江浙地区良渚文化的黑皮陶最为著名。

接下来看陶质，主要是夹砂陶和泥质陶两种。前者陶泥中掺和沙粒，主要做炊器使用，耐火烧烤，有点像今天的砂锅；后者泥质细腻，多用来做盛器、水器、酒器等，精致美观，为饮食所用，有点像今天的紫砂壶。

最后看制法。可分三类工艺：手制、轮制和模制。手制的时代早，轮制和模制则是新石器时代中期以后的做法了。轮制陶器的底部能看出如树木年轮般的绳割痕迹，模制陶器往往是局部成型再相接为一体。

考古上通过五要素来观察器物，不是像文物学那样主要为了鉴赏文物，而主要是"以物论史，透物见人"，复原古代人类的生产和生活方式，进而研究社会发展变化过程，达到复原历史的目的。

说到通过器物来复原历史，可举一个彩陶的例子：彩陶曾经流行于中原地区并向中国大部分地区扩散交流，当然也包括上面提到的西部地区，对全国都产生了广泛的影响，甚至有学者认为这是中国目前所见第一次大范围的文化融合。无独有偶，彩陶的分布范围，几乎与汉代史学家司马迁记载的黄帝以中原为中心向四方扩散的四至范围相近。这种考古发现和文献记载可以相互印证的历史文化现象，按说不太会是偶然的巧合，而是耐人寻味，引人遐想，乃至可以作为课题来一探究竟的。

最后还要说到的是，任何器物都经历了设计、制作、使用等环节。那么，一件器物是谁设计的？为什么这样设计不那样设计？又是谁制作的？怎么制作的？制作出来之后又是谁使用的？什么人能使用？什么人不能使用？凡此等等，考古学要对器物的设计过程、生产过程和使用过程加以研究。这样一来，历史细节就会变得清晰起来，工艺技术会被揭示出来，人们的亲疏关系和社会地位也会得以再现。

以上所讲既是观察一件文物最基本的五个要素，也是研究分析文物最基本的五个维度，但是观察和研究文物并不局限于此。随着认识的深入和科技的进步，观察和研究文物的角度也越来越多。比如：微观的有文物内部的包含物、文物身上的使用甚至破坏痕迹、文物上附着的植硅体、蛋白质和其他结晶物；中观的有文物出土时的位置、朝向、与其他文物之间的关系；宏观的有同类文物在全国的分布范围等等。不同的角度聚焦不同的问题，这些问题涉及人类活动的方方面面。正是这些五花八门的研究，逐渐拼凑出古人的生活情景和古代社会的发展过程。

  从此，三皇五帝夏商周不再只是古籍里的只言片语，而是有了温度，有了感情，有了鸡鸣犬吠，有了眉眼身形。一幅幅或波澜壮阔，或小桥流水，或宏伟瑰丽，或寻常巷陌的图景徐徐在眼前展开，告诉我们真实的历史，也留给我们更多的谜题。

考古传承篇
弘扬遗产的价值

几代考古人筚路蓝缕，百年考古路硕果累累。考古追寻了百万年中国历史根脉，构建了五千年中华文明标识，实证了两千年国家一统实体。明镜所以照形，古事所以知今。延绵不绝的文化基因，多元一体的历史传统，兼收并蓄的文明模式，是何以中国的源与流，是中华民族的根与魂，是文化自信的古与今，是共向未来的鼓与呼。

考古写史 第一书

历史学和考古学都以复原历史为目标。历史学通过研究纸本文献来复原历史；考古学通过发掘实物资料来复原历史，特别是复原几乎没有历史文献记载的史前史。

众所周知，文字发明的历史只有四五千年，一般史书记载的历史通常也就二三千年，但人类诞生的历史却有二三百万年。在文献记载几乎空白的情况下，考古学便担当起复原文字诞生以前的史前史的重任。为了实现这个目标，几代中国学者上下求索，赓续传薪，修得正果。

梁启超是提出研究中国史前史的先驱学者。约120年前，也就是20世纪刚刚到来的1901年，梁启超在《清议报》上发表了不足一万字的《中国史叙论》一文。时年28岁的他，提出了一个对后来产生了百年影响的全新主张：重新撰写中国国史。但1921年考古学才传入中国，当时尚无任何科学出土资料，要想写一部带有考古学成果的中国史前史，不是何其难也，是不可为也。

自此，在接下来的20世纪里，撰写国史便成为史学家和考古学家的学术追求和人生方向之一，乃至复原历史还成为历史学科和考古学科共同追求的主要学科目标。

到了1920年，在美国留学的李济也给自己定下了重建中国古史学的目标："刨坟掘墓、断碑寻古迹，找些人家不要的古董来寻绎中国人的原始出来。"作为中国最早独立进行考古发掘的第一人，他1926年回国主持了山西西阴村史前遗址考古工作，开始践行他的初衷，并由此被誉为"中国考古学之父"。3年后，他担任中央研究院历史语言研究所考古组主任，并以"中国民族的原始和中国文化的原始"为课题，把重建中国上古史作为一生的追求。但后来他去了台湾，实难接触到大陆新的考古发现，所计划撰写的《中国上古史》一书便也搁浅。

1947年，已参加多年考古工作的苏秉琦也表达了用实物史料来复原中国古史的愿望："将来必有一天，我们可能根据丰富可靠的地下遗物遗迹和考古学的成就，来描述中华民族的史前文化。"苏秉琦出生于梁启超提出撰写国史倡议之后的1909年。他1934年毕业于北京师范大学，随后就在陕西宝鸡斗鸡台以"陕西考古第一铲"的方式，拉开了陕西考古历史的大幕。1952年他在中国科学院考古研究所工作的同时，又主持创办了北京大学考古专业并担任了30年教研室主任，桃李满天下，德高望重，后荣膺中国考古学会理事长，是中国考古事业的开创性人物和重要领航者。

而今，时代早已进入了21世纪，当我们回过头来历数历史学家和考古学家等前辈们的筚路蓝缕、继往开来之路，我们都能惊喜地看到那一部部对中国人史观影响至深的国史著作，其中像我们耳熟能详的就有钱穆的《国史大纲》、范文澜的《中国通史简编》、翦伯赞的《中国史纲要》等。而20世纪末出版的国史封神之作，则属于白寿彝总主编的12册24卷1400万字的皇皇巨作《中国通史》。

说起来，那是到了改革开放之后，中国考古学进一步取得了大量成果，用考古材料撰写中国史前史的条件基本成熟。于是，《中国通史》总主编白寿彝邀请同龄老友、中国考古学的主要奠基人苏秉琦来担纲第二卷《远古时代》主编。就这样，苏秉琦带领张忠培、严文明等弟子，多次讨论编纂设想，并就史前社会的基本认识形成了提纲。在20世纪末的1999年，他们终于完成了这一集大成的旷世之作。是年，距梁启超提出撰写中国史前史，已过去了近百年；距司马迁著成"史家之绝唱"的《史记》，已过去了两千多年。换句话说，从1901年世纪初提出初衷，到1999年世纪末实现愿景，梁启超撰写国史的夙愿在迭代赓续的几代人手中传递接力，终于结出了一个个硕果，修成了集大成的正果。

白寿彝曾在《远古时代》题记中写道："本卷的完成，在极大程度上概括了远古时代考古学研究尤其是他们本人的研究成果，他们坚持实事求是，认真地从考古学文化入手，清理了中国史前民族、文化及社会的发展脉络。这在以往的通史撰述中是没有前例的。这在考古学工作上，也是一项创举。"

白老的评介后来得到印证。该书出版后颇受读者欢迎，成书至今，即便21世纪的考古学发现硕果累累，但仍未动摇该书的基本框架和观点。到了2010年，上海人民出版社为飨读者，还将其更名为《中国远古时代》单独出版，发行量超过了10万册。

要之，建立在考古发现的客观材料和科学理性研究之上的《远古时代》及其单行本《中国远古时代》，是几代学者运用新史料、开创新方法、拓展新路径、结出新硕果的中国有史以来第一部中国史前史的里程碑式成果,标志着考古学者有能力担纲并完成复原历史的学科使命,并使中国的远古时代不再天地洪荒、渺茫无稽。考古无法改变历史,但可以复原古史,续写国史,带领我们走近远古祖先开天辟地、筚路蓝缕的史前时代。

历史课本讲考古

青少年了解人类文明和本国历史都离不开历史教科书，所以每个国家都非常重视历史教科书的编写。

在我国，初中是青少年系统、集中、正规地学习历史的第一个阶段。初中的历史教育对学生来说意义重大，他们获得历史知识最基本和最正规的来源就是历史教科书。从我国教育部对历史教科书编写的要求来看，初中历史统编教材要坚持以唯物史观为指导，按照历史时序，展现中外历史在政治、经济和文化等方面发展的基本进程，使学生通过学习，不仅掌握基本的历史事实，而且形成正确的历史认识，凸显育人功能。

大家知道，人类记载历史主要是通过撰写史书的方式来完成的，譬如司马迁著《史记》、班固著《汉书》，历朝历代都有官修的正史，也不乏民间的野史。但文献记载的历史有一个天然的缺陷，那就是由于文字的发明距今不过几千年的时间，所以大多数史书记载的主要是几千年来的历史，虽也有司马迁"余述历黄帝以来至（西汉）太初而讫"的《史记》等史书提及三皇五帝等远古时代，但那些基本上都被当作传说时代或神话时代来看待。而比三皇五帝更久远的上万年前，甚至上百万年前诸如"盘古开天地"的人类历史记忆，几乎完全要通过考古发现和研究成果才能得到实证。

于是，考古学成果便成为复原历史的一种史料。根据这种地下出土的物质文化史料编写的历史书，近年也开始出现，比如2010年出版的苏秉琦主编的《中国远古时代》，就是全部用考古发掘资料撰写的中国有史以来第一部由权威考古学家撰写的翔实可信的远古通史,填补了《史记》等古代史书关于中国史前史记载的空白。但史书毕竟不是普众学习历史的读本,考古成果也不太可能成为公众修习历史的教材。因此,通常的国民历史教育便多由历史教科书来完成,而考古成果也越来越多地被写入历史教科书中。

考古学成果是历史教科书内容的组成部分,具有真实性、可信性的特点,发挥着证史、补史的作用,特别是对几无文字记载的史前时期,考古学成果的应用更是人类记载或复原历史的唯一方式。因此在历史教科书的史前时期部分,考古学成果的应用是编写教科书最直接、最典型的手段,史前时期的考古学成果也为教科书增加了生动的实例。

一般教科书的编写,通常是对现有知识和成果进行综合归纳和系统阐述,具有全面、系统、准确的特征,较少做新的探索或提出一家之言,具有比较长期的稳定性。但历史教科书的编写并非完全如此,因为一些考古新发现和研究新成果,常常会填补历史文献记载的空白,弥补我们已有认知的不足,特别是文献上鲜有记载的诸如人类诞生、文明起源、城市出现、国家形成等早期人类社会发展史上的里程碑事件,多会随着考古成果的面世而被不断地吸纳、编写到历史教科书中来。所以近些年来,历史教科书年度性的增删、修订可能比别的教科书还要频繁一些,这些考古新发现和新知识的及时补充,对修习历史的青少年来说可谓幸事,真该点赞。

以《中国历史》七年级上册为例,这本人民教育出版社出版的部编版教科书，在2018年第3次印刷版本中，便对2017年第2次印刷版本乃至以前更早的版本做出了增改修订。仅从篇幅上看，该册总字数增加了约1500字，还包括一些图解，总页数增加10页之多，绝大多数都与新见考古成果相关。

比如：第一单元"史前时期"，将原来的副标题"中国境内人类的活动"修改为"中国境内早期人类与文明的起源"；将单元导语中原来的"距今四五千年时"修改为"距今五六千年时"，并补充了"黄河流域、长江流域和辽河流域的考古发现，证实中华文明的起源及发展具有多元一体的特征"等表述。

这样的修订，实际上是吸收了考古学界近些年来"中华文明探源工程"的重大前沿课题及其重要成果。其中"课后活动"还专增了一条："近几十年的考古发现证实，在距今约5000年，长江流域和黄河流域进入了早期文明社会。请谈谈你对'中华五千年文明'的认识。"相对于过去主要介绍原始文化而言，这样对史前文明表述的增改，显然提升了中华文明遗产价值的传播效果，突显了传承意义。

然而，历史教科书的编写还存在一些问题。比如：在"知识拓展"中，教科书将长江下游80多年来考古发现的"良渚文化"修改为当时正在申报世界文化遗产的"良渚古城遗址"，反映出编写者紧跟时代、追踪考古新成果的创新意识。但问题是，对良渚古城的描述，教材只介绍了3平方千米的内城，而没有介绍接近6平方千米的外城，忽略了遗址的完整性。有关良渚古城的年代跨度，课本中写的是"距今5200~

4 500 年",而考古学界的共识则是"距今 5 300~4 300 年"。难怪考古学者见此不免提出了"这本教材的编写有没有考古学者参与"的疑问。

其实,考古学成果在非历史教科书中被征引吸纳的例子,近年来也不断出现。比如,笔者写过的一篇三峡考古纪实的随笔,就被收在江苏的初中语文课本里作为课外拓展阅读材料。再比如,教育部颁高中《数学》第一册里,还把良渚古城外围大型水利工程的数据资料及其换算模型,写进了"指数函数与对数函数"一章。

人们常说:考古像一架望远镜,能让我们看到来时之路;考古像一台时光机,能让我们穿越历史长河;考古像一部影像仪,能让我们找回人类的过去。我曾经看到一篇报道,说良渚考古成果被写进部颁初中历史教科书之后,2017 年新入学的全国 82%(约 1 400 万名)的初中部学生会使用该教材,并从中知晓和了解良渚文化。我相信,随着考古成果在历史教科书中的扩增,考古学还将在中华文明和国史传承中发挥越来越重要的作用。

少儿考古入门书

说起考古学,往往给人以冷僻和深奥的印象,别说孩子了,即便大人也常有误解。有一次我去上海图书馆做市民讲座,题目叫作"考古不是挖宝"。哪知一位老伯伯看到海报上的标题,喃喃自语道:"考古不是挖宝?——那考古就是挖墓!"有时候我们做大学招生咨询,有不少家长看到"考古"二字,就跟孩子说:"考古一天到晚钻山沟,工作太苦了,可不能报考啊!"

然而,这些年随着相关宣传报道的增多,考古发现的魅力和考古工作的价值,越来越多地受到了国人的关注。像每年一度的全国十大考古新发现评选结束后,进大学和中学做巡回宣讲活动已成为科普新常态。而每年暑期或六一儿童节前后,许多发掘现场都会有一拨拨前来参观的考古夏令营团队。每逢文化遗产日或博物馆日,中小学生考古体验活动也日渐增多。有些学校还成立了考古兴趣活动小组等。这几年青少年考古研学营也呈蓬勃发展态势,很多地方都建起了考古研学营地。

开展形式多样的考古活动,既需要组织,也需要辅导,还需要学习。于是,各种有针对性的、适合少年儿童的考古科普读物便应运而生。

考古科普读物有两种。过去常见的是关于"考古挖到了什么"的图书,主要介绍中外有哪些考古大发现。这样的书,一般的科普作者都可以大显身手,哪怕他没有接受过专业的科班训练。现在的考古科普读物,还发生了一个有趣的变化,即出现了一种关于"考古怎么挖"的图书。里面讲什么是考古学、考古有什么用处和价值、考古发掘有哪些流程或步骤等；不但介绍发现成果，还讲专业方法；不但阐释研究价值，还解读学科原理。这类书的学理性强于感知性，专业性大于文学性，对作者的学识和水平要求更高，一些大学、考古研究机构的专家学者成为基本作者群，他们所具有的前沿性、权威性，推动考古科普读物迈上了一个新台阶。

这些带有科学性、知识性、趣味性和故事性的通俗考古读物，既有面向青少年的，也出现了一批面向广大低龄儿童的，助推了小学生们的考古兴趣和考古活动。其中，近些年出版的《少儿考古入门》和《卡通手绘云南——南南考古探秘》，就是很有代表性的两本书。

《少儿考古入门》是四川省文物考古研究院原创的介绍考古知识的彩色绘本，内容包括考古目的和方式、考古用具和方法、各个时期的重要考古发现，以及与衣、食、住、行有关的乡村、城市生活考古等，还特别讲到了孩子们喜欢的恐龙实际上与考古并不属于一个学科等科普常识问题。

《卡通手绘云南——南南考古探秘》是云南省文物考古研究所在反复征询众多小学生意见的基础上，历经两年半精心打造的卡通形象的少儿考古绘本。在编辑过程中，出版方先后咨询了60多位考古专家、平面及动漫设计师、儿童文学作家、出版界专家、各类媒体资深从业者、文化传播专家等，32次修改文字稿，卡通形象3次易稿，整体设计方案做了17稿。

这两本少儿考古读物有一个共同的特点，那就是围绕少年儿童的阅读习惯来编写和编辑。譬如：都是以图画为主，以文字为辅；既浅显，又易懂；既丰富，又生动；既好玩，又有趣。它们不但拉近了与国外同类出版物的差距，更重要的是，填补了我国一直没有适合少儿阅读的考古读物的空白，是送给广大少年儿童的科普礼物，值得向少年儿童和老师、家长们推介。

中国炊器一万年

考古发现和研究表明，大约在1万年前，人类第一次学会了合成材料，开始用泥沙和水制成陶坯，再放到火中烧成陶器。所以，人们把陶器的发明看作具有里程碑意义的人类发展大事件，将它和同时期出现的植物栽培、动物驯养以及磨制石器作为新石器时代到来的四大标志，称之为"新石器时代革命"。

陶器中的炊器改变了人类自诞生200多万年后直接用火烧烤食物的饮食方式，使人类从茹毛饮血时代进入了用陶制炊器蒸煮食物的历史新时期。这对丰富人类的食谱、增进人类的营养、强壮人类的体质、延长人类的寿命都起到了至关重要的作用。

人类最早做出来的炊器并不像现在这样多种多样，它们的制作方法非常原始：有的是用泥片一层层粘贴拍打成型的，叫作贴塑法；也有的是把和好的泥搓成泥条，一圈圈绕着盘成圆形的容器，叫作泥条盘筑法。炊器与盛放食物的盛器和供人饮用酒水的酒器、水器都不一样。盛器像钵碗、酒水器像杯壶，要经常被人拿在手上或接触口舌部位，就多用筛过的细沙甚至细泥制作，触感有点类似于今天的紫砂壶，看上去也比较精致，它们在考古上叫作泥质陶器。而炊器则不然，它们日常使用时是要放到火上烧的，陶土里要多掺粗沙才会结实耐火，所以叫作夹砂陶器，有点像我们今天使用的砂锅。

炊器的形制在最早的时候比较单一，很多做成圜底的釜而不是平底的罐。这可能有两方面的原因：一是平底的罐在制作时需要在器壁下套接一个平底,最初可能制作技术还不太过关,平底很容易脱落下来;而圜底釜,器壁和器底是一次性成型的,非常结实,压根儿就不存在套不牢靠的问题。另一个原因可能与两者所能接触到的热能多少有关。平底的陶罐在使用时器壁可以被火燎烧,但罐的平底放在火塘里的地面上却接触不到火,煮熟食物的速度比较慢;而圜底釜比起平底罐来,底和壁已融为一体,釜里的液体或食物接触火的部分大大增加,缩短了烧水煮饭的时间。其实,古人还想了另外一种方式来解决炊器的使用问题。那就是在釜或罐的上端口沿处加上一些泥条或泥柄,不但便于提携、端拿,还可以系挂在支起来的木枝上,这样火就能烧到炊器悬空的底部了。这也解决了平底罐接触火的面积小的弊端,于是平底罐也成为炊器的一类了。

话说回来,平底罐接触火的面积虽小,但放在火中比较稳定,不至于倾倒。而釜是圜底,很难放稳。为了防止倾翻,古人通常在釜或罐下面垫几块石头,把它们架起来。后来人们索性发明了一种叫作"支脚"的柱形物,使用时三个一组,这样不但有了三个支点,也比石头更加规整和便利了。

但釜或罐和支脚之间毕竟还是分离的,摆放不当还是不太稳定。到了6000多年前,人们开始把支脚和釜或罐连接在一起来烧制,于是诞生了三足而立的鼎。鼎是在釜或罐的底部连上三个支脚,这样一来器物的稳定性成了常态,搬运或摆放起来也更加便捷,使用时可以在三足之间的空隙中烧火。于是圜底的釜就变成了釜形鼎,平底的罐就变成了罐形鼎。

大约到了5000年前,人们发现,若把鼎的三个实足换成空足，更能增加炊器的容量和接触火的面积。于是，一种叫作"斝"的新型炊器又被发明出来。斝以鼎为原型，就是在鼎的底部挖出三个孔洞，再连接上三个由实足改进而成的空足。这时期斝的三足制作已经出现了模制法，也就是用一个锥形的实体当内模，做出标准化的空足。这样就加快了器物制作成型的速度，可以批量生产甚至是专业化生产了。

到了 4500 年前，使用时期不算太长的斝，又被另一种新发明的"鬲"所取代。所谓鬲，也有三个空足，但空足的安装方式与斝不同。斝的三个空足是"三家分立"的，相互之间不连着，而鬲的三个空足却是连在一块儿的。也就是说，鬲是在斝的基础上，力求把空足做得更大，三个空足的容积占到了整个器物的一半以上，导致原来釜的容纳空间大多转移到空足上去，炊器整体接触火的面积也更大了。古人还在鬲的口部和器身之间装上了把手，把手被设计成固定的款式，即把手总是安装在三个空足中的一个空足上。这样做的好处是：当往外倾倒煮熟的粥汤等食物时，只要执拿住这个空足上的把手，另外两个足就变成了前端的支点，显然这又比斝方便得多了。另外，鬲身上还拍印了很多绳子那样的纹饰。这与其说是为了美观，倒不如说是为了加固器身，因为要把三个硕大的空足捏合在一起，并且还要和上面的容积体固定起来，若没有这样一个再加固的手段，肯定会影响鬲的坚固性和耐用性。

到了约 2500 年前的春秋战国时代，逐渐出现了一直到现在还在广泛应用的灶台。灶台的出现，使利用足间空隙生火的鬲不需要再像过去几千年那样放在火塘上使用了。于是，鬲的空足便开始退化，炊器逐渐地回到了万八千年前的陶釜形态，可以直接放在灶孔上使用。再到后来，随着铜器的发明特别是铁器的广泛使用，陶制炊器从秦汉时代起，逐步被铁质炊器所取代，铁釜或铁锅成为人们日常炊爨的最主要的器物，迄今已使用了约2000年。及至现代，出现了不再用火而用电能来炊煮的电器，炊具又回到了以平底器为主的原初的形态。

总的来说，历经万年的炊器发展变化史，至少走过了陶质的圜底釜和平底罐——实足三足鼎——空足斝和鬲——铁质的釜和锅等四大阶段。各阶段炊器的重大形制改变大都要经过二三千年的生活实践探索，越往后变化周期越短，呈现出了由低到高的发展进化过程，使用功能的需求而非审美意趣的需要始终是炊器形制变化的原动力。换言之，炊器进化的万年之路，既反映出我们祖先在生产、生活上的聪明智慧，又展现出他们始终如一的不懈追求和持续创新精神。

灶坑灶台
看创新

人类在 100 多万年前学会了用火，这是人类进化过程中的标志性事件之一。人类最早用火主要是堆火堆，加薪添柴，烤肉熟食，促使体质和智力进化，走出了茹毛饮血的时代。

到了 1 万年前，人类在长期逐水草而居的游猎方式之外，创造了一种全新的生存方式：发明了人工种植的农业技术，定居下来，兴建村落，住进茅屋，遂发明了和火堆不一样的用火方式——灶坑。

灶坑，民俗学上又名火塘。通俗地说，就是在地下挖一个浅坑来生火，既可以烧烤食物，又能够照明和取暖。灶坑较浅，主要是考虑到了炊爨和用食时的方便，否则挖深坑生火，取用器具和加薪添柴都不便利。广东英德青塘遗址就发现了距今约 13 500 年的 7 处古人用火的火塘遗迹。火塘底部皆发现有石块堆垒现象，学者指出火塘底部人为放置的石块，表明古人很可能还懂得了有意识地保存火种。

灶坑用火比起火堆生火来，还有一个优点，就是安全。人类最早的房屋都是用木头和茅草搭建的，房内坐卧铺垫的用具也多是茅草竹木等易燃物。如果像火堆那样平地生火，火星很容易被风吹得四散开来，引发火灾。讲究一点的灶坑，还在灶口用泥筑起一圈土埂，这样一来，火不至于直接燎烤到灶边的人，既实用，也更安全。

灶坑在我国的史前房址里普遍都有发现，而且大多位于房屋中间，直径半米到 1 米左右，圆形的多，其他形状的少。在灶坑内外时常出土陶罐、陶鼎等炊煮用器。这不免会使人想到，当时的人们围着灶坑而坐，边做饭边进食的场景。灶坑之所以多做成圆形，估计也是便于围坐的缘故。

史前人类用了100多万年火堆才发明了灶坑，然后又过了大概1万年时间才发明了灶台，告别了使用灶坑的历史。

我国早期灶台的遗迹在考古发现中少之又少。这是因为自古以来中国的房屋大都是土木建筑，废弃以后多成为废墟，很难像西方砖石建筑那样容易保留下来。虽然在河南郑州大河村等一些史前房址中曾经清理出一些低土台遗迹，但还不能说它们跟灶台有直接关系。直到考古发现了2000年前的汉代灶台模型，我国最早的灶台形制才得以实证。

所谓汉代灶台模型，是指那些汉代墓葬中出土的作为陪葬明器用的灶台模型。这些陶灶模型仿制于墓主人生前的灶台，虽然缩小了比例，却为了解汉代厨房文化提供了实证材料。

灶台模型作为随葬明器，在灶眼上放置的都是陶釜。其实，陶釜只是象征，在实际生活中使用的都是铁釜。从灶眼有单眼、双眼甚至多眼之分来看，同时烹饪已是常态。灶台的灶墙把火全部收纳到一个空间内，通过灶口添柴，烟囱排烟，火力集中，热能聚集，烹饪的效率大大提高了。

灶台的发明堪谓人类烹饪发展史上的里程碑事件，因为比起史前人类使用了1万年的灶坑，灶台调节火势的功能大大提高，烹饪的火候也可以主动控制了。当然，灶台也使得厨房卫生大为好转，这毋庸多言。

灶台的发明不是偶然的，它与铁器在汉代的普及使用，特别是与铁锅式的铁釜有直接的关系。在此之前，人类一直使用陶器蒸煮食物，而铁器传导热能的效率不是陶器所能同日而语的，这为烧出色香味俱全的饭菜创造了物质条件。至此，使用了1万年的灶坑以及各种陶质炊具完成了炊爨使命，逐渐退出了历史舞台。

古文献《释名》中曾有这样的记载："灶，造也，创造食物也。"这说的是灶的读音来源，有点像当下流行的"谐音梗"，但不也说明了从灶坑到灶台的演变，正是我们祖先善于总结经验、创造发明的历史过程吗？

玉器中国八千年

这篇短文是 2019 年就打算写出来与读者交流的，当时想的题目是"玉器中国八千年"。为什么现在题目中的时间增加了 1000 年呢？说来话长。

2019 年夏天，距今约 5000 年的浙江良渚古城遗址成功入选世界遗产名录，中华五千年文明史得到国际公认。良渚文明以大量精美的玉器著称于世，是中国史前玉器发展的最高峰。这些良渚玉器及其所反映的礼仪制度和所蕴含的文化精神延绵不绝，历经商周秦汉，迭代传承，到清代良渚玉器还得到乾隆皇帝的青睐，所以在故宫也有大量典藏。

为庆祝申遗成功，我们在故宫策划了以良渚玉器为主要展品的特展"良渚与古代中国——玉器显示的五千年文明"。展览中，我们设计了一幅贯通古今的玉器发展脉络图。这幅图上最早的玉器是内蒙古赤峰兴隆洼遗址出土的玉玦，它距今已有 8000 年，一直被认为是中国玉器最早起源的代表作。

在这幅图的文字说明中，我们把中国人用玉的 8000 年历程划分为三个历史阶段——史前时期的神圣化阶段、夏商周时期的礼仪化阶段、唐宋元明清时期的世俗化阶段。

先看神圣化阶段。史前先民对自然界认知有限，他们往往将自然现象归结于神灵的作用，因此制作了包括玉器在内的各种法器，用来与天地和神灵沟通。例如，在兴隆洼遗址就发现了以玉玦为代表的精致玉器。它们多随葬在少数特殊人物的墓葬中，出土时大多位于逝者耳部，看似装饰品，但实际上它们象征着巫师或部落首领所拥有的通达神灵的权力和至高无上的社会地位。

再看礼仪化阶段。到了距今约5 000年，良渚文化发明了一整套以琮、璧、钺为代表的玉礼器系统，种类和形制都比上一阶段更加多样和复杂。这些玉器被用来标识和区分王族、贵族、武士、工匠等各阶层的身份和等级，但大多数平民鲜有用玉器随葬的现象。可见玉器当时已用于明尊卑、别贵贱，构成了一套自上而下的礼制体系。到了商周秦汉时期，这套玉礼制度更加规范，天子诸侯各有规制，又形成了由琮、璧、璜、圭、璋、琥构成的玉器系统，被称之为"六器"。在此基础上，玉器被更多地赋予了道德观念和价值内涵，成为君子高尚德行的象征。

最后来看世俗化阶段。到距今约1 000年的唐宋时期，皇室宫廷依然对玉器使用有较为严格的等级规定，但玉器的礼制作用已逐渐式微。这一时期玉器开始"飞入寻常百姓家"，普通民众也可以制作、使用和买卖了。玉器这种以往只有皇家贵族才能拥有的美石，开始被广泛应用于平民百姓的日常生活中，譬如佩戴装饰、馈赠亲友、珍藏把玩，渐成风俗，延续至今。

总的来看，中国玉器8 000年来历经神圣化、礼仪化、世俗化的传承与发展，从早期主要象征王室皇家、贵胄名臣等社会上层人士的身份、权力和地位，到后期逐渐走向社会化、平民化、商品化、世俗化，形成了源远流长、延绵不绝的中国玉文化发展演变长河。

说到这里，要回答开头提出的问题了。本文标题中的时间之所以从八千年改为九千年，是因为2020年有一项新公布的考古成果刷新了我国玉器的起源史。那就是在黑龙江省小南山遗址发现了距今9000年的史前玉器，包括玦、环、管、珠、璧等多种类型，总数达200余件。这一发现将我国玉文化历史上溯了1000余年，被评为2019年度全国十大考古新发现之一。所以，从2019年构思到2020年我写这篇短文章，时间虽仅隔一年，但中国玉器的源头的考古发现却又前伸了1000年。

在人类制作、使用的各类器物中，或许没有哪一种能像玉器那样广泛而深刻地影响到中国人的精神世界。玉器蕴含的文化精髓，历经九千载，赓续近万年。尊玉、爱玉、养玉、品玉的文化传统，逐渐沉淀为中华文明标识性的文化基因，成为中国价值、中国精神的重要组成。

国家公祭鼎原型

2014年岁末的12月13日,首次南京大屠杀死难者国家公祭仪式在南京举行,国家主席习近平等共同为铭刻有五个篆体鎏金大字的"国家公祭鼎"揭幕。

国家公祭鼎呈圆形,三足,双耳,鼎身和铜质底座重2014千克,石质底座重1213千克,这象征2014年12月13日我国举办首次国家公祭。公祭鼎与古代铸鼎上最大的不同就是铭文刻在鼎身之外,这是为了让更多的人看到南京大屠杀的史实。而且,原初的设计中,本来采用的铭文字体是小篆,但小篆是秦代的汉字,大众识别起来有难度,所以后来改用了大家更容易看懂的魏碑体。此外,国家公祭鼎身后还有用楷书刻成的铸鼎记事,记述了南京大屠杀给中华民族造成的巨大灾难,表达了对遇难同胞痛悼、祭奠之意。

鼎,原本是一种熬煮食物的日常生活用陶器,最早出现于六七千年前的史前社会中期,后来逐渐演变成一种非实用性的礼器,常在重要礼仪场合使用。到了4000多年前铜器发明以后,便改用铜来铸鼎。其中,"禹铸九鼎"的传说故事最为有名。

话说夏初,大禹平治水土,将天下划为九州,并铸成九只大鼎,代表九州,象征执鼎者拥有统治天下的权力。九鼎因此被夏商周三代奉为传国宝器,得国得鼎,失鼎失国,鼎成了国家存亡的标志。同时,谁可拥有多少鼎,还象征着社会地位的高低和权力的大小。所谓天子用九鼎、诸侯用七鼎、卿大夫用五鼎、士用三鼎或一鼎,成为规制。

　　这种做法直到战国时代以后,才随着社会制度"礼崩乐坏"而逐渐式微,不再延续,但留下来"一言九鼎""定鼎天下""钟鸣鼎食""革故鼎新"等蕴含鼎文化的词语。值得一提的是,古代逢重大政治和社会事件常用的铸鼎纪事传统,得以传承至今,鼎从礼器转化成为具有纪念性的象征物。像联合国成立50周年时,中国政府送的"国礼"便是一尊1.5吨重的大鼎。再像香港回归祖国怀抱时,也曾铸造宝鼎,用以志念。这次铸造国家公祭鼎,用以祭祀在侵华日军南京大屠杀中遇难的同胞,主题突出,永久悼念,再次呈现出鼎文化的古为今用价值。

　　如果我们对中国鼎文化有所了解的话,还会发现国家公祭鼎不是凭空铸造,而是典有所本,形有所出,形神兼备,等比例仿制于收藏在安徽省博物馆的镇馆之宝——楚大鼎。

　　楚大鼎,又称"铸客大鼎",重约400千克,仅次于收藏在国家博物馆的832.84千克的司母戊鼎,号称中国现已发现的第二大鼎。楚大鼎的足、腹下,有"安邦"二字吉语铭文,显然国家公祭鼎的仿制用意与此也不无关系。

　　据说,楚大鼎的主人是楚国明主考烈王,他在位26年,迁都于今安徽寿县后去世,接替王位的幽王十分敬重他的父亲,便把此鼎随葬于墓中。1933年寿县大旱,当地联保主任驱使农民以赈灾为名盗挖楚墓,震惊全国。待安徽省图书馆闻讯前去收藏时,大部分器物已散佚,只剩下不易搬走的楚大鼎等器物。后来,该鼎还因抗日战争爆发被运往四川,几经波折,直到抗日战争胜利后,才被运回南京博物院。国民党撤离大陆前往台湾时,楚大鼎因过重,未来得及搬上船。中华人民共和国成立后,该鼎重回安徽。现而今,作为东周时期最重的大鼎,楚大鼎已被列为国家首批禁止出国(境)展览的64件文物之一。

顺便要谈到的是,1958年,毛泽东视察安徽时,曾到安徽省博物馆参观。他对楚大鼎及其流传过程很感兴趣,边贴近口沿往鼎内看,边诙谐地说:"这里面能煮一头牛啊!"毛泽东的这次参观,据说创下了他平生的两个唯一:一是安徽省博物馆是他平生视察过的唯一一个省级博物馆;二是他唯一一次发表了对博物馆事业的指示:"一个省的主要城市都应当有这样的博物馆。人民认识自己的历史和创造的力量是一件很要紧的事。"

奥运圣火看阳燧

每逢全世界规模最大的综合性运动会——奥林匹克运动会（简称"奥运会"）开幕前，一般都会在奥运会发源地希腊奥林匹亚的赫拉神庙前点燃圣火。圣火采集方式遵循古希腊的传统，由一位女祭司采用向日取火的古典方式，将太阳光聚焦在凹面镜的中央，产生高温引燃圣火。整个过程庄严肃穆，没有人群围观。媒体上播放的奥运圣火采集过程看似简单，实际上凹面镜取火非常需要技巧，取火器的位置、角度甚至天上的云彩都有可能对取火能否成功造成影响。

说起来，用这种反射阳光的方式点燃圣火，最早可以追溯到1928年的第九届奥运会。而我国早在西周时期就发明了一种叫作"阳燧"的取火用具，屈指算来，已经距今3 000年了。

阳燧，在古文献上有不少记载，像《周礼》上就说："夫遂取明火于日。"汉代的郑玄注解道："夫遂，阳遂也。"《疏》云："以其太阳之精，取火于日，故曰阳燧。"《考工记》还专门记录了制作阳燧的配方："金锡半，谓之鉴、燧之齐（剂）。"也就是说，制作像镜鉴和阳燧这样的器物，原料的配方剂量通常是铜和锡比例各半。

文献上说的阳燧，考古上也有发现，为我们进一步了解它的形态提供了实物证据。初看上去，阳燧圆形似镜，但正面不像古镜那样呈平面或凸面，而是内凹状，凸弧背上还有钮，施纹或素面。考古发掘中所获年代最早的实物，是陕西省扶风县周原一座西周中期古墓中清理出的青铜阳燧，其直径8.8厘米，厚0.2厘米。经西北光学仪器厂测定，其曲率半径为20厘米，属标准球面镜。这是迄今国内发现最早的人工铸造金属取火用具，是我们祖先利用太阳能的一个较早见证。

阳燧这种凹面镜的使用方法，在后来的一些文献中也曾有详细记录。像《淮南子》中就讲："阳燧见日则燃而为火。阳燧，金也。日高三四丈，持以向日，燥艾承之寸余，有顷，焦吹之则得火。"再像《梦溪笔谈》也说："阳燧面洼，向日照之，光皆聚向内。离镜一二寸，光聚为一点，大如麻菽，著物则火发。"这也就是说，将阳燧放在日光下，聚光于凹面中心，在聚光处放上加过硝水的艾绒，使其燃烧，即可取火。1995年中央电视台曾经播放过周原博物馆按照阳燧原件翻模后铸造的复制品取火试验，在强烈的阳光下，最快只需3~5秒，即可将放置在聚焦处的易燃物引燃，并且产生明火。

大家知道，远古时代先民对天然的火，有一个从恐惧到认知、从认知到使用的漫长过程。在用太阳能取火之前，最初多用摩擦起热取火，最早像一二万年前的山顶洞人就掌握了人工摩擦取火的技能。西周时期凹面镜的出现，说明人类发展到了有意识地利用太阳能取火的阶段。这从周代官府设有与使用火或管理火有关的"司烜氏"专司之职上，就可看出。阳燧作为火光源时代的主要取火用具之一，还会在很多隆重或正式的场合使用，像《周礼》上就曾记载"阳燧取之于日，近于天也，故占卜与祭祀时用之"，司烜氏"掌以燧，取明火于日，以鉴，取明水于月，以共祭祀之"等。到了汉代，人们还将对火的崇拜、珍重、依恋和怀念等感情都凝聚在阳燧上，在不少出土器物上不乏"阳遂富贵""阳遂富贵大吉利""可取天火，除不祥兮""阳燧多孙子兮"等象征吉祥、美好、富贵的铭文字样。意即拥有阳燧，就可以取火，有了火，人们就可以过上富裕而又尊贵的幸福生活，事事大吉大利。从这些美妙的吉语中，我们可以深深地体会到火在人类生活中的重要地位和人们对火的崇敬与希冀。无独有偶，国外也用凹面镜采集天火来象征神圣和吉祥，以至于我们在奥林匹克圣火的采集仪式上还能看到这一幕，它可被称为对全人类非物质文化遗产的集中展现和传承。

在考古上，除了上面提到的周原以外，陕西扶风庄白、陕西长安张家坡、北京昌平白浮等地也都出土过西周时期的阳燧。春秋战国时期的阳燧发现量略增，地域趋广，如河南上村岭虢国墓、浙江绍兴战国墓、吉林省吉林市猴石山石棺墓、河北丰宁山戎墓、辽宁宁城石椁墓等地，也见出土。在山西侯马晋国都城冶铜遗址，还清理出制作阳燧的范模。时至现代，在我国很多阳光充足的地区，老百姓依然保留着用凹面镜烧水做饭的传统习俗。

顺带还要提到的是，在古代文献记载中，利用太阳能取火的用具不仅有阳燧这样的金属制品，也有非金属制品。如汉代《淮南万毕术》中记载了一种用冰取火的方法：削冰令圆，举以向阳，下承以艾，可以取火。这是把冰加工成球形透镜，在太阳下以日光聚焦取火的技术。当然，这种冰质材料易融化，使用起来不像阳燧那样持久。

宋代苏轼、沈括的《苏沈良方》还记载了另外一种方法："凡取火者，宜敲石取火，或水晶镜子于日得者，太阳火为妙。"这种取火用具在考古发掘中也有发现。如20世纪70年代中期，安徽亳县（今亳州）两座东汉晚期墓中出土了一批玻璃透镜。其中，元宝坑村一号墓出土两件：一件扁圆形，直径2.4厘米，凸高0.6厘米；一件扁桃形，长2厘米，宽1.8厘米，凸高0.55厘米。其明亮度与水晶相同，在放大镜下可以看到内含微泡，硬度同玻璃一样。董园村一号墓出土三件，发掘者称："聚光扁体玻璃饰物光洁如水晶，可见当时玻璃制造技术达到的高度。"这几件罕见的取火之物有一个共同的特点：那就是都能够聚光，照理说也都可以在阳光下聚焦取火。

中国古代灯文化

2019年元宵节，故宫举办了"紫禁城上元之夜"元宵灯会活动。灯会上既有现代高科技射灯，也有红灯笼等传统灯彩，一时间引发国内外亿万人的关注。

灯彩不是日常的实用性灯具，而是元宵节专门使用的一种以装饰性为主的观赏灯具，肇始于汉代，至隋唐宋元时期渐成社会风俗，广为流行于民间和宫廷之中。到了明清乃至近现代，各地仍保留着这一古老的传统风俗，成为人们节庆期间的重要活动内容，形成了灯节文化现象。

灯彩只是在节庆时才短时间使用的观赏灯，而在日常生活中，更多的则是实用性更强的照明灯具。所以，中国的灯文化自古以来就形成了日常实用灯和节庆观赏灯两个系统，两者并行演化，相映生辉，极大地丰富了我国灯具种类和体系，为我国乃至世界灯具史写下了独具中国特色的辉煌篇章。

说起来，中国还是世界上最先发明灯具的国家之一，比如：宁夏海原新石器时代窑洞遗址里，就发现了用来照明的松枝遗存，距今已有4000多年历史。据考古发现报道，在窑壁距居住面5~130厘米的范围内，分布着50多个残留的圆形插孔。插孔上方有青灰色的火苗状烧灼痕迹，插孔里面留有松树残迹。经鉴定，这些松树应为松脂含量很高的红松。

通过实验复原发现，在插孔中斜插上松枝，点燃后即可取亮。一根长20厘米的松枝可燃烧近1小时。若将50多处插孔内的松枝全部点燃，差不多就能达到现在100瓦电灯的亮度。

灯具是人类不断改善生活、生产条件的产物。它的发明和创新，无不凝聚着人类的技术和智慧。中国传统灯具素有设计合理、功能完善、结构科学、造型生动、装饰瑰丽等特点，它们或做成人物形，或做成植物形，或做成动物形，或做成器皿形。

河北满城汉墓出土的汉代皇室贵族使用的长信宫灯，便是其中的典型代表。这件取宫女执灯之意而造型的铜质鎏金灯具，不但把人与灯浑然融为一体，还设计出能调亮挡风的灯罩，并安装了能消烟除尘的排烟导管，在灯具发展史上最早解决了灯烟所带来的室内环境污染问题。

无须讳言，在几千年中一直以自身特色著称的中国古代灯具，在近代以来的灯具创新发明中，有些落伍了。当以电光源为标志的电灯从西方进入中国之初，人们一时还不能接受这一新鲜事物。

据《清稗类钞》记载：清光绪八年（1882年），英国人李德立提出在上海安装电灯。"创议之初，华人闻者以为奇事。一时谣诼纷传，谓为将遭雷击，人心汹汹，不可抑制。"

后来，经过多方协调，才得以试装15盏英制弧光灯。据当时的《申报》报道，是年7月26日下午7时，15盏电灯同时发光。"其光明竟可夺日，关记行点一盏，而内外各物历历可见，无异白昼。""凡装电灯之处，观者来往如蚁。"试装成功后，人们发现电灯非但无害，反而有益，上海这才开始陆续安灯。

时光荏苒，岁月如梭。而今，社会早已发展到了采用光声电等高科技手段举办灯会、装饰家居的阶段。近年来，让建筑物亮起来的灯光景观工程等，美化了城市的人文环境。各地推陈出新地举行各种灯会、灯节活动，也极大地丰富了人们的节假日生活。故宫这次举办的上元之夜活动，又把古老的灯文化推向了传承中国传统文化的新高度。

古都规划"三重城"

中国是一个历史悠久的文明古国，在5000多年的文明发展史上，诞生了大大小小各种政权，所以，在辽阔的国土上，也就形成了很多历史丰厚、规模巨大、地位特殊的古都。这些古都无不是当时的经济、政治、文化中心。人们往往将一些重要的古都放在一起，称其为几大古都，像我们熟知的就有六大古都、七大古都甚至十大古都的说法。

无论几大古都，观察这些古都的平面图，不难发现一个现象。那就是很多古都都有三套城墙，包括宫城、皇城和郭城。由于大部分都城的三套城墙都是一圈套一圈的，所以也被称为"三重城"或"三重格局"，这是将中国古代社会秩序理念浓缩体现在了都城的规划上。比如：皇帝住宫城，行政衙署和王公大臣居皇城，老百姓集中生活在郭城。这种秩序和观念体现出中华传统的社会组织结构和国家治理模式，是中华文明的特征和根脉之一。

古代都城的规划在中国有着久远的传统，那么最早采用这种规划理念修建的古都是哪里呢？一般说法是，从两汉的长安城、洛阳城逐步发展到隋唐长安城、洛阳城，形成了一套成熟完整的制度，到明清北京城达到巅峰。也有的说，建设都城的规划思想的肇始还要久远。过去说起来，通常都会提到《周礼·考工记》中那段著名记载："匠人营国，方九里，旁三门。国中九经九纬，经涂九轨，左祖右社，面朝后市。"

对于这段话人们常常是这样解读的：建筑师营建的都城为

正方形，边长九里，每座城墙建有三个城门。城中铺设九条南北大道和九条东西大道，南北道路之宽可容九辆车并行。王宫的东面为祖庙，西面为社稷坛，前面是殿堂，后面是市场。

《周礼·考工记》记述的是周代的都城营建制度，它在一定程度上反映了 2 000 多年前都城规划的理念。但考古发现表明，这还不是中国最早的城市规划范例，在良渚古城遗址发现了更早的案例，它大大丰富了文献上的记载，把中国都城规划的历史提前到 5 000 多年前。

良渚古城遗址位于浙江省杭州市西北部，是约 5 000 年前中国最大的都城遗址，2019 年被列入世界文化遗产名录。这座古城遗址的中心是 0.3 平方千米的宫殿区，其次是约 3 平方千米的内城，面积相当于 4 个北京故宫，再外围是超过 6 平方千米的外城。宫殿区、内城、外城自内而外依次分布，形成了三重空间布局结构。

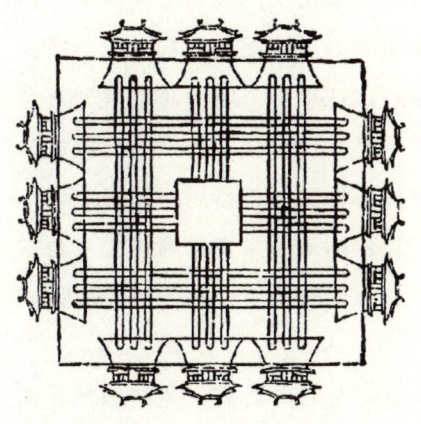

宋代绘制的《考工记》王城图

《考工记》出自《周礼》，其中《匠人建国》和《匠人营国》两节记述了周代的王城营建制度和空间布局，是现存最早的城市建筑及规划方面的史料之一，对我国古代都城规划有着深远的影响。

这种以宫殿区为中心的三重向心式布局，凸显出非常强烈的规划意图：宫殿区轮廓是十分规整的矩形，内城的封闭式轮廓几近圆形，外城的不连贯轮廓也多呈向心的弧线段。显而易见，这样的三重形态是经由人为规划的，以宫殿区、内城与外城组成了一套目前所知中国最早的都城规划格局。最重要的礼仪建筑、广场和最高等级墓葬在核心，玉石加工区、骨器作坊等在中间，平民住房在外圈。

良渚先民创造的这种三重城市格局，对于中国城市建设史具有重要的开创意义。它所揭示的空间规划特征堪称具有中国文明传统的杰出范例。这种维护和强化社会分级的空间规划手法，呈现了早期国家意欲借助空间秩序的规划，建立和强调权力的中心场所、明确社会的阶层差异的政治主张和营城理念，良渚古城作为都城的权力中心地位也得到了充分的体现。

尤为重要的是，这种三重城市格局自良渚开始，历经5000多年，在中国古代都城规划上渐成主流和范式，对后世产生了长久的影响，很多都城都在城市空间规划上保持了这种三重城的基本要素。历数古代中国的历代都城不难发现，像汉魏洛阳城、隋唐长安城、北宋东京汴梁城、明清北京城等著名的都城，多将宫城或皇城规划于城市比较核心的地带，这成为中国古代城市发展史后期的空间特征。三重格局的都城规划不但在中国不断得以传承，而且还伴随着唐宋文化的传播，对东北亚地区其他国家的城市（如日本的京都、奈良等）的规划产生了明显的影响。

还要提到的是，良渚古城空间上的向心式三重结构，在因地制宜性、工程规模、设计与建造技术等方面，也呈现出5000多年前良渚先民的聪明智慧。例如：良渚古城地处水网密布的江南地区，是一座名副其实的水城。其中内城设有9座城门，每面城墙有2座水门，南面多设了1座陆地城门。这9座城门四通八达，连通了古城内外的水陆交通，展现了城市规划充分利用了平原河网的特征。

良渚古城的规划建设和《周礼·考工记》的记载及历代都城的规划建设还是存在差异的，但其有序规划、规整布局的方式和理念，应该得到了后代的承袭和延续，所以被世人誉为人类文明发展史上早期城市文明的杰出范例。

世界遗产 有良渚

在 2019 年 7 月于阿塞拜疆首都巴库召开的第 43 届世界遗产大会上,浙江杭州良渚古城遗址被列入了世界遗产名录,成为我国的第 54 处世界遗产。

距今约 5 000 年(公元前 3300—公元前 2300 年)的良渚古城遗址,是中国该年度唯一推荐的世界文化遗产的申报项目。它以规模宏大的城址、功能多样的城外水利系统、各种等级的墓地和祭坛等遗迹,以及具有信仰与制度象征性的玉器等四类遗存内涵,揭示了中国新石器时代晚期在长江下游环太湖地区曾经存在过一个以稻作农业为经济基础、出现明显社会分化和具有统一信仰的区域性早期国家,展现出长江流域对中华文明起源所做出的杰出贡献。

良渚古城遗址在空间形制上由宫殿区、内城与外城构成,展现出一种向心式的三重结构。这种按照社会等级建设、凸显权力中心象征的营城手法,呈现了长江流域早期国家的城市文

良渚古城宫殿区遗址

宫殿区位于良渚古城遗址中心,分布有大莫角山、小莫角山和乌龟山等三座独立的台地和沙土广场、大型粮仓及 35 座房屋基址,是良渚时期最高统治者居住和活动的主要场所。

明所创造的规划特征，对中国后来的古代城市规划产生了深远影响，甚至一直延续到明清北京城，成为物质上实证五千年中华文明延绵不绝的典型范例之一。另外，良渚古城城外的水利系统，作为城市水资源管理工程，比大禹治水还早1000多年，在选址、规模、设计与建造技术方面，也都展现出世界同期罕见的科技水平。因此，良渚古城被誉为展现了5000年前中华文明，乃至东亚地区史前稻作文明发展的极高成就，在人类文明发展史上堪称早期城市文明的杰出范例。

世界遗产的申报要求非常严格，尤其强调遗产历史的真实性、保护的完整性和管理的有效性。良渚遗址最早发现于1936年，1959年被命名为"良渚文化"，2006年在良渚遗址的核心区又发现了良渚古城遗址。早在1956年，良渚遗址就被浙江省公布为第一批省级一等文物保护单位。1996年良渚遗址群被国务院公布为第四批全国重点文物保护单位，1994年起先后多次被国家文物局推荐列入中国世界文化遗产预备名单。

长期以来，良渚遗址的保护管理机构遵循国内外遗产保护的宪章公约及法律法规，颁布了专项保护法规，制定了长期保护规划，推行了相关保护政策。近些年，遗产地还注重兼顾当地群众的切身利益，注重调动广大民众自觉参与遗址保护的积极性，"保护良渚遗址，传承中华文明"已逐渐成为当地群众的普遍共识和行为自觉。而且，自2003年起，"良渚"一词已多次进入中国各类历史教科书，影响了上千万中国青少年。

"中华文明史，上下五千年"，这是中国人的常识。然而，国际学术界曾长期认为中华文明只始于约 3 500 年前的殷商时期，因为在河南安阳殷墟发现了作为物质文明标识的金属和文字，即青铜器以及甲骨文。因此，河南安阳殷墟遗址早已被列入了世界遗产。而今，良渚古城被列入世界遗产，这意味着中华文明起源于 5 000 年前和国家形成于 5 000 年前终于得到了国际承认。以良渚为代表的中华文明，进入了世界上 5 000 年前先后开始出现的第一批成熟文明和早期国家与社会之列，它们就是我们常说的世界四大古文明——尼罗河流域的古埃及文明、两河流域的苏美尔文明、印度河流域的哈拉帕文明、黄河和长江流域的中华文明。

2019 年，是良渚遗址的大年。在走过了 83 年的考古之路，历经了 63 年的保护之路和 25 年的申遗之路后，良渚遗址终于成为被世界公认的具有突出普遍价值的人类共同遗产，可谓修成正果，实至名归。

黄石炉火三千年

湖北黄石处在长江中游铜铁等多种金属成矿带上,矿冶资源丰富。从商周时期开始,这里就具有了持续采矿、选矿、冶炼、制造、加工等矿冶开发活动的历史,形成了以铜绿山铜矿、大冶铁矿和汉冶萍煤铁厂矿股份有限公司(简称"汉冶萍公司")等为代表的传统工业文明和现代工业文明。因此,黄石素有"青铜古都""钢铁摇篮"的盛誉。世人常以"三千年炉火不灭"来形容黄石持续至今的矿冶生产传统和各种工业遗产。

铜绿山铜矿以中国迄今开采年代最早、规模最大、保存最好、冶炼水平最高、内涵最丰富的铜矿著称。1973年,在铜绿山采矿场40余米深的地下,考古学家发现了铜斧、铜锛以及木槌、木铲、陶罐等器物,由此初步认定,这是一处先秦时期的青铜原料生产基地。后来经多次发掘,还发现了开采矿石的巷道、冶铜炉和炼渣,表明这里的矿冶活动以采矿和冶炼为核心,满足了当时社会以铜铸造礼器和兵器的需求。

在铜绿山古铜矿遗址,考古学家后来还发现了汉代矿冶活动遗存。这里至今仍然是我国铜矿石品位第一、储量第二的大型铜矿。地质部门已探明,铜绿山矿区铜储量达80万吨。有学者研究认为,已开采的矿石足以制作4万套湖北出土的著名的战国曾侯乙编钟。

铜绿山古铜矿遗址1982年被列入第二批全国重点文物保护单位,1994年被列入中国世界文化遗产预备名录,2001年被评为中国20世纪100项考古大发现之一,2018年入选国家工业遗产名录等,足见其所具有的重要考古和遗产价值。除了保护管理以外,铜绿山古铜矿遗址的展示利用工作也起步得很早。1984年建成的铜绿山古铜矿遗址博物馆,是中国第一座反映古代矿冶科技史的专门性博物馆,中国著名的考古学家夏鼐先生还专门题写了馆名。这几年,笔者带着团队有幸参与了重新建设的铜绿山古铜矿遗址博物馆的策展工作,还在参与策划大型综艺节目《万里走单骑——遗产里的中国》时,将铜绿山古铜矿遗址作为目的地之一,也算是为这一遗产的鼓与呼尽了一份绵薄之力。

铜绿山古铜矿代表了中国青铜时代矿冶技术的最高成就,是先进技术和人类创造力的杰作。在黄石还有一处历史悠久的露天人工采矿区,那就是大冶铁矿,其采矿活动始于三国时代。这个矿区经过1 700多年的开采,形成了一个落差约445米的世界第一高陡边坡。矿坑坑口东西长2 400米,南北宽900米,面积达108万平方米,相当于150个标准足球场,因此该矿坑被称作亚洲最大"天坑"。这样规模的露天采矿场,

大冶铁矿露天采场矿坑

大冶铁矿的历史可追溯到三国时期。经过1 700多年的开采,大冶铁矿露天采场形成了一口东西长2 400米,南北宽900米,深445米的矿坑。

堪称世界矿冶史上的一个奇迹。

　　历史发展到近现代的1905年,大冶铁矿与萍乡煤矿、汉阳铁厂合并组成汉冶萍公司,翻开了我国近代工业文明厚重的一页。作为一个对于中国近现代工业化进程具有开端意义的工业联合体,这家公司是19世纪末20世纪初,在中国由传统社会向近代社会过渡的新旧、东西文化碰撞的社会背景下,受到"洋务运动"主张的"中体西用"思想影响而建成的,是中国历史上第一家用近现代新式机械设备进行大规模生产的钢铁联合企业。

　　有历史档案资料表明:到辛亥革命前夕,该公司拥有员工7 000多人,年产铁矿50万吨、煤60万吨、钢近7万吨,占清政府全年钢产量90%以上。作为中国钢铁工业的摇篮,汉冶萍公司对中国近现代工业的发端,对中国乃至亚洲现代工业文明的发展毋庸置疑具有里程碑式的意义。

　　黄石矿冶文化源远流长,底蕴深厚。从3 000多年前的古铜矿遗址,到1 700多年前的铁矿遗址,再到100多年前的大型煤铁联合生产企业,熔炼了青铜文明,开启了钢铁时代,铸就了大国重器。

　　黄石矿冶工业遗产作为印证古代矿冶文化和近代工业文明的"活化石",在中国矿冶文化史和中国文明史中具有举足轻重的地位和突出普遍的价值,具备申报世界文化遗产的实力。黄石矿冶工业遗产一旦申遗成功,将弥补我国世界遗产中迄今尚无工业遗产类型的缺憾。

景迈山里茶遗产

2021年开年看到两条与云南有关的新闻,一喜一忧,喜忧参半。

喜的是:云南景迈山古茶林被国务院批准为我国2022年正式申报的世界文化遗产项目。

景迈山古茶林位于云南省普洱市澜沧拉祜族自治县惠民镇,是由公元10世纪迁徙至景迈山,发现和驯化、栽培茶树的布朗族和傣族等民族的先民共同创造的。这些民族经过长期探索实践而形成的林下茶种植方式,成为原始森林农业和茶种植模式传承至今的实物例证和典型代表。

什么是林下茶种植技术?就是通过有限度的林下开垦为茶树生长创造理想的光照条件,利用森林完好的生态系统防止病虫害侵袭,不用农药和化肥生产出高质量的有机茶。笔者在当地考察时还看到了一个细节:人们筑路从不用柏油和水泥,而是用渗水性能好的碎石,哪怕这会造成行走不便和行车颠簸,为的就是更好地保护古茶林不受现代人造材料的侵扰。

云南普洱澜沧景迈山古茶林

景迈山拥有古茶林2.8万亩、古茶树320余万株,迄今已有近2000年的茶叶种植历史,是目前发现面积最大、保存最完好、年代最久远的人工栽培型古茶园。

景迈山古茶林主要分布在海拔1250~1550米的山坡、村寨周边以及森林中，它申遗的要素包括5片古茶林和分布其中的芒埂、勐本、景迈大寨、翁基、糯岗等9个传统村落等，总面积约有19090公顷，堪谓世界茶树原产地保存最完好的千年万亩古茶林。此外，景迈山地区祖先崇拜与自然崇拜相结合的"茶祖信仰"，提升了当地世居民族对古茶林保护的集体认同和行为自觉。

景迈山古茶林呈现了野生茶树被各族先民发现、驯化、栽培的历史，代表了人们认识自然、利用自然并与自然和谐相处的高超智慧，创造了人地和谐、人人和谐、人神和谐的山地人居环境，展示了人们因地制宜的土地利用技术和村寨选址以及建筑技艺等传统。

譬如：这些布朗族和傣族村寨的总体布局是依山而建、傍水而居。受佛教影响，村寨的入口往往建有佛寺，中心区域设

古茶林林下茶种植方式

布朗族和傣族等当地少数民族通过长期探索，形成了智慧的林下茶种植技术。茶树不施化肥，不洒农药，主要靠自然落叶和草本层提供营养，靠群落的生物多样性来防治病虫害，使自然资源得到高效且可持续的利用。

"寨心",村寨围绕寨心呈圈层向心式布局。民居多采用木结构干栏式建筑形式,布朗族屋檐上流行"一芽两叶"的装饰,而傣族建筑则以牛角符号装饰。

说到这些充满民族特色的村寨,就不能不提本文开头说到的一件忧心事,那就是牛年新春伊始,离景迈山不太远的沧源佤族自治县勐角傣族彝族拉祜族乡翁丁村老寨发生了严重火灾,老寨几乎全部被烧毁。

翁丁村老寨和景迈山的村寨建筑风格一样,全是传统干栏式茅草房,建成400多年来完整地保存了独具特色的佤族原始宗教、生产生活习俗和建筑风格,只可惜被一场大火毁于一旦。正在申报世界遗产的景迈山古村落必须以此为戒,坚决杜绝各类消防安全事故发生,我听说当地政府和各族民众对此予以高度重视并已经付诸行动。

由此可见,传统村落保护面临人为和自然的许多挑战。景迈山古茶林申报世界文化遗产既是为了更好地保护这些不可再

云南普洱澜沧糯岗傣族古寨

景迈山古茶林中坐落着多个美丽的传统村寨。村寨的入口往往建有佛寺,村寨围绕寨心呈圈层向心式布局。村寨的总体布局是依山而建、傍水而居,展现了人与自然和谐共生的美好图景。

生的人类宝贵资源，更是为了使茶文化这种具有突出普遍价值的人类遗产得以传承。

众所周知，茶、咖啡、可可是世界上最主要的三大饮料。其中，中国茶的发现和利用已经有四五千年的历史，长盛不衰，传遍全球，深深影响着人们的饮食习惯。国外有不止一处与咖啡和可可相关的地点成功申报了世界文化遗产，然而令人遗憾的是，备受人们喜爱的茶饮料时至今日没有一处相关地点成为世界遗产。

如今，普洱景迈山古茶林作为全球第一个茶文化申遗项目，肩负着代表中国乃至世界茶文化申遗的重任，将填补三大饮料种类全部成为世界遗产的空白。

上海古今两头高

如果有人说,当代上海的社会发展水平领先于全国很多地区,你一定不会摇头;但假使有人讲,5000多年前的上海也曾走在全国各地的前列,你恐怕就不会轻易点头了。可考古发现会告诉你,这的的确确是真实发生过的历史过程。就让我们从上海最早的考古活动慢慢说起吧。

记得那是2015年,上海市文物局举行"十三五"期间考古规划讨论会。我在会上提出,我们既要商议上海今后五年的考古发展大计,也要适时地举办纪念上海考古历程的主题活动,因为上海考古已经有了整整80年的历史。

1935年,早年留学法国、之前参加过江浙地区考古调查的上海暨南大学张凤教授,从媒体和市民提供的文物信息中得知,金山卫海边一带可能有古代遗址。8月14日,他前往戚家墩村和附近海边考察,果然采集到不少汉代前后的陶片。9月初,他和卫聚贤、蒋大沂、金祖同等再次赴戚家墩一带调查,又拾到了两大麻袋陶片。此后直到秋季,前后历经了数次调查,采集的古代陶片等已足有近千片之多。事后,金祖同对采集品做了详细的分类、排比和研究,写出了具有考古调查报告性质的《金山卫访古记纲要》,刊印出版。

起源于20世纪30年代中期的上海考古,说长不长,说短也不短,既有中国价值,又有上海意义,还有沪上遗憾。

上海考古的中国价值在哪里?这要从中国何时有了考古学来看。众所周知,瑞典人安特生1921年发掘河南渑池仰韶村遗址，这常被作为中国考古学诞生的标志。屈指算来，上海在那十几年后便也开始了考古工作，在当时的中国范围内，该是为数不多的起步很早的地区，算得上是中国考古学的起源地之一吧。

而戚家墩考古的上海价值是什么？这要从学者们对这次考古调查给出的"三个一"的评述看：上海有史以来第一次初步具备现代科学水准的考古活动，发现了上海地区第一个古文化遗址，出版了上海第一本考古调查报告。当年戚家墩考古调查后，金祖同就提出："希望有人才有经费的考古机关去发掘，不致为古玩商人所居奇！"但不无遗憾的是，这个大约有3万平方米的重要遗址，后来却因国家大型企业金山石化的大规模厂区建设，遭到了比较大的破坏。2017年，我参加了对这个遗址进行重新规划和环境整治的论证会。虽然重新规划和环境整治还不足以复现它的远古景观，但对这处上海最早考古之地特别是地下的文化遗产，也算是尊敬和告慰吧。

戚家墩考古拉开了上海考古序幕，在之后的80多年里，一个个遗址的新发现，彻底改写了上海的早期历史记载和上海无古可考的老式观念。迄今为止，上海已发现了约30处先秦时期遗址，把上海有人类活动的历史推进到了6 000多年前，并命名了三个代表不同时期上海先民生产和生活历史的考古学文化：约5 500年前的崧泽文化、约4 200年前的广富林文化和约3 500年前的马桥文化。

我曾经尝试着取年代的整数，对上海的早期历史做一个年表式的梳理，发现考古成果完全填补了因文献记载不足所留下的时代缺环：

距今约6000年，马家浜文化（得名于浙江嘉兴马家浜遗址）；

距今约5500年，崧泽文化（得名于上海青浦崧泽遗址）；

距今约5000年，良渚文化（得名于浙江余杭良渚遗址）；

距今约4200年，广富林文化（得名于上海松江广富林遗址）；

距今约4000年，马桥文化（相当于夏代和商代，得名于上海闵行马桥遗址）；

距今约3000年，后马桥文化（相当于西周）；

距今约2500年，戚家墩类型（得名于上海金山戚家墩遗址，相当于东周时代吴越文化和楚文化）；

距今约2000年，汉代文化（汉王朝统一帝国）。

这个大致年代的上海早期历史年表显示：上海从6000年前开始，大约平均每500年就会出现一个新的考古学文化。这既可以说是上海早期历史演进序列，也可以算作带有某种历史发展"周期律"的上海史脉吧。

在历数了80多年来的上海考古成果后，还是要回到我们开头的话题上去，即上海5000多年前的辉煌时代，到底依据的是怎样的考古发现呢？兹以彩陶传播为例：在中原地区的史前时代，曾流行在陶器上做彩色纹饰的彩陶。这种彩陶所代表的强势文化四处扩散，远播到大半个中国。可我们看到一个现象：几乎遍布神州大地的彩陶文化，却偏偏没有分布到包括上海在内的长江下游特别是长三角地区。

这说明，要么彩陶文化没有向长江下游地区传播，要么靠近了长江下游，却没有传播进去。考古发现的物证显示，后者可能更接近史实。换句话说，一个强势的中原彩陶文化难以东进到长江下游，那就意味着长江下游应该存在着能与其既相媲美又可抗衡的发达文化。这样的文化，就包括赫赫有名的距今约5500年的崧泽文化。

崧泽文化因最早发现于上海青浦崧泽村而闻名，曾被评为20世纪中国百大考古发现之一，足见其具有的重要的考古发现和研究史地位。而且，其年代也恰好与中原彩陶文化流行的时间相当。该文化以太湖为中心，文物种类之多，技术发明之新，发展进步之快，显示出当时包括上海在内的这一地区，已进入了一个前所未有的文化发达、经济发展、社会繁荣的新时代。这个新时代的显著标志之一，集中表现在各种生产工具和生产技术的发明和普及应用等方面。

在陶器制作上，开始使用轮制技术。众所周知，在没有发明铜器和瓷器的史前时代，陶器是先民日常生活的主要用器。崧泽文化以前的先民都是手工做陶器：将泥片贴塑黏合成一件器物，或用泥条一圈圈盘成器形。这些制作方法过于原始，器物胎体厚重，器形笨拙，使用不便。而崧泽文化的轮制陶器，胎壁均匀，体薄轻便，器身规整，浑圆秀丽。轮制技术不但实现了标准化生产，还促进了批量化增产，能满足先民的大量生活需求。

大家知道，农业生产首先需要翻耕松土，然后是播种、除草、收割等。崧泽文化以前的先民翻地，使用的是长柄石铲或骨耜。使用这样的工具翻土，每挖一铲就要后退一步，而且难以避免间歇性作业，生产效率很低。到了崧泽文化时期，先民发明了石犁。石犁使原来的翻地变成了耕地，这种前面有人拉犁、后面有人扶犁的耕作方式，使后退变成了前进，可连续不间断地作业，生产效率大大提高。同时，变一己之力劳作为二人合力耕耘，培养了人和人之间协调合作的新型生产方式。

另外，崧泽文化还使用了石质农具耘田器。有学者认为这是一种中耕工具，它将过去的用手拔草改变为用工具除草，开创了后世广泛使用锄头间苗的先河。同时，耘田器还兼有加工兽皮制革等功能，可以一器多用。

需要指出的是，崧泽文化先进的加工生活用器的技术和新型生产工具的发明，还多具有原创性，更加体现出崧泽文化时期生产力的重大进步。这就使我们容易理解中原地区的彩陶文化能远播到全国那么多地方，却为何在上海、在太湖、在长江下游难觅踪影了。

因此，2013年在杭州召开的"崧泽文化学术研讨会"和2014年配合上海博物馆举办的"申城寻踪——上海考古大展"的"城市与文明国际学术研讨会"上，时任中国考古学会理事长张忠培先生就指出：在上海古今历史发展进程中，周秦汉唐宋元时期都不如远古和近代在中国有影响力，可称之为"马鞍形"发展轨迹。上海史脉中的"两头高、中间低"的特点，证明了社会发展的第一动力是发现与发明、创造与创新。换言之，在约5000年前的史前时期，包括上海在内的长三角地区，以发达的生产力和先进的创新力，曾经走在全国各地的前列，其社会经济文化的影响力并不逊色于当代。

约5500年前，中国各地区的新石器时代考古学文化纷纷在生产、生活、文化等方面进入了一个划时代的创新与变革时期，成为中华文明起源的标志性时代，开启了中国文明形成和早期国家建立的先河。崧泽文化上承约6000年前的马家浜文化、下启约5000年前的良渚文化，也以具有自身特色的种种创新性发展，融入了这一中华早期文明发展融合的历史洪流中。

上海曾是良渚古国的"直辖市"

2019年7月初,位于浙江杭州的良渚古城遗址被列入了世界遗产名录,中华五千年文明得到国际广泛承认,也引起上海很多朋友的极大关注。他们知道我是这次申遗的参与者,做过良渚博物院总策展人,都来约我带他们去良渚古城遗址参观。

我告诉他们,作为良渚文化的组成部分,上海也有很多良渚文化遗址,并且在这次递交的申遗材料中,它们也被写进了向世界遗产大会汇报的申遗文本。这相当于说,"阿拉"上海也为这次申遗成功做出了自己的贡献。

距今约5000年的良渚古城遗址地处浙江杭州,是良渚王国的都城,总面积约9平方千米,是这次申遗的核心区域。在核心区之外,还有约100平方千米的良渚遗址群区域,分布着约300个遗址点,构成了良渚都城的近郊和远郊。但由于它们分布面积太大,又是现代人生产和生活的区域,尚难以全部纳入这次申遗的直接范围中,只能作为良渚古城遗址外围需要保护管理的缓冲区和建筑控制地带。

9平方千米也好,100平方千米也罢,说起来都是良渚王国的都城地区。良渚文化所代表的良渚王国统辖的地域范围,实际上广达整个环太湖流域,面积约4万平方千米,涵盖了今天浙江北部、江苏南部和上海西部地区,这些地区也发现了300多处良渚文化遗址点。前几年,考古学者还在江苏兴化蒋庄发现了大型良渚文化墓地,表明良渚王国的疆域范围可能还包括长江以北的部分区域。或者保守点说，良渚文化至少跨过了长江而北上，留下了文化交流的足迹。

江浙沪是我们现代人的行政区划，回到5 000年前，可以给良渚文化的分布范围打个比方：这次申遗成功的良渚古城遗址9平方千米区域就犹如"紫禁城"，良渚古城的100平方千米的郊区就相当于京郊，而江浙沪的广袤区域便是一个大大的"首都圈"。

上海地处良渚古城遗址东北部，距离约200千米，开车大概两个多小时，并不遥远，也算是比较靠近良渚王国都城的区域了，即便说是良渚古城的"京畿地区"也不为过。我的朋友说，那就相当于现代的卫星城市或直辖市吧？我觉得这个比喻算不上八卦，反而有助于更好地理解当时的两地关系，也就没表示异议。

在上海发现的良渚文化的遗址，包括金山区的亭林，青浦区的果园村、寺前村、淀山湖、金山坟、刘夏、千步村，松江区的广富林、汤庙村、姚家圈、机山等大约15处遗址。其中最为著名的青浦福泉山遗址及其毗邻的吴家场墓地，都属于良渚贵族的高等级墓地。考古学者常把它们比作良渚古城以外的地区性中心聚落，地位仅次于良渚古城遗址。

说起来，良渚古城的一些发现当初还受到了福泉山遗址考古成果的启发。那是1982年，福泉山遗址发现了随葬大量精美玉器的良渚文化显贵大墓。考古学者在对墓地的解剖中认识到，福泉山这座突兀的土山，竟是专门为埋葬那些墓主人而由人工堆筑而成的"土筑金字塔"。这为1986年以后在包括反山王陵在内的许多遗址的重要发现，提供了经验和启示。

福泉山遗址出土的琮、璧、钺等成套玉礼器，吴家场墓地出土的独一无二、长约 70 厘米的象牙权杖，不但都写进了这次的申遗文本，而且也经常出现在良渚文化的各种展览展示中。譬如我们团队 2018 年策展良渚博物院"良渚是实证中华五千多年文明史的圣地"和故宫"良渚与古代中国——玉器显示的五千年文明"等大展，都把它们当作了不可或缺的主要展

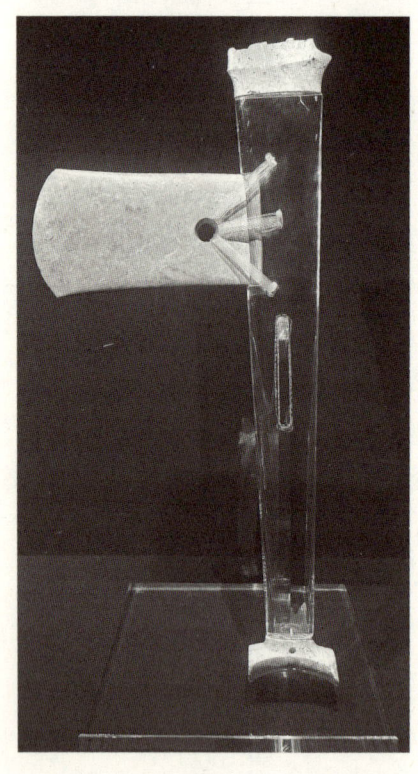

福泉山遗址出土的玉钺

玉钺是良渚文化时期部落首领举行重大仪式时使用的权杖，甲骨文和金文中的"王"字就是由钺的形状演变而来的。图为福泉山遗址出土的良渚文化玉钺，出土时有机质的钺柄已经朽坏，留下玉石质的钺和装在钺柄两端的装饰物。像这样完整组合的玉钺比较罕见，它反映出其主人拥有很高的社会地位。

品之一。

福泉山遗址等上海十多处良渚文化遗址,反映了上海地区也曾是良渚王国的最为重要的组成部分,它们与良渚文化的其他600多处遗址一样,共同构建了5 000年前的中国早期国家——良渚王国。

海派文化出马桥

世界上的很多大城市都有自己的城市精神定位,上海的城市精神共十六个字:"海纳百川、追求卓越、开明睿智、大气谦和。"其中,"海纳百川"作为首句,意思是既有大量外来的文化传入,也有很多本土的文化承袭,它们在上海这座城市相互碰撞、交流、融合,构成了多元性、开放性、兼容性等时代文化特征。

在过去,很多人都认为"海纳百川"来自上海近代历史进程和地理区位的特殊性,形成了多国、多地的"万国建筑博览会"历史风貌和城市文化风格。而多年来的上海考古发现则告诉我们,"海纳百川"其实一直是上海的历史文化传统,逆流溯源,至少可以追溯到上古的马桥文化。

马桥文化是距今 4000~3000 年的一种考古学文化,因最早发现于今上海闵行区的马桥镇一带而得名,是具有比较浓郁自身特点的一群先民创造的文化共同体。这个遗址迄今已进行过多次考古发掘工作。考古发掘出土的器物群显示,这个文化的来源可用"南来北往"加以形容。

所谓南来,就是马桥文化中有来自浙南、闽北的肩头弄文化的遗存;而北往,则是很多器物呈现出黄河中游夏、商文化和黄河下游岳石文化的特征;同时,其中还有上海本地马桥文化之前的良渚文化的传承内涵。

这么多地方的外来文化汇集到了马桥遗址,并与马桥当地的原有文化共存,所以考古学家径直用"海纳百川的马桥文化"来形容马桥文化的多元性和丰富性,来表述马桥文化在上海6000年社会发展进程中的特殊地位和历史贡献。

中国考古学会前理事长张忠培先生2014年在上海博物馆举办的"城市与文明国际学术研讨会"上,以"我从上海的历史看到了什么"为题发言指出:上海6000年历史,呈现两头高、中间凹的马鞍形文化发展态势。他具体说道:一头高是约5000年前,从崧泽文化到良渚文化,最早发明了犁和镰刀,多具原创性,玉器工艺冠绝全国,是上海的辉煌时代,位居全国先进行列。另一头高是近代开埠以来,引进、模仿、追赶、改进,形成了海派文化,成为东亚最大城市,一度超过东京。中间一段和两头相比,比较低洼,文化发展较为平缓,与中国其他地方相比没有太高的地位。

他这里说的上海社会历史发展的"中间一段"比较低,具体指的是从良渚文化衰落直到上海近代开埠的4000多年期间。而这个兴衰过程的谷底,则是上海松江广富林村发现的距今约4200年的广富林文化。相比之前曾经繁荣辉煌的良渚文化,到了广富林文化阶段,社会发展进入了停滞倒退或发展缓慢期,生存环境差了,创新发明少了,人口规模降了,文化影响低了,成为上海6000年历史中的谷底期。

而接下来的马桥文化则开始走出低谷,出现了具有文明时代特色的早期铜器工具和原始瓷等新技术产品,其中的黑釉原始瓷尤为罕见,堪称马桥文化的一大创新性的发明,可谓远古上海为中国做出的历史贡献了。

说到这里,可以明确:马桥文化是远古上海走出历史低谷的起点,马桥遗址是远古上海开始向近现代国际大都市发展的原点。换言之，被考古实证了的"海纳百川"的上海城市精神，既是现代的，又是近代的，还与上海古代史脉赓续相接，其肇始之初少不了马桥文化的贡献，甚至还可以追溯到更久远的广富林文化，乃至6000年前最早迁徙到上海来的祖先。

2017年7月，上海闵行区政协举办了"唤醒五千年的记忆，难以忘怀的远古上海——马桥文化论坛"，我在会上以"上海之本：马桥再出发"为题做主题发言时说：如果像人们常说的那样，青浦区的崧泽文化是"上海之源"、松江区的广富林文化是"上海之根"，那么，闵行区的马桥文化就应该是海派文化"海纳百川"的"上海之本"。这三大命名自上海的考古学文化，源流有序，起承转合，共同创造了上海远古文化的辉煌，并参与了中国文明起源与形成的共建进程，所以，它们不仅是青浦的、松江的、闵行的，也是"阿拉"上海的，当然还具有中国价值和中国意义。

从当代的社会和文化发展来说，马桥遗址是全国重点文物保护单位，是闵行乃至上海最具水平和规模的重要考古遗址。马桥文化是闵行历史年表或上海历史画卷的组成部分，在城市发展史上具有唯一性、代表性和突出普遍价值。我们要激发闵行历史活力，唤醒马桥考古记忆，增添上海文化内涵，把马桥考古遗址公园或博物馆建成闵行人民精神文化家园和上海城市文化发展新高地；围绕闵行打造全市有文化影响力城区和上海迈向具有全球影响力的城市，把马桥遗址建成集科学艺术、考古好玩、历史共享、文化休闲于一体的增长极。

远古的上海沧海桑田，成陆时间短，真正适合人类居住的历史也就6000年左右。换言之，上海本来没有人，外来的人多了，才变成了现在的上海。马桥文化展现了远古外来的"新上海人"与原来更早来的"本地人"的融合和创新，是上海"海纳百川"城市精神的源头之一。

上海世界级灯塔

大家都知道"世界遗产"是联合国教科文组织认定的具有世界意义上突出普遍价值的全人类的财富。世界遗产年年评选，我国各省、自治区、直辖市不断有新名单入选，这使得上海成为国内为数不多的尚无世界遗产的地方了。

2019年，联合国教科文组织官网上公布了中国政府上报的60项预备名单，上海的新场古镇被列入了江浙沪地区准备联合申遗的江南水乡古镇项目。另外，在这之前的2017年，上海崇明东滩候鸟栖息地也被列入了中国黄（渤）海候鸟栖息地（第二期）申报名单。但问题是，世界遗产委员会近年规定每个国家每年最多才能申报一项，这要排起队来，何年何月才能轮到江南水乡古镇和中国黄（渤）海候鸟栖息地项目，目前看来不说遥不可期，却也并不乐观。

其实，世界级的人类财富不仅仅有世界遗产，还有世界地质公园、世界水利遗产、人类非物质文化遗产代表作等。上海目前虽然还没有世界遗产项目，但是有一处文物早已成了世界级，只是不大被人晓得而已。这事说起来，不能不提到20世纪末召开的一次国际航标协会的会议。

1997年10月，国际航标协会在法国召开会议，审查各国申报的在历史上发挥重要导航作用的世界级文物灯塔，结果共有106座风格各异的灯塔入选。中国海事局灯塔主管部门推举的上海泖塔、浙江温州江心屿双塔、辽宁大连老铁山灯塔、浙江花鸟山灯塔、海南临高灯塔荣列其中。翌年，该协会向全球发行《世界历史文物灯塔 100 强》图集。

上海泖塔位于青浦区沈巷镇西南泖河流经的江中岛上，距今已有约 1200 年的历史。塔为砖木结构，五层四面方形，高约 30 米，是唐代僧人如海所建"澄照禅院"中最高的标志性建筑。碑文记载，这座宗教佛塔还有"标灯为往来之望"的功能，夜间塔顶悬灯，为往来船只指示航道。也就是说，泖塔建在当时宽阔的泖河岸边，既是佛塔，还是灯塔。

泖塔的世界级价值，最主要的不在于佛塔，而在于灯塔。换言之，泖塔作为佛塔名气并不大，但作为灯塔的地位却是国家级乃至世界级的。泖塔早在 1959 年就被公布为青浦县（今上海市青浦区）文物保护单位，1962 年被公布为上海市市级文物保护单位。1995 年，经上海市文物管理委员会重新修葺，泖塔又重现了昔日风采。

灯塔是设置于重要航道附近的塔形发光固体目视航标，可以指引船舶或标示航行险区，在我国有悠久的历史。据统计，中国有百年以上历史的灯塔 30 余座。这些灯塔不但在中外航标发展史上占有重要地位，有的现在还在运行，继续为保障航海安全做着卓越贡献，上面提到入选《世界历史文物灯塔 100 强》的 5 座灯塔显然是其中的佼佼者。2002 年 5 月，国家邮政局发行了以上述 5 座灯塔为图案的《历史文物灯塔》特种邮票。这 5 种邮票的发行量都在 1300 万枚以上，泖塔的编号列在首位，发行量也最大，接近 1400 万枚。

同年，上海计划重新点燃沉寂 700 余年的泖塔，并提出两种方案：一是采取现代科技，用灯透过玻璃纤维向外发射；二是采用传统的方式,在塔顶四周悬挂灯笼。这种对泖塔加以保护和利用的方案,无疑有利于彰显这一上海历史文化遗产。

泖塔传承千年,历经沧桑。据上海旧志记载,僧人如海在泖河中筑台建塔后,还曾增设殿阁,凿井建亭,名澄照禅院。至宋代景定年间(1260—1264年),改称福田寺,亦名长水塔院。寺院原有碑亭、山门、钟楼、鼓楼、江山一览楼、潮音阁、文昌阁、藏经阁、杰阁、净室、僧房、放生台、斋房、伽蓝禅堂、湛应殿、观音殿、转藏殿、武圣殿、大雄宝殿等建筑群。内悬宋徽宗赵佶的"云山堂"、朱熹的"江山一览楼"、李待问的"浸烟藏月"、赵孟頫的"方丈"、董其昌的"小金山"等匾额,墨宝荟萃,布设雅丽。清末民初,寺屡遭兵燹,建筑大部被毁。到1949年仅存一塔,塔身及相轮尚存,平座、腰檐已破落殆尽。

众所周知,造成遗产兴衰的原因是多种多样的。概括起来,人类活动和自然原因是导致环境景观发生变化的重要动力。泖塔及其周边建筑群的盛衰,表面看是人们不断兴建、修缮和战争破坏的结果,但实际上还有更重要的自然动力导致环境变化的原因。这在不少有关泖塔的古代诗文中都有所记述,只不过人们更喜欢把它们当成文人雅士对美景的抒怀,其实这些诗文中却记录了泖塔景观的水陆变迁过程。

泖塔所在地的泖河,历史上宽阔如湖,称泖湖。至少从唐宋时代起,随着人文景观的增设,这里更成为江南水乡旅游胜景,泛舟游湖者甚多。出身唐代松江甫里即今江苏省苏州市吴中区甪直镇,并在中国农史上有重要地位的陆龟蒙曾游览泖湖。他写下的"三泖凉波鱼绝动"诗句,是文献中对泖湖景观的较早记载之一。

所谓"三泖",在历史上是指今上海松江、青浦、金山至浙江平湖间相连的大湖荡。据清代光绪年间《青浦县志》载:早在晋代,泖湖即有长泖、大泖和圆泖之分,合称"三泖"。从宋代《云间志》《续吴郡图经》和明代《水利考》等记载看,长泖形如长带,因其位处上游,又称上泖。古时长泖萦绕百余里,后逐渐淤积成田,至清代只剩阔如支渠的水流。大泖水面宽阔,流经今松江、金山之间。因其位处中游,故又称中泖,历史上也早已淤塞,全部围垦为荡田,亦称泖田。圆泖流经松江、青浦之间,呈圆形,周约二十里,上起青浦小蒸,下至古浦、斜塘。因位处下游,又称下泖。经历代疏浚,得以保存至今,是古泖湖仅存的部分,今称泖河。泖河西连淀山湖,东为黄浦江上游主要河段,现已列入上海水源保护区。

泖河南北各有沙洲:南沙洲名"小独圩",北沙洲因泖塔而名"泖塔圩",又称泖岛。岛分泖河为东西两支,西泖河接太浦河来水,东泖河接西大盈港来水。有记载说,宋代王安石、朱熹,元代杨维桢、倪瓒,明代徐霞客、顾清、董其昌、陈继儒等名家,都曾来此游览,留下诗文和踪迹。其中,陈继儒《渡泖》诗足以使我们想见那时的水陆环境和人文景观:"秋老江蘋漾夕空,萧萧枫叶挂疏红。那知三泖清秋思,偏寄芦花一寺中。泖上定波叠乱沙,寺门桥断半蒹葭。"而明代屠隆《福田寺塔院记》的记载更甚其详:"登泖塔,坐藏经阁,凭栏瞩眺,四面烟水迥绝;大士浮图,巍然矗立烟云空翠间,洪涛冲击，日夜撼其下；川鱼沙鸟，芙蕖菱芡，参差历落，钟磬之音泠泠然，与波浪相答。少顷，断虹蜿蜒，上挂木杪，日气霞彩，下射波心，殿阁回映闪烁，陡作黄金相。又顷之，月出东海，波澄如镜，流光荡漾，直是浮金刹舍。心洒焉，乐之。时与诸君各赋诗记游，盖幽峭空旷，离绝尘世，足资高流栖遁，词人登览，泖云间山水之最胜也。"

青浦地区人地关系的记录除了古代诗文外，更有来自现代地质、考古和地理等学科的发现和研究。著名历史地理学家谭其骧和张修桂等根据这些资料对上海成陆过程的研究表明：早在约7 000年前，青浦已经成陆，这有崧泽、福泉山、寺前村、凌家角、金山坟等新石器时代至战国时期的古文化遗址为证。地质学方面的结果也显示，青浦成陆后历经兴衰，由草甸土环境沦为湖沼泽国。青浦以东地区发掘的大量砂姜，经土壤微型薄片鉴定，发现较多有孔虫骨骼和海绵针骨，其生物埋葬群为海陆过渡相，砂姜堆积形成的绝对年代为$2 100 \pm 110$年前，这和考古地理学结论显然是相互印证的。

可见，青浦地区古时既是太湖泄水东归大海之道，又是海水倒灌回流沉积地段，其发端至少可以追溯到史前时期，但唐宋以来已经与海口没有直接关系。由此可知，泖塔作为航标被废弃，是人地关系演化过程中淤湖成田的结果，与海退岸移的自然变化无关。

古老泖塔作为上海的一处世界级文物遗存，蕴含了上海水陆变迁的历史，还映射出了中国古今航标发展史的进程。

文物界的行规

2018年末,我在故宫博物院参观了"郑振铎先生120周年诞辰纪念展"。展览主要展示了郑振铎先生捐赠给国家的文物,还专门配有展板,解读了他捐赠文物的前前后后。

郑振铎先生捐赠给国家的文物中有不少是陶俑和有关古代器物的古书。他收集这些文物的起因是20世纪40年代后期编写《中国历史参考图谱》,他认为陶俑对研究古代文化生活大有裨益。加上那个年代社会动荡,他便确立了凭一己之力也不要让这些文物受损和流失的目标。可是,收集这些文物使得他经常负债,入不敷出,他在1948年日记的第一页就用毛笔蘸着红墨水题写道:"用钱要有计划!要经济!少买书,不买俑!还账要紧!!!千万,千万!!!"

中华人民共和国成立后,郑振铎成为第一任文化部文物局局长和考古研究所所长。作为中华人民共和国文物事业的主要开拓者和奠基人,他在就任局长职务后不久的1952年6月,即上书周恩来总理,提出捐赠陶俑等文物的意愿。同年年底,他将自己在1949年以前重金收购的655件古代陶俑等全部捐献给国家,后来这些文物被转拨给故宫博物院。所以,故宫在纪念他120岁诞辰之际,拣选出128件他捐献的文物,举办了这个专题展览。

郑振铎身为文物局局长,不但把自己收藏的文物捐赠出来,还带头遵循"瓜田不纳履,李下不整冠"的古训,从此再未收集任何文物。1958年,他因飞机失事不幸去世,他的家人根据他生前常说的"我死后这些书全部要上交给国家",将他一生视为第二生命的近10万册珍贵古籍藏书全部捐献给了国家,这些书现收藏于中国国家图书馆。

郑振铎先生的一生是收藏与护佑典籍和文物的一生。他不但身体力行,做好自己,更重要的是,他还与时任文物局副局长王冶秋共同倡议,文物工作人员都不要收藏和购买文物。在他们的倡议下,我国文物工作系统逐渐建立起不收藏和不买卖文物的行规。后来,这一职业道德规范逐渐成为文物博物馆界的优良传统,被列为国家文物局1997年颁发的《中国文物、博物馆工作者职业道德准则》的主要内容之一:"文物工作者个人不得收藏、买卖文物。"

除了不收藏和不买卖文物以外,文物工作者在一般情况下还不能轻率地对社会团体或个人持有的文物做鉴定。尽管文物工作者的主要日常工作之一,是对流传于世上的文物进行鉴

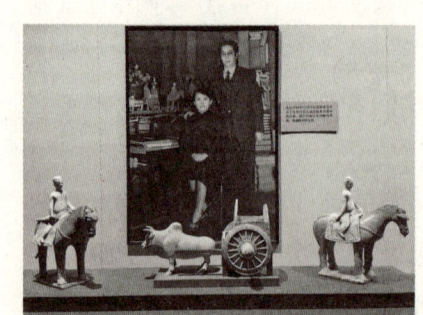

郑振铎先生捐赠的文物

郑振铎先生是新中国第一任文物局局长,他将自己重金收购的数百件古代陶俑等全部捐献给国家,并倡议文物工作者不收藏、买卖文物。图为1948年郑振铎先生五十大寿时与夫人在书房中的合影,照片前方为郑振铎先生捐赠的牛车和骑马陶俑。

定,包括对这类缺少明确出土地点的传世品加以辨伪、断代和定级,乃至为考古发掘出土的文物定性等;但在一般情况下,这些都是有预设的前置条件的。

这个前置条件,就是2012年重新修订上面提到的准则时特别强调的,文物工作者"不以文物、博物馆职业身份牟取私利"。也就是说,文物工作者既可以从专业方面参与博物馆等单位组织的藏品鉴定,也可以为社会公众做公益性的文物鉴定,但原则上不能谋取私利,更不能以正在任职的公职单位的身份从事这些活动。比如,故宫博物院或上海博物馆研究专家等,原则上就不能去参加那些商业化、市场化的民间鉴宝收藏、文物买卖活动,甚至还收费拿回扣。

这是因为你的身份所代表的是具有社会公益性质的事业单位,被鉴定的文物的持有者可能不熟知你,也不提你的名字,但他会说这是故宫或上海博物馆专家给鉴定的云云。如果这些被鉴定的文物流传无序,来路不明,甚至涉嫌违法所得,那你所在的单位便替你背了黑锅,单位的公信力和社会名誉势必受到负面影响。

国家不反对文物专家从事公益性的文物鉴定,但也在不断加强规范和管理的力度。2012年国家广播电影电视总局和国家文物局就联合发文,加强文物鉴定类节目的规范和管理:"对文物的鉴定须由专家作出,提高文物鉴定类广播电视节目的权威性,确保节目中出现的文物合法合规、文物鉴定程序严谨科学。"

其实,文物界类似的行规远非这几条,例如还有:从事文物调查、考古发掘、陈列展示、宣传出版等工作中所获得的文物和信息资料必须全部归公，任何人不得私自占有；严禁将国家所有的文物作为礼品赠送给任何单位和个人；严禁出售或变相出售馆藏文物等。

我国文物界十分重视的这些职业道德规范，也是与国际上的相关行业准则接轨的。例如：1990年国际博物馆协会在许多国家博物馆职业道德准则的基础上，颁布了《职业道德规范》。它被翻译成16国语言，在许多国家得到推广，涉及的也都是文物行业的从业人员自重、自省、自警、自励等职业操守问题。

考古"大先生"张忠培

2017年7月5日,这本来是我向业师张忠培先生交作业的日子。

在这之前,我曾与先生约好了要交两份作业:一份是为先生三卷本的考古学新书向出版社写推荐说明;另一份是浙江良渚博物院陈列改造项目的展陈大纲。

5日这天上午,完成作业的我,一如学生时代一样,怀着些许忐忑的心情,准备向先生汇报,然而此时,却猝然接到噩耗:先生一早突发疾病,已经去了天堂!我看着这两份还没来得及交出的作业,一时间惘然失措,潸然泪下,难以自已。

先生1934年出生于湖南长沙,1952年考入北京大学刚刚创立的"中国考古第一班"求学,读至副博士研究生,毕业分配到东北工作,创办了吉林大学考古专业,后来被国务院任命为故宫博物院院长,再后来又被选为中国考古学会理事长。先生从大学时代与考古结缘,至2017年已整整65年。在如此漫

张忠培先生

张忠培先生(1934—2017),著名考古学家,曾任中国考古学会理事长、故宫博物院院长、国家文物局专家组成员、长江三峡工程验收委员会委员、南水北调工程考古专家组组长等。图为2013年9月张忠培先生在浙江遂昌观摩陶器。

长的考古人生之路上，无论从考古学生转换为考古学者，从受考古教育者转换为考古教育家，从考古专业创建者转换为考古业界掌门人，他的一生几乎都交给了考古学，交给了求索中国考古学之道的实践和理论。

中国的考古学最初是1921年从西方传入的舶来品，如何把国外的考古学一般技术、方法和理论与中国的考古学的实际相结合，闯出一条具有中国特色的考古学道路，包括先生在内的几代考古学人已经上下求索了将近100年。从2014年开始，先生结合亲身经历的中国考古学历程，从约25部著作和近300篇文章中精选出代表作，以"中国考古学"为主题，分别以"走出自己的路""说出自己的话"和"尽到自己的心"为名，编成了三卷书稿。

《中国考古学·走出自己的路》以中国考古学史上李济、裴文中、梁思永、夏鼐、贾兰坡、苏秉琦、宿白、邹衡、俞伟超、张光直、徐苹芳等堪谓考古丰碑的代表人物及其所处的时代为对象，回顾和反思了近百年来中国考古学走过的历程。《中国考古学·说出自己的话》是给类别繁多的考古学成果所做的书序，涉及考古学发现、研究、保护、利用、传承五大方面，既有不同阶段的热点课题，也有理论方法的长期思考，反映出不同时期中国考古学的变化。《中国考古学：尽到自己的心》是先生在2008—2013年担任中国考古学会第五届理事会理事长期间，推动各类学术活动的讲话和论述，反映了新时期中国考古学会在他的领导下，在服务、助力、引领当代中国考古学发展中所发挥的巨大主体作用。

先生的这三卷著作，评析了近百年中国考古学史中的典型事件、代表人物及其发现成果和创新成果，足以体现中国考古学一百来年的思想精髓，堪谓一部浓缩版的《中国考古学思想史》。我和大学同窗朱延平师兄以及系友宋小军等有幸全程参与了论文的编选、校订工作，更多地了解到耄耋之年的先生在生命的最后几年，为了这三部书，常要每天工作七八个小时，直至去世的前一周。那时这套巨著已进入最后的扫尾工作，即将付梓；如今，书稿终于付梓，却不想竟成绝笔！但可以告慰先生的是，这三卷著作后来入选了2018年度全国文化遗产十佳图书，先生地下有知，可以瞑目了。

另一份作业则缘起于2007年。是时，浙江良渚的考古发现获得重大突破，古城城垣初现端倪，先生听闻，便不辞辛劳，多次前往良渚指导工作。这期间，先生推荐我参加正在筹建的良渚博物院策展工作，还以"雍容华贵，高雅亲和"八个字为陈列定下基调，并在文本讨论时要求我们把文明起源和国家形成等重大考古课题都纳入良渚博物院的策展中。这促使我

张忠培先生手迹

自1958年起，张忠培先生主持大量田野考古工作，发表论著近300篇（部），对中国古今之变做了贯通式的集大成研究，得出了许多接近中国历史发展实际的科学结论。

明白了，展览既不是以单纯地介绍一个江南地区的史前考古学文化为结果，也不能让观众在参观后留下这是一个神秘古部落的印象，而是突出展示良渚遗址是中华文明起源和形成的圣地、良渚文化是中华五千年文明的实证、良渚文明在中国和世界同类或同期文明中具有的重要地位。后来，该展览获第八届（2007—2008年度）全国博物馆十大陈列展览精品奖，成为国内考古类博物馆的样板工程。

先生长期关注良渚考古。他早在20世纪90年代就率先提出，距今约5000年的良渚文化已经"迈入了文明的门槛"。2007年后的十年间，先生笔耕不辍，进一步指出良渚文明的国家形态是神权和军权并重的"神王之国"，从探寻人类社会发展道路的普遍规律的高度，重构了中国古今社会历史发展历程的演变规律。他不但以远见卓识的洞见，为良渚遗址的保护和利用指明了方向，还为良渚遗址申报世界遗产提供过至为重要的帮助。那是2016年6月，他牵头与考古文博界的"大先生"宿白、谢辰生、黄景略联名向习近平总书记建议加快良渚遗址申遗的进程。建议书强调了良渚遗址对于确立中华文明拥有5000多年历史的重要性，引起了中央的高度关注，并得到了习近平总书记的重要批示。

随着良渚遗址申报世界文化遗产的日益临近，加上良渚遗址考古有了新的发现、新的研究成果，良渚博物院启动了更新老展陈、打造考古遗址博物馆的工作，并再次委托我搦管操觚。在主持策展的过程中，我也将先生对良渚考古的卓越贡献写进了这次的改陈大纲。记得7月4日晚上，在将新大纲交于先生审阅前做最后修改时，我们在陈列大纲中介绍良渚考古突出贡献者先生的履历一栏，写的还是"（1934年—）"。谁承想，只一天之隔，已是阴阳永诀。我只能心怀悲痛地在先生的生年之后加上卒年——先生的考古人生永远定格在了2017年！学生欲交作业，先生已去天堂——先生，我的作业写完了，您在天堂还给批改吗？

先生大半生的学问和事功、成就和思想，得益于他从年轻时就不断修为的诚于信、勤于学、敏于思、力于行、求于真的精神，最终变成了学术追求，创新了研究方法，站上了治学高地，引领了事业方向。先生的考古人生可以说是中国几代考古人的一个缩影。中国考古学正是因为他们的务实求真而丰富多彩；他们的人生也正是因为求索了中国考古学之道而学史流芳。

公众考古：好玩的考古

2007 年起，我在复旦大学文物与博物馆学系开始给研究生们上公众考古学课。这大概也是国内第一次开这类课，没有教本可以借鉴，要靠自己摸着石头过河。2012 年起，《科学画报》约我开设《公众考古》专栏，迄今写了十年。2017，我应邀到北京的中国社会科学院考古研究所做讲座，便把这些年对公众考古的认识、思考和实践体会做了整理，归纳出目前我国公众考古常见的四种实践形式，即公众考古传媒、公众考古教育、公众考古活动、公众考古展示。

公众考古传媒一般分为传统媒体和新兴媒体。前者指图书、报刊两种印刷媒介和电影、电视两种电子媒介，后者主要指互联网与移动媒介等。

考古图书通过作者和编者等向公众传播考古知识与信息，起步早，跨时长，在启迪民智、陶冶情操、娱乐休闲等方面，一直扮演着公众考古传播的主角。很多考古工作者都写作、编著过面向大众的考古读物，作品难以计数，作者数不胜数。文物出版社和科学出版社考古分社等出版部门，多年来在推动考古普及中都发挥过举足轻重的作用，出版过考古史、考古发现、考古文物、考古综合和考古文学等多类畅销书、大众读物、学术普及书等。

报纸比图书的时效强，周期短，属于大众媒介。像集新闻性、行业性、科学性、知识性于一体的《中国文物报》，图文并茂，雅俗共赏，不但面向全国文物考古系统，还面向社会公众办报。而像《文物天地》《中国文化遗产》以及《大众考古》等刊物，属于中众媒介。它们尽管不以时讯传播见长，但其深度写作和全面报道等方式，更适合喜欢专业语境的读者们阅读。

我国用电影传播考古成果，始于1958年拍摄的明代定陵考古纪录片《地下宫殿》。到20世纪80年代，以中央新闻纪录电影制片厂和北京科学教育电影制片厂为主的各家电影厂，摄制过几十部考古纪录片。其中，记录长沙马王堆一号汉墓考古的《2100年前的古墓发掘记》，还被国外电影纪录片编年史家誉为代表了当时世界同类纪录片的最高成就。

20世纪80年代开始，电视机在国内逐渐普及，并催生了以考古发现为主题的电视纪录片。从1995年中央电视台拍摄《中华文明》开始，到2001年中央电视台《探索·发现》栏目制作考古纪录片，再到最近这些年制作的《考古进行时》等，电视考古纪录片进入了题材多样、内容丰富、风格多彩、数量递增、方式翻新、技术进步、传播及时、影响空前的全新发展时期，成为公众考古传媒中影响力更广的一种新形态。2021年，时值中国考古学诞生100周年，我还参与策划了中央电视台《中国考古大会》，并担任了《中国国宝大会》的专家解读嘉宾。这些都表明在纪录片这种偏小众的传播类型基础上，又诞生了一种新型的更贴近公众的公众考古综艺类节目。

近些年，新媒体将公众考古从传统媒介扩大到电脑、网络、手机等新科技传播载体。以互动传播为特点的具有创新形态的新媒体，把传播渠道从无线网、有线网扩大到卫星、互联网。网络传媒的灵活性、便捷性和机动性，改变了传统媒体的时间约束性、空间限制性、单向传播性，使考古与公众之间的双向乃至多向交流变为可能和常态，传播渠道多样化将以往的单向线性传播变为联动网状传播。在这方面，中国文物信息网、中国考古网、考古汇等网站，加上一些社会团体或个人的博客、微博、微信公众号等，都已经和正在满足公众考古多层次、多样化、专业化、个性化的需求。

总之，公众考古传媒历时久，种类多，受众广，社会文化影响力大，过去、现在乃至今后，一直是中国公众考古的主要实践形态和研究领域，始终在公众考古中发挥主要的作用。

我国公众考古的第二种实践形式是公众考古教育。

我国大学近年来普遍提倡通识教育，以增强学生全面发展的素质，扩大他们理解人类文明丰富性和多样性的视野，培养他们运用科学方法论和批判性思维解决问题的能力。通识考古课程便是这种新型教育模式的产物。以复旦大学为例，校方很早就提出"宽口径、厚基础、重能力、求创新"的本科教育原则，希望各院系多开设科学性强、人文面广、知识性高、覆盖面大的课程，以培养复合型人才。为此，我们秉持"宁通勿专"的主旨、"求精不求全"的原则开设通识考古课程，有目的地拉大与专业考古课程的差别：

第一，课名有所区别。通识考古课的名称既不能太专业化，也不能太学科化，例如设置比专业的"考古学概论"更吸引学生的"考古发现与探索"或"考古与人类"等。

第二，定位有所不同。专业考古课着重于专业表达，要求知识体系完整；而通识考古课面向全校学生，侧重于一般人文阐释，传递考古学在现代社会发展中的学术价值、文化价值和社会价值。

第三，内容有所取舍。拣选那些具有里程碑意义的考古学事件、过程、人物，向学生介绍人类迁徙、创新发明、人地关系、文化交流、文明比较、国家形成、文物保护、遗产传承、责任使命等具有科学探索、人文关怀、时代精神的专题。

第四，讲授注重方式。将考古学的专业性、知识性、趣味性和故事性结合起来，把枯燥难懂的考古学理论、方法和知识体系转换为深入浅出的社会文化语境，变专业阐述为文化叙述，变术语表达为社会讲述。

我国的公众考古讲座属于社会文化讲座范畴，形式多样，数量多，选题范围广，主要以公众而非专业人员为对象，是公众了解最新考古资讯，共享考古发现、研究、保护成果的重要渠道。

讲座的主题以发现、研究、保护三类为主，其中重大考古发现是这类讲座的常态选题。近些年的河南安阳曹操墓、江西海昏侯墓、四川张献忠沉银遗址、三星堆新考古等考古大发现，都非常引人入胜，受到听众的普遍欢迎。

我国公众考古的第三种实践形式是公众考古活动。

如果说通识考古课程的对象以青年学生为主，公众考古讲座的对象以成年听众为多，那么，作为主题性的户外考古拓展活动，考古夏令营则更多地面向青少年，为他们提供暑假期间寓学习于娱乐的考古体验。

国内著名的考古夏令营,是北京大学从 2008 年起每年暑期举办的以"考古体验,文明之旅"为主题的全国中学生考古夏令营。该夏令营由考古学者带队,营员们参观考察著名考古遗址和发掘现场,观摩珍贵文物,进行田野考古发掘和调查实践活动,亲身感受古代文明的魅力,了解考古人的工作和生活状况。

这几年,北京大学还举办了"北大考古亲子游学营",招收 7~15 岁少儿,以北京周口店到紫禁城为活动范围。活动使少儿获得了书本上和课堂上所没有的考古实践体验,成为学校和家庭教育的良好补充。

说起探险,通常是以实地探索自然和人文奥秘、科学考察人地关系、完成一般人所难以完成的任务为主要内容的一种社会活动。考古探险活动主要是通过回归自然、寻访古迹,在惊险刺激的体验中增长见识,广交朋友,领略民情,陶冶情操,关注社会。

目前国内考古探险活动做得最多的是四川省考古研究院。他们 2005 年起就开展了一系列探索和实践活动,进行了 7 次穿越横断山脉的考古探险活动,行程 2 万多千米,新发现文物点 200 多处。

我国公众考古实践的第四种方式,是各式各样的公众考古展示。

第一类:发掘工地,现场展示。一座座古代房屋或墓葬刚刚清理出来,一堆堆器物还原样摆放在这些遗迹里尚未起取,工地的库房里也有很多正在整理和修复的器物,这些常常给人

百年考古瞬间

1921年 — 安特生与袁复礼发掘河南仰韶村遗址,学诞生的标志。"**仰韶文化**"由此命名6 000~5 000年中国史前文化发展阶段,被韶时代"。

1926年 — 李济主持发掘山西夏县西阴村遗址。这是中主持科学考古发掘,李济后被誉为"中国考

1928年 — 吴金鼎在山东龙山镇发掘城子崖遗址,"九命名。它代表距今5 000~4 000年中国史前被严文明称为"龙山时代"。
— 董作宾调查发掘河南安阳殷墟遗址,之后李先后主持发掘,拉开**商代考古**序幕。后殷墟考古遗址公园相继建成,殷墟成为世界文化

1929年 — 裴文中在北京周口店遗址发现第一个北京猿又发现山顶洞人遗址。后周口店遗址博物馆址公园建成,周口店遗址成为世界文化遗产

| 中国考古
代表距今
培称为"仰

1931年 - 梁思永在河南安阳后冈遗址发现殷墟、龙山文化、仰韶文化上下叠压的"三叠层",科学推进了地层学方法,实证了中国早期历史年谱。

1934年 - 苏秉琦主持发掘陕西宝鸡斗鸡台遗址,拉开周代考古序幕,并通过对陶鬲的分类研究,科学推进了类型学方法。

学者第一次
之父"。

文化"由此
发展阶段,

梁思永等
物苑和国家

1935年 - 张凤、卫聚贤在上海金山戚家墩村考古调查,拉开上海考古序幕。

1936年 - 贾兰坡在北京周口店遗址一个月内连续发现三具北京猿人头盖骨。
- 施昕更在浙江余杭调查发掘良渚遗址,开启良渚遗址考古之路,"**良渚文化**"据此命名。后良渚博物院和国家考古遗址公园建成,良渚遗址成为世界文化遗产。

头盖骨,后
国家考古遗

1945年 - 夏鼐发掘甘肃宁定阳洼湾齐家文化墓地,通过墓葬填土中发现的彩陶片的层位关系,确认仰韶文化早于齐家文化,建立黄河流域史前年代序列。

1950年 - 周恩来
长,梁思
- 苏秉琦
启中国公

1952年 - 北京大学

1954年 - 石兴邦主
后西安半

1956年 - 开展全国
文物保护
- 夏鼐主持
王陵。后

1958年 - 中央新闻
《地下宫
- 张忠培主
墓地,成

1959年 - 浙江发掘
建成马家
- 徐旭生调
师发现早
并建成二

1 9 2 1 年

1 9 3 1 年

1 9 4 5 年
1 9 5 0 年

1 9 6 0 年

1 9 7 1 年

1 9 8 1 年

1 9 9 0 年

2 0 0 0 年

2 0 1 0 年

2 0 2 0 年

发现两座商代古蜀国祭
面罩、大型青铜人像、
等文物。后命名为"三
三星堆博物馆和国家考

渚文化贵族墓地，出土
6.5千克大玉琮，被称
出土的还有玉璧、玉钺
主人具有神权、王权和
国国王级人物。

百科全书·考古学》出版。

址、长城、秦兵马俑、
第一批世界文化遗产。

公园建成，开启考古遗

江海域"南海1号"宋
馆。

1990年
- 河南发掘三门峡市上村岭西周虢国墓地，后建成虢国博物馆。
- 甘肃发掘河西走廊西部西汉悬泉置遗址，出土写有墨书文字的西汉麻纤维纸等。

1992年
- 浙江发掘良渚遗址群中规模最大的莫角山大型宫殿遗址，其功能相当于后代的"紫禁城"，面积约30万平方米，接近半个故宫大小，应当是良渚古城的核心所在。

1993年
- 近20家科研单位和大学联合开展三峡工程淹没区考古调查与发掘，开启三峡文物抢救发掘工作。
- 上海闵行大规模发掘夏商时期马桥遗址，后将相关文化命名为"马桥文化"，并建有马桥文化展示馆。

1997年
- 中国历史博物馆成立遥感与航空摄影考古中心，进行航空摄影考古勘察。

1999年
- 上海大规模发掘松江广富林遗址，发现诸多来自黄河下游的文化因素，后命名为"广富林文化"，并建有广富林考古遗址展示馆。
- 白寿彝总主编，苏秉琦主编，张忠培、严文明等撰写的《中国通史》第二卷《远古时代》出版，后又出版《中国远古时代》单行本。这是中国有史以来第一部用考古学成果撰写的中国史前史。

2000年
- 青海发掘民和喇家史前自然灾害遗址。

2001年
- 四川成都发掘金沙遗址。其文化面貌与三星堆文化相同，是继三星堆后古蜀国都邑。后建成金沙遗址博物馆和国家考古遗址公园。

2003年
- 陕西眉县杨家村发现西周青铜器窖藏，5名发现窖藏的村民被评为"2003年度全国杰出文化人物"。

2006年
- 浙江余杭发现良渚古城遗址，后成为世界文化遗产。

2007年
- 第三次全国文物普查开始。经过5年工作，全国共登记不可移动文物766 722处。

2008年
- 河南发掘安阳曹操高陵，后建成曹操高陵遗址博物馆。
- 上海发掘青浦福泉山遗址，发现象牙权杖等重要文物。

1974年 - 陕西临潼发现秦始皇陵兵马俑坑。后建成秦始皇陵兵马俑遗址博物馆和国家考古遗址公园，秦始皇陵兵马俑遗址成为世界文化遗产。

1976年 - 河南安阳殷墟王陵区第一次发现未被盗掘过的商代王室成员墓葬妇好墓。

1977年 - 陕西凤翔雍城遗址发掘春秋时期的**秦景公一号大墓**。

1978年 - 山西襄汾陶寺遗址发掘，后出土陶器上有朱书"文字"。现建有陶寺遗址博物馆和国家考古遗址公园。
- 湖北发掘随州擂鼓墩战国曾侯乙墓，出土大型青铜编钟。
- 河南临汝县阎村出土鹳鱼石斧图陶缸，缸上绘画被认为是中国最早花鸟画。

1979年 - **中国考古学会在陕西西安成立**，夏鼐任第一届理事会理事长。

1981年 - 开展全国第二次文物普查工作。

1982年 - 全国人大常委会颁布施行《**中华人民共和国文物保护法**》。后将"保护为主，抢救第一，合理利用，加强管理"的"十六字"文物工作方针写进大法，成为全国文物工作的指导方针。在此基础上，2022年又提出了"二十二字"文物工作新方针："保护第一，加强管理，挖掘价值，有效利用，让文物活起来。"
- 辽宁发掘喀左东山嘴红山文化遗址。

1983年 - 辽宁发掘牛河梁遗址，出土陶塑"女神像"等祭祀遗存。后建成牛河梁遗址博物馆和国家考古遗址公园。
- 内蒙古敖汉旗兴隆洼遗址发现距今约8 000年的玉玦。后以该遗址命名"兴隆洼文化"。
- 上海青浦福泉山遗址发现良渚文化时期堆筑的大型土台，被认为是"土筑金字塔"，开启良渚文化大型贵族墓地考古序幕。

1984年 - 重庆市巫山县龙骨坡出土古人类牙齿化石，距今约200万年，是迄今中国境内发现的最早人类化石。该古人类后被命名为"巫山人"。

1985年 - 吉林农安左家山遗址出土距今约7 000年的龙形石玦。

1986年 - 四川广汉三星堆遗祀坑，出土金杖、青铜尊、玉璋、象星堆文化"，并建古遗址公园。
- 浙江余杭发掘反山刻有神人兽面纹饰为"琮王"。与它等玉礼器，象征军权，可能是良渚
- 夏鼐主编的《中国大

1987年 - 北京故宫、周口店敦煌莫高窟成为中

1988年 - 北京清代圆明园遗址公园建设先声。

1989年 - 广东开始整体打捞代沉船，后建成博

命郑振铎为中国科学院考古研究所第一任所
夏鼐为副所长。
《如何使考古工作成为人民的事业》一文，开
古之路。

考古专业，苏秉琦担任考古专业教研室主任。

西安半坡遗址发掘，全面揭露仰韶文化聚落。
物馆建成，为中国最早的考古遗址博物馆。

一次文物普查工作，为后来全国各地确定各级
奠定了基础。

明代定陵发掘，这是我国第一次主动发掘帝
博物馆建成，明十三陵成为世界文化遗产。

电影制片厂摄制我国第一部彩色考古纪录片
，这是我国第一部考古题材影片。

陕西华县元君庙墓地，全面揭露仰韶文化
史前墓地研究典范。

马家浜遗址。后命名为"马家浜文化"，并
址博物馆。

河南西部"夏墟"，开始夏代考古历程，在偃
商代的二里头遗址。后命名为"二里头文化"，
夏都遗址博物馆和国家考古遗址公园。

1960年 — 上海发掘青浦崧泽遗址，发现晚于马家浜文化的遗存，后命名为"崧泽文化"。这是上海市第一个被命名的考古学文化，把上海历史推进到史前时代。后建成崧泽遗址博物馆。

1961年 — 国务院发布《文物保护管理暂行条例》，规定国家级、省市级、区县级三级保护管理体制，并公布180处第一批全国重点文物保护单位。截至目前全国已公布八批共5 058处"国保"单位。

1965年 — 云南元谋县出土古人类牙齿化石，距今170万年。该古人类被命名为"元谋猿人"。

1968年 — 河北发掘满城汉墓，出土金缕玉衣。

1969年 — 甘肃武威雷台汉墓出土铜奔马等文物。铜奔马后成为中国旅游标志。

1971年 — 苏秉琦提出考古学文化区系类型理论，将全国分为六大区系，形成中国新石器时代考古学文化谱系总体框架理论，影响深远。

1972年 — 湖南长沙马王堆出土保存完好的汉代女尸及丝织品、帛书画等珍贵文物。
— 江苏吴县草鞋山遗址发现马家浜文化、崧泽文化、良渚文化遗存，首次确认传统定为周代或汉代的玉琮等玉器，原来属于良渚文化。
— 在法国巴黎举行的联合国教科文组织大会上，《保护世界文化和自然遗产公约》获得通过，开启了影响至今的世界遗产之旅。

1973年 — 浙江发掘余姚河姆渡史前遗址。这一发现改变了只有黄河才是中华远古文化摇篮的传统观点。后命名为"河姆渡文化"，并建成河姆渡遗址博物馆。
— 湖北大冶铜绿山发现商周时期古铜矿遗址，后建成铜绿山古铜矿遗址博物馆。
— 陕西雍城发现春秋时期存储冰块的"凌阴"建筑遗址。

为蒙古发掘通辽哈民忙哈史前灾难遗址。

国家文物局颁布第一批国家考古遗址公园。目前，我国共有三批36处遗址被列入国家考古遗址公园名单，其中有1处被列入世界文化遗产名录，10处被列入中国世界文化遗产预备名单。

国务院学位委员会调整学科体系，将原来一级学科历史学之下的二级学科考古学和世界史提升为一级学科。

江西发掘西汉废帝海昏侯刘贺墓，后建成海昏侯遗址博物馆和国家考古遗址公园。

陕西调查发掘神木石峁遗址，发现距今约4 000年、面积约400万平方米的石砌城址。

内蒙古锡林郭勒盟正蓝旗元上都遗址被列为世界文化遗产。第一次全国可移动文物普查开始，历经5年普查全国可移动文物共计10 815万件（套），实现全国文物信息资源的整合利用和动态管理。

隋炀帝杨广与萧后的墓葬在江苏扬州被发现，后建成隋炀帝墓遗址博物馆。

浙江平湖庄桥坟遗址发现大量器物上有刻画符号。古文字学家认为这些符号是"原始文字"。

陕西咸阳发掘遭到唐代官方毁坏的上官婉儿墓。

首届"世界考古·上海论坛"将浙江良渚古城遗址和陕西神木石峁古城遗址列为世界重大田野考古发现。

我国第一艘考古船"中国考古01号"首航。

2015年
- 黄海海战沉没战舰水下考古取得重大进展，发现并确定北洋海军致远舰遗骸。

2016年
- 广西左江花山岩画文化景观被列为世界文化遗产。

2017年
- 四川对江口沉银遗址进行了首次考古发掘，共出水各类文物三万余件，实证了张献忠江口沉银的传说。

2018年
- 广东英德青塘遗址发现人骨化石葬迹，被认作目前中国发现年代最早、可确认葬式的墓葬。
- 河北张家口太子城遗址经考古发掘确定为金代行宫遗址，后建成考古遗址公园，成为2022年北京冬奥会与冬残奥会张家口赛区奥运核心区的重要组成部分。
- 国际知名学术期刊《自然》发表论文，介绍陕西蓝田上陈村旧石器时代遗址，其年代约为距今210万~130万年。

2019年
- 良渚古城遗址被列为世界文化遗产，中华五千年文明史得到世界公认，中国的世界遗产总数与意大利并列世界第一。
- 石峁遗址的核心区皇城台发现结构复杂的门址、规模巨大的台基、气势磅礴的石砌护墙、设计精巧的城防设施，以及石雕、陶鹰、卜骨、口簧、玉器等高等级遗物。

2020年
- 河南发掘夏代早期的粮仓城——时庄遗址，为研究我国古代早期国家的粮食储备、统一管理和可能存在的贡赋制度等提供了绝佳的实物资料。
- 盘龙城遗址博物院、二里头夏都遗址博物馆等被评为2019年度全国博物馆十大陈列展览精品。

2021年
- 四川稻城皮洛遗址出土阿舍利手斧、薄刃斧等，彻底解决了中国乃至东亚有没有真正阿舍利技术体系的争议，有力批驳了"东方早期人类文化落后于西方"的学术偏见。
- 四川广汉三星堆遗址又发现六个祭祀坑，进一步实证了古蜀文明与中原文明共同构成了多元一体的中华文明。
- 河南三门峡市召开"仰韶文化发现暨中国现代考古学诞生一百周年纪念大会"，习近平总书记发来贺信，提出努力建设中国特色、中国风格、中国气派的考古学。

以古今穿越之感，仿佛是第一时间来到了第一现场。这种工地现场很多情况下还处在考古进行时态，没有解决的疑问往往多于得出的结论，许多迹象和器物过去都没有见过，谜面多于谜底，问号多于句号。过去，前来的参观者主要是从事学术交流的专业人员和相关文化人员，但现在开始做出土现场的成果展示，并向社会公众开放，如接待考古夏令营活动、有预约的社会参观者等。

第二类：遗址建馆，专题展示。一些具有考古大发现意义和重要历史价值的考古遗址，常常会被保护下来，在考古现场遗迹之上建立遗址博物馆，供专业人员进行保护和研究，同时便于社会公众旅游参观。遗址博物馆的展品和一般的博物馆不太一样。后者多是以放在展柜中的器物为主，而前者展出的多是那些原本埋藏在地下而后被发掘出来的不可移动的遗迹，像房屋、墓葬、水井、道路等，它们质量大、规模大，不便甚至无法搬动和起取，易地保存远远不如就地保护。国内目前已经有不下百余座遗址博物馆，其中著名的如秦兵马俑遗址博物馆、西安半坡史前遗址博物馆、成都三星堆和金沙遗址博物馆等。

第三类：遗址建园，全面展示。如果说遗址博物馆是建在部分考古发掘出来的遗迹之上的话，那么考古遗址公园便是建在整个遗址（包括遗址周边景观）之上，以室外参观为形式的展示类型。国家文物局近年已陆续公布了三批国家考古遗址公园名录，像第一批便有圆明园、周口店、良渚、殷墟、金沙、三星堆、秦始皇陵等著名遗址。它们皆因独有的历史性、原真性、实景性、完整性和不可替代性，在考古展示中独具特色，集考古科研、遗址保护、社会展示、经济发展、惠及民生等诸多作用于一体，成为适合遗址保护和满足社会文化需求的新兴手段。

第四类：考古科学，传播展示。近年，很多地区的考古研究单位开始筹建考古博物馆，比如我带团队参加了陕西考古博物馆的筹建工作。考古博物馆是一种新兴的向观众科普"什么是考古学"的行业博物馆类型。这种馆的展览展示强调考古学学科发展史，考古基本概念，考古学发现、研究、保护、利用的理念、技术、方法等，具有很浓的考古科学馆特点，有利于向社会公众传播考古科学，愿景可期。